KB218674

구약성경, 책별로 만나다

구약성경, 책별로 만나다

THE

Old

TESTAMENT

양진일

말씀과 함께
구약편

비아
토르
viator

어린 시절부터 말씀을 전하는 목사가 되고 싶었습니다. 그 꿈을 이쁘게 보신 하나님께서 신학을 공부할 수 있는 길을 열어 주셨고, 서른 살이 되면서부터는 말씀을 강의하는 선생이 되었습니다. 그 시간이 쌓이고 쌓여 올해로 하나님의 말씀에 목마른 이들과 말씀을 나눈 지 23년이 되었습니다.

늘 부족한 자라는 자기 인식으로 인해 책을 출간할 생각은 전혀 하지 못했습니다. 비아토르 김도완 대표님의 끈질긴 강청과 제가 했던 강의가 누군가에게는 성경을 즐겁게 여행할 수 있는 좋은 지도가 될 것이라는 권면을 받아들여 이렇게 책이 나오게 되었습니다. 책을 내기로 계약하면서도 저에게는 어떤 부탁도 하지 말 것을 요청드리면서 책과 관련된 모든 결정 사항을 출판사에 전적으로 위임하였습니다. 출판과 관련한 내용은 전문가에 맡기는 것이 최선이라는 저의 평소 생각 때문이었습니다.

이 책은 정교한 계획 가운데 집필한 것이 아닙니다. 지난 2020년 9월부터 2021년 3월까지, 서울영동교회에서 주일 오후 성경공부 시간에

강의했던 구약 관련 내용들을 풀어 정리한 것입니다. 짧은 기간 안에 구약 전체의 주요한 내용을 다루고자 한 것이기에 미처 다루지 못한 부분들도 있고, 강의를 푼 원고이다 보니 다소 중복된 것도 있습니다. 바라기는, 이 책을 통해 구약의 주요 뼈대를 잡고 이후에 나오게 될 심화 과정의 책들을 통해 살을 붙여 가면 좋겠습니다.

이 책이 나오기까지 고마운 분들이 참 많습니다. 먼저 귀한 자리에 초대해 성경공부 강의를 맡겨 주신 정현구 목사님과, 언제나 반가이 맞아 주신 서울영동교회 교인들에게 감사드립니다. 그리고 말씀을 공부하는 자의 기쁨을 보여 주시고 알려 주신 김회권 교수님께도 감사를 드립니다. 무엇보다 제 강의와 함께하며 오랜 시간 '말씀을 사모하는 자의 열정'이 얼마나 멋진가를 몸소 보여 주신 모든 분께 감사를 드립니다. 끝으로 하나님의 말씀대로 살아가고자 분투하며 신앙하는 삶의 기쁨을 함께 누리고 있는 사랑하는 공동체 식구들과 가족들에게 고마움을 전합니다.

이 책은 구약 전체의 주요 내용들을 다루고 있습니다. 이 책의 내용들을 읽어 가면서 성경 본문을 통독하면 성경 읽기의 기쁨이 배가 될 것입니다. 개인 성경공부의 교제로 활용해도 좋고, 공동체가 함께 성경 통독을 해 가면서 참고서로 읽으셔도 좋을 것입니다. 하나님의 임재와 부재가 혼재된 삶의 여정 속에서 '말씀과 함께' 걸어가는 삶의 기쁨이 여러분 모두에게 가득하기를 바랍니다.

양진일

차례

1부 구약성경의 이해

구약성경,
무엇을 알아야 하는가

구약의 구성과 순서

지금 우리에게 있는 성경은 우리말 번역 성경입니다. 구약의 원어는 히브리어이고 신약의 원어는 헬라어입니다. 유대인들은 히브리 성경을 '타나흐*Tanach*'라고 부릅니다. 히브리 성경에 세 개의 장르가 있다고 보기 때문입니다. 세 장르란 바로 율법서인 '토라*Torah*', 예언서인 '느비임*Neviim*', 성문서인 '크투빔*Ketuvim*'을 가리킵니다. 히브리어로 토라*Torah*의 티읕, 느비임*Neviim*의 니은, 크투빔*Ketuvim*의 키을 첫 자음만 모으고 가장 편한 모음 '아'음을 붙여서 '타나흐*Tanach*'라고 부르는 것입니다.

히브리 성경 = 타나흐Tanach
- 율법서: 토라Torah
- 예언서: 느비임Neviim
- 성문서: 크투빔Ketuvim

이와 달리 우리말 성경은 구약성경을 네 개의 장르로 나눕니다. 창세기부터 신명기까지를 토라*Torah* 율법서 혹은 모세오경, 여호수아부터 에스더까지를 역사서, 욥기부터 아가서까지를 시가서, 이사야부터 말라기까지를 예언서라고 부릅니다.

우리말 성경

- 율법서: 창세기 … 신명기
- 역사서: 여호수아 … 에스더
- 시가서: 욥기 … 아가서
- 예언서: 이사야 … 말라기

　유대인들이 세 개의 장르로 나눈 성경을 왜 우리는 네 개의 장르로 나누게 된 것일까요? 언제부터 이렇게 나뉜 것일까요? 바로 70인경부터입니다. 70인경은 히브리어로 기록된 성경을 외국어로 번역한 최초의 번역 성경으로, 이때 번역된 언어가 헬라어입니다. 기독교 초대교회는 헬레니즘이 강성한 시대를 살았기 때문에, 히브리어 성경이 아닌 헬라어로 번역된 70인경을 성경으로 받아들였습니다.

　히브리 성경의 처음 책은 창세기, 마지막 책은 역대기입니다. 우리말 성경의 처음 책은 창세기, 마지막 책은 말라기입니다. 히브리 성경은 전부 24권이지만, 우리말 성경은 39권입니다. 권수는 다르지만 내용은 거의 같습니다. 예를 들면 우리가 상하 두 권으로 나눠 읽는 사무엘상하, 열왕기상하를 히브리 성경은 한 권으로 이해합니다. 또 호세아부터 말라기까지 12권의 소예언서를 히브리 성경은 한 권으로 분류합니다. 한 권인 소예언서를 70인경이 선지자 이름대로 12권으로 나누었던 것입니다. 그래서 권수는 다르지만 내용과 분량에서는 차이가 없습니다. 중요한 차이는 히브리 성경이 창세기에서 시작해 역대기로 끝나는 데 비해, 우리말 성경은 창세기부터 말라기로 끝난다는 것입니다. 이 변화 역시 70인경이 의도한 것입니다.

히브리 성경	우리말 성경
창세기 … 역대기	창세기 … 말라기
24권	39권

70인경의 기원

70인경은 어떻게 만들어지게 됐을까요? 그 배경과 관련된 이야기들이 많이 있습니다. 알렉산드리아는 헬라 제국의 땅이므로 여기 살고 있던 유대인 교포 2, 3세대들은 히브리어를 모르고 헬라어만 알고 있었습니다. 이들을 위해 히브리 성경을 헬라어로 번역할 필요가 있었습니다. 또 번역 작업이 이집트의 국책사업의 일환으로 이루어졌을 수도 있습니다. 70인경이라는 이름이 탄생한 배경과도 관련 있습니다.

주전 3세기경의 이집트 왕 프톨레마이오스 2세 필라델포스(BC 309-BC 246)는 알렉산드리아에 거대한 도서관을 지었습니다. 원래 이 도시는 학문으로 유명한 장소였습니다. 주후 1세기 세계 3대 학문 도시로, 그리스 철학의 발상지 아테네, 이집트의 알렉산드리아, 사도 바울이 태어난 길리기아 지방의 다소를 손에 꼽습니다. 알렉산드리아 도서관에는 고대 근동에 살고 있는 각 민족이 사랑하는 책들을 비치하고 있었는데, 공용어였던 헬라어로 된 책들이었습니다. 당시 알렉산드리아의 인구가 100만 명이었는데 그중 30만 명이 유대인이었습니다. 그리고 유대인이 가장 사랑한 책은 타나흐*Tanach*, 바로 히브리 성경, 구약성경이었습니다. 알렉산드리아 도서관에 유대인이 가장 사랑한 책 역시 헬라어로 번역해 구비할 필요가 있었던 것입니다. 그래서 헬라어로 성경을 번역하는 작업이 시작됐습니다. 히브리어로 기록된 타나흐를 헬라어로 번역하려면 히브리어와 헬라어를 모두 잘 아는 사람을 번역자로 삼아야 합니다. 고대 알렉산드리아의 유대인 철학자 필로*Philo Judaeus*는 이스라엘이 열두 지파이므로, 각 지파에서 6명씩 전부 72명의 번역자들을 뽑았다고 기록합니다. 72명의 번역자는 각자 따로 혼자만의 방에 들어갔습니다. 이들은 왜 여기 불려 왔는지 이유도 모르는 상태였습니다. 왕이 차례대로 한 방씩 들어가 당신이 알고 있는 모세의 토라를 헬라어로 쓰라고 명령합니다. 그렇게 번역을 시작한 이들은 놀랍게도 72명 모두 똑같은 내용을 제출했다고 합니다.

이 이야기는 헬라어 성경 번역에 처음부터 신적인 권위가 부여되었음을 암시합니다. 유대교 장로들이 개인의 역량과 능력으로 번역한 것이 아니라 하나님의 특별한 영감과 도우심으로 헬라어 번역이 완수됐다는 주장입니다. 하나님의 영이 임했으니 70인경 또한 히브리 성경과 다름없는 특별한 권위가 있는 셈입니다.

헬라어 성경은 처음에는 '72인경'이라고 불렸지만, 72라는 숫자가 특별한 것은 아닙니다. 고대 근동에서는 다섯 가지 숫자를 중요한 '완전수'로 여겼습니다. 3과 4, 3과 4를 더한 7, 3과 4를 곱한 12, 역사의 한 주기라고 생각하는 10입니다. 성경에는 40일, 70제자, 120문도,

400년 같은 표현이 많이 나오는데, 이런 숫자가 나올 때는 해당 숫자로 해석하기보다는 완전수의 의미로 이해하는 게 좋습니다. 예를 들어, 40은 4와 10의 결합입니다. 4와 10 모두 완전수이므로, 완전수의 결합도 완전수입니다. 초대교회는 120명의 성도가 마가의 다락방에 모였다고 하는데, 120은 10과 12의 결합입니다. 10과 12 모두 완전수이니, 120명의 성도는 실제 계수가 120이라는 뜻일 수도 있지만, 구약의 이스라엘을 대체할 수 있는 새로운 이스라엘 구성원이 모였다는 의미를 갖게 됩니다. 70은 7과 10의 결합인 만큼 완전하다는 뜻입니다. 주전 3세기 히브리 성경에서 헬라어로 번역한 성경이 처음에는 '72인경'으로 불리다가 완전수인 '70인경'으로 바뀌는데, 가장 완전한 번역이라는 의미입니다.

70인경이 가져온 변화

70인경 번역은 중요한 두 가지 변화를 가져옵니다. 첫째, 성경의 책 제목이 탄생합니다. 원래 히브리 성경에는 책의 제목이 없었습니다. 지금 우리가 알고 있는 성경 책들의 제목은 70인경이 정한 것입니다. 히브리 성경은 양피지나 파피루스에 글을 쓴 후, 이것을 이어서 두루마리처럼 들고 다녔습니다. 두루마리로 감싸 있으면 어느 부분이 내가 찾고 있는 본문인지 알기가 쉽지 않습니다. 그래서 유대인들은 두루마리를 펼쳤을 때 제일 먼저 나오는 단어, 또는 앞부분에 나와 있는 중요한 단어를 그 두루마리의 제목으로 불렀습니다. 예를 들어 우리가 지금은 창세기라고 부르는 두루마리를 펴게 되면 제일 첫 단어가 '브레시트Bereshit'입니다. 그래서 창세기 책의 히브리어 제목이 '브레시트Bereshit'가 된 것입니다. 레위기라는 두루마리를 펴게 되면 '바이크라Vaikra'라는 단어가 제일 먼저 나옵니다. '그리고 그들이 모였다'는 뜻입니다. 민수기를 펴게 되면 '베미드바르Bemidbar'라는 단어가 가장 먼저 나오는데 '광야에서'라는 의미입니다. 민수기가 광야 여정에 대한 이야기이기 때문입니다. 이런 식으로 두루마리의 첫머리 단어를 제목으로 사용하다가, 70인경을 번역할 때 각 책 본문에서 가장 중요한 단어를 뽑아서 책의 제목으로 만들었습니다. 첫 번째 두루마리에서 제일 중요한 것은 모든 것의 시작이기 때문에, 이 책을 '게네시스'라고 불렀습니다. 우리말로 창세기입니다. 두 번째 두루마리는 탈출에 대한 이야기이기 때문에 '엑소더스', 우리말로 출애굽기가 됐습니다. 현재 우리가 알고 있는 성경 각 권의 제목이 만들어진 것이 70인경의 가장 큰 변화입니다.

둘째, 히브리 성경의 순서와 다른 순서가 생겨납니다. 히브리 성경은 장르가 세 개입니다. 토라 율법서, 느비임 예언서, 크투빔 성문서입니다. 유대인들은 이 세 장르 모두가 하나님의 말씀임을 인정했지만 장르 간에 권위가 다르다고 여겼습니다. 말씀의 권위를 구분할 때 성막을 비유로 들 수 있습니다. 이스라엘이 출애굽 이후 시내산에서 하나님의 지시와 명령에 따라 성막을 만들었는데, 성막은 전체가 하나님의 임재를 상징하는 거룩한 공간입니다. 성막은 세 개의 공간으로 구분됩니다. 성막의 동쪽 문으로 들어오면 제일 먼저 뜰이 있고, 좀 더 들어오면 성소가 있고, 가장 깊이 들어가면 지성소가 있습니다. 성막이라는 공간 안에 뜰도 있고 성소도 있고 지성소도 있는 것입니다. 성막 전체가 하나님의 거룩한 임재를 상징하는 곳이지만 여기서 가장 거룩한 공간은 지성소입니다. 그다음이 성소이고, 그런 다음이 뜰입니다. 유대인들은 히브리 성경 역시 성막의 세 공간처럼 여깁니다. 성막의 모든 공간이 거룩한 것처럼 하나님의 말씀은 모두 거룩합니다. 그러나 성막에서 가장 거룩한 곳이 지성소인 것처럼 토라에는 절대적인 권위가 있습니다. 토라는 지성소에 비유됩니다. 하나님이 모세에게 직접 주신 말씀이기 때문입니다. 예언서는 성소에, 성문서는 뜰에 비유할 수 있습니다. 따라서 성경을 배치할 때 가장 거룩한 말씀을 앞에 배치한 것입니다. 모세에게 주신 가장 거룩한 토라가 가장 먼저 나오고, 그다음에 예언서, 그런 다음에 성문서의 순서로 배치했습니다.

성경을 권별로 보면, 히브리 성경은 제일 먼저 창세기가 나오고 마지막에 역대기가 나옵니다. 역대기는 유대인의 장르 구분에 따르면 성문서입니다. 그런데 70인경은 역대기를 다르게 보았습니다. 70인경은 성경의 순서를 태초의 창조부터 주전 400년경 말라기 선지자까지 시간적 순서에 따라 재배치했습니다. 태초의 창조, 전 역사, 족장시대, 출애굽, 사사시대, 왕정시대, 남북분열시대, 포로기, 포로 귀환 이후, 중간기 등 시간적 순서대로 성경을 읽도록 의도했습니다. 이런 70인경의 배치 순서를 우리 우리말 성경도 유사하게 따르고 있습니다.

성경 본문의 연결을 중시한 히브리 성경

예를 들어 보겠습니다. 잠언 31장은 현숙한 여인을 아내로 맞이하는 게 진주를 소유하는 것보다 귀하다고 말하면서, 누가 이런 여인을 아내로 맞이할 수 있을까 질문합니다. 우리말 성경이 '현숙한 여인'으로 옮긴 히브리어는 '에쉐트 하일eshet chayil'인데 조신하고 참하다는 한국식 사고와 상관없는 '능력 있는 여인'이라는 뜻입니다. 집안도 잘 다스리고 사람들에게 은사와 능력에 맞게 일도 잘 분담하는, 능력이 출중한 여인입니다. 히브리 성경은 잠언에 이어 룻기가 나옵니다. 룻기에서 보아스가 룻에게 말합니다.

> 룻기 2:11   네 남편이 죽은 후로 네가 시어머니에게 행한 모든 것과 네 부모와 고국을 떠나 전에 알지 못하던 백성에게로 온 일이 내게 분명히 알려졌느니라.

베들레헴 동네 사람들은 전부 룻이 '에쉐트 하일'인 걸 알고 있었던 것입니다. 잠언이 누가 능력 있는 여인을 아내로 맞이할 수 있을지 질문하며 끝나자, 룻기가 그 질문에 대한 대답으로 등장한 것입니다. 룻과 같은 여인이 능력 있는 여인이고, 보아스와 같은 남성이 그런 여인을 아내로 맞이한다 대답한 것입니다. 히브리 성경이 질문하는 잠언 뒤에 대답하는 룻기를 배치한 이유입니다. 그런데 우리말 성경은 룻기가 사사기 다음에 배치되어 있습니다.

룻기 1:1   사사들이 치리하던 때에 그 땅에 흉년이 드니라. 유다 베들
레헴에 한 사람이 그의 아내와 두 아들을 데리고 모압 지방
에 가서 거류하였는데.

　룻기의 시간적 배경은 사사들이 다스리던 때였습니다. 70인경이 태
초의 창조부터 주전 400년까지 시간적 순서에 따라 성경을 재배치하
다 보니, 같은 사사 시대 배경인 사사기 뒤에 룻기가 배치된 것입니다.
히브리 성경은 성경 본문 간의 연결을 중시했고, 70인경은 시대 흐름
을 우선한 결과입니다.

　또 히브리 성경은 창세기에서 시작해서 역대기로 마무리됩니다. 창
세기는 총 50장인데, 이 중에서 족보 이야기가 10번 나옵니다. 실제
히브리어로는 11번이지만 36장에서 에서의 족보가 두 번 중복되었습
니다. 이렇게 족보 이야기가 많이 나오다 보니 창세기의 별명이 '족보
의 책'입니다. 역대기는 역대상 1장부터 9장까지가 이스라엘 열두 지
파의 족보 명단입니다. 히브리 성경의 처음인 창세기와 마지막인 역대
기가 모두 족보의 책입니다. 이런 것을 수미상관 구조라 하는데, 히브
리 성경의 특징 중 하나입니다.

　이러한 특징은 신약성경의 순서를 정하는 과정에서도 드러납니다.
AD 397년, 카르타고 종교회의에서 초기 교회는 마태복음부터 요한
계시록까지 27권의 성경을 정경으로 채택합니다. 그런데 저술 시기로
보자면 바울서신이 가장 먼저임에도 바울서신보다 늦게 쓰인 복음서
를 제일 앞에 배치했습니다. (당시 베드로복음, 마리아복음, 유다복음, 도마복음
등 수십 개의 복음서가 있었지만 마태, 마가, 누가 요한의 복음서만 정경으로 채택되었

습니다.) 재미있는 점은, 그 네 권의 복음서 중에서 제일 먼저 쓰인 것은 마가복음이지만 마태복음을 제일 앞에 배치합니다. 왜 그랬을까요? 마태복음에 등장하는 족보 때문입니다. 결국 초기 교회의 교부들이 족보가 나오는 마태복음을 신약성경의 제일 앞에 둔 이유는 구약의 역사를 그대로 계승하고 있다는 점을 강조하기 위함입니다.

장절의 편입

한편 히브리 성경과 신약성경 모두 원래는 장과 절이 없었습니다. 장과 절이 없다는 것을 이해하려면 신약을 예로 드는 게 편합니다. 신약이 총 27권인데 그중 21권이 서신서입니다. 그래서 신약의 별명이 편지의 글입니다. 신약성경 대부분이 편지인 것입니다. 로마서는 사도 바울이 로마 교회에 보낸 편지입니다. 편지를 쓰면서 1장 1절 달면서 편지를 쓰지는 않았을 것입니다. 받는 사람부터 말하고자 하는 용건까지 그대로 기술했을 것입니다.

현재 우리가 보는 것처럼 장과 절이 확정된 것은 아주 후대의 일입니다. 장은 1200년경에, 절은 1550년경에 확정되었습니다. 성경은 원래 장과 절이 있을 이유가 없는 문서입니다. 그런데 장과 절이 없으면 성경의 특정 말씀을 찾는 게 무척이나 어렵습니다. 두루마리 형태로 되어 있으니까 말씀을 찾는 데 많은 시간이 소요됩니다. 장과 절로 나누면 쉽게 찾을 수 있다는 장점이 있습니다. 그런데 안 좋은 점도 있습니다. 성경을 끊어 읽게 된다는 것입니다. 한국 교인들은 송구영신 때마다 성경 일독 결심을 많이 합니다. 평일에는 세 장, 주일에는 다섯 장 읽으면 일독할 수 있다면서 일수 도장 찍듯이 체크하는 사람들이 많습니다. 이렇게 되면 성경을 끊어 읽게 됩니다. 원래 장과 절이 없는 긴 글이므로 흐름이 중요한데 끊어 읽으면 맥락을 연결하기 쉽지 않고 단절적으로 이해하게 됩니다. 이런 식의 성경 읽기는 좋지 않습니다. 우리는 장과 절이 있는 성경을 읽고 있지만 끊어 읽지 않고 전후 문맥을 살피며 성경을 읽고 이해하는 훈련을 해야 합니다.

하나님의 말씀인 성경

성경은 하나님의 말씀입니다. 무슨 뜻입니까? 하나님이 우리에게 주셨으니까 하나님의 말씀일 수 있습니다. 그런데 이것만으로 설명하기 어려운 부분이 있습니다. 토라와 예언서는 하늘에 계신 하나님이 땅에 있는 사람들에게 선포하신 말씀이지만, 시편은 땅에 있는 사람들이 하나님께 올려 드린 인간의 말, 고백, 찬양, 탄식입니다. 우리는 인간의 말이 공중에서 분해되지 않고 하늘에 계신 하나님께 열납, 상납되고 경청되었다고 믿습니다. 누군가 대표기도를 하면 온 회중이 하나님의 말씀에 대한 응답인 것처럼 "아멘"이라 고백합니다. 하나님이 경청하신 말씀도 하나님의 말씀에 속하게 됩니다. 지혜문학이나 서신서는 또 어떻습니까? 인간이 인간을 위해 기록한 내용입니다. 이 또한 하나님의 말씀으로 받아들입니다. 인간으로부터 인간에게 전달된 말, 인간의 지혜지만 그 안에 하나님의 뜻이 담겨 있다고 믿습니다. 여기에 해당되는 것이 오늘날 목회자들의 설교입니다. 목사의 설교 안에 하나님의 말씀이 담겨 있다고 믿기 때문에 목사의 설교는 단순히 목사의 생각을 전달하는 자리가 아니라 하나님의 말씀이 선포되는 자리입니다. 이를 믿기에 "아멘"으로 응답하는 것입니다. 이렇게 하나님의 말씀은 성경 속에서 크게 세 가지로 분류됩니다.

첫째, 하나님이 직접 또는 간접적으로 주신 하나님의 말씀입니다. 성경에는 하나님이 직접 선포하신 말씀 또는 모세나 예언자를 통해 간접적으로 선포하신 말씀이 있습니다. 대표적인 것이 토라와 예언서입니다. 하늘에 계신 하나님이 땅에 있는 사람들에게 직접 또는 모세나 예언자를 통해 간접적으로 주신 말씀입니다. 이런 말씀을 하나님의 말씀으로 받아들이기는 어렵지 않습니다.

둘째, 성경에는 시편 같은 본문이 있습니다. 시편은 하늘에 계신 하나님이 땅에 있는 사람들에게 주신 말씀이 아니라 완전히 반대 방향입니다. 땅에 있는 사람들이 하늘에 계신 하나님께 올려 드린 탄식, 간구, 찬양, 기원 같은 것들이 시편의 주 내용입니다. 그런데 우리는 이 시편을 인간의 말, 인간의 찬양이라고 생각하지 않고 하나님 말씀의 일부라고 받아들입니다. 어떻게 시편이 하나님의 말씀이 될 수 있을까요? 인간의 말을 하나님이 경청하시고 열납하시면, 인간의 말도 하나님의 말씀이 됩니다. 오늘날 공예배 시간의 대표기도 같은 것입니다. 공예배 시간에 우리 모두를 대표해서 기도를 하는 분이 있습니다. 대표기도는 그분이 준비한 것입니다. 그분의 입으로 올려 드리는 기도입니다. 그러나 우리가 함께 마음을 모아 그분의 기도에 대해 "아멘"으로 응답합니다. 왜 우리가 "아멘"으로 응답합니까? 이게 단순히 그분의 기도가 아니라 하나님이 들으시는 기도라고 믿기 때문입니다. 하나님이 경청하시고 열납하시는 인간의 고백, 찬양, 기도도 하나님의 말씀이 된 것입니다. 그런 내용이 모여 있는 대표적인 본문이 시편입니다.

셋째, 하나님의 뜻이 그 안에 담겨 있기 때문에 하나님의 말씀인 경우입니다. 잠언, 전도서, 아가, 신약의 서신서 같은 본문입니다. 잠언, 전도서, 아가서는 보통 '지혜문학'이라고 합니다. 토라와 예언서는 하늘에 계신 하나님이 땅에 있는 사람에게 직·간접적으로 선포하신 말씀입니다. 시편은 땅에 있는 사람들이 하늘에 계신 하나님께 올려 드린 인간의 찬양과 간구와 탄식입니다. 하나님이 경청하시고 열납하셨기에 하나님의 말씀이 된 것입니다. 지혜문학은 하늘에서 땅으로 주어지는 것도 아니고 땅에 있는 사람들이 하늘에 계신 하나님께 올려 드린 것도 아닙니다. 대다수의 지혜문학은 사람으로부터 사람에게 전달됩니다. 그런데 신앙인들은 잠언, 전도서, 아가와 같은 지혜문학을 하나님의 말씀이라고 고백합니다. 그 이유는 그 안에 하나님의 뜻이 담겨 있다고 믿기 때문입니다. 여기 해당되는 것이 오늘날 목사들의 설교입니다. 목사가 본문을 정하고 성경이나 주석, 여러 책들을 참고하면서 기도 가운데 설교를 준비합니다. 그리고 자신이 준비한 설교를 강대상에서 선포합니다. 그런데 우리는 예배를 드릴 때 이것을 목사의 말이나 목사가 준비한 메시지라고 생각하지 않고 하나님의 말씀이라고 믿습니다. 그 목사의 말에 하나님의 뜻이 담겨 있다고 믿기 때문입니다. 이것이 바로 지혜문학입니다.

야훼 유일 신앙

이스라엘 백성이 믿었고 현재 우리가 믿고 있는 하나님은 어떤 분입니까? 이스라엘 땅을 유럽 관점에서는 근동이라고 부릅니다. 시기적으로 고대니까 고대 근동이라는 표현을 씁니다. 하나님의 특징을 제대로 이해하려면 고대 근동 사람들이 믿었던 신들에 대한 이해가 필요합니다. 먼저 고대 근동의 대다수 민족들은 다신교 신앙을 가졌습니다. 오늘날에도 많은 이들이 읽고 있는 그리스 로마 신화와 비슷합니다. 신들 중에는 상위신, 하위신도 있고 이들은 서로 갈등하고 전쟁도 벌입니다. 다신교는 여러 신이 있다는 것을 믿고 그들을 섬기기 때문에, 우상숭배가 존재하지 않습니다. 여러 신이 있다는 것을 인정하기 때문에 다른 신을 섬기는 사람에 대해서 관용합니다. 다른 신을 섬긴다고 우상숭배자라고 책망하거나 처벌할 수 없습니다.

그럼 일신교는 무엇일까요? 일신교는 다신교처럼 여러 신이 있다는 것은 인정합니다. 그런데 그중에서 한 신만 섬기겠다는 것이 일신교입니다. 예를 들어 모압 사람들은 그모스Chemosh라는 신을 섬겼습니다. 블레셋 사람들은 다곤Dagon이라는 신을 섬겼습니다. 다른 신을 섬겼다고 처벌하거나 징계하지는 않았습니다. 자신들이 선택한 신을 선호할 뿐입니다. 여기서도 우상숭배는 존재하지 않습니다.

그런데 유일신교는 오직 신은 한 분밖에 없다, 그 한 분만을 신으로 섬기겠다는 유일 신앙입니다. 이스라엘은 야훼 하나님만이 참 신이라고 고백했습니다. 야훼 하나님만을 믿겠다고 다짐하고 결단했습니다. 이게 바로 유일 신앙입니다. 하나님만을 신으로 고백하고 하나님만 믿겠다고 결단했기 때문에 하나님 외에 다른 신을 섬기면 죄가 됩니다. 바로 우상숭배라는 죄입니다. 구약에서 예언자들이 시대마다 등장해서 이스라엘 백성을 책망할 때 가장 크게 질타한 죄가 우상숭배입니다. 하나님을 저버리고 바알Baal이나 아세라Asherah를 숭배했다고 책망합니다. 하나님만 믿어야 하는 이스라엘 백성이 하나님을 안 믿고 바알이나 아세라 신을 숭배했던 것이 아닙니다. 구약의 역사에서 이스라엘이 하나님을 믿지 않은 날은 단 하루도 없었습니다. 이스라엘은 늘 하나님을 믿었고 매일 하나님께 예배를 드렸습니다. 그런데 예언자들은 왜 시대마다 등장해서 하나님을 저버렸다고 책망했을까요? 아마도 이스라엘 백성은 이들의 말을 제대로 이해하지 못했을 가능성이 높습니다. 늘 하나님을 믿었고 하나님께 예배를 드렸는데 왜 책망하는지 못 알아들은 것입니다.

하나님은 이스라엘이 단순히 하나님을 믿는 게 아니라, 하나님만 믿기를 원하셨습니다. 하나님을 예배하는 데 그치지 않고 하나님만 예배하기를 원하셨습니다. 이스라엘은 하나님을 안 믿은 것은 아니었지만, 하나님만 믿은 것도 아니었습니다. 하나님께 예배는 드렸지만, 하나님께만 예배하지는 않았습니다. 하나님과 다른 신을 겸하여 섬긴 것이 문제입니다. 이것을 예언자들은 우상숭배로 보고 책망했던 것입니다. 구약 이스라엘의 문제를 예수님은 한 문장으로 정리하셨습니다.

마태복음 6:24   한 사람이 두 주인을 섬기지 못할 것이니 혹 이를 미워하고 저를 사랑하거나 혹 이를 중히 여기고 저를 경히 여김이라 너희가 하나님과 재물을 겸하여 섬기지 못하느니라.

하나님과 맘몬mammon을 겸하여 섬길 수 없습니다. 맘몬은 물질, 풍요, 욕망의 신입니다. 구약의 이스라엘 백성이 현혹되었던 가장 강력한 물질, 풍요, 욕망의 신이 바알입니다. 오랜 세월 이스라엘은 야훼 하나님과 바알을 겸하여 섬겼습니다. 이것을 성경은 우상숭배라고 합니다.

한국 교인들은 예수님을 믿으면 구원받는다고 생각합니다. 아닙니다. 예수님만 믿어야 구원받습니다. 많은 신앙인들이 교회 안에서는 예수님을 믿고, 세상에 나가면 대한민국 사회를 지배하는 권력, 물질, 욕망에 무릎 꿇고 살아갑니다. 하나님과 물질을 겸하여 섬기는 신앙인들이 많습니다. 성경의 표현대로 하자면 우상숭배를 행하고 있는 것입니다. 예수님을 믿는 것에서 예수님만을 믿는 신앙으로 성장해야 합니다. 이것이 하나님이 원하시는 신앙입니다.

하나님의 독특성

유일신 하나님을 믿는 것, 이것이 이스라엘의 가장 중요한 특징입니다. 그들이 믿은 하나님은 고대 근동 사람들이 믿었던 대부분의 신들과는 근본적으로 다섯 가지 차이점이 있습니다.

첫째, 하나님은 노동을 중히 여기십니다. 고대 근동의 다신교에는 상위신, 하위신이 있습니다. 상위신은 주로 놀고, 먹고, 쉽니다. 하위신들은 상위신들이 편안히 지낼 수 있도록 대신 일을 합니다. 메소포타미아의 한 신화에 따르면, 어느 날 노동에 시달리던 하위신들이 파업을 합니다. 그 이유를 물어보니까 우리도 신인데 날마다 일만 하고 상위신들은 놀기만 하니까 더 이상 힘들어서 못 하겠다는 것입니다. 하위신들의 하소연을 듣고 상위신들도 조금 미안해졌습니다. 그래서 하위신들의 노동을 전담할 새로운 존재를 창조합니다. 그 창조물이 바로 인간입니다. 이것이 메소포타미아의 신화입니다. 상위신은 늘 놀고 하위신들은 늘 일한다는 것은 어떤 가치관을 반영한 것입니까? 일이, 노동이 천하다는 것입니다. 노동은 신분이 낮은 경우에 하는 보잘것없는 일이라는 가치관과 세계관이 이 신화에 담겨 있습니다.

하나님은 이와 다르십니다. 친히 노동하십니다. 친히 흙을 빚어서 동물을 창조하시고 인간을 창조하십니다. 6일 동안 천지를 창조하시고 제7일에 안식하셨습니다. 예수님이 안식일에 병자를 치유하자 유대 종교 권력자들이 나무란 적이 있습니다. 예수님이 뭐라고 대답하십니까?

요한복음 5:17   내 아버지께서 이제까지 일하시니 나도 일한다.

하나님은 6일 동안 노동하시고 7일에 안식하시면서, 우리 인간에게도 6일의 노동과 7일째 안식을 명하셨습니다. 우리가 믿고 있는 하나님은 노동을 중히 여기십니다. 고대 근동의 일반적인 가치관처럼 노동을 천하게 여기지 않고 오히려 귀하게 여기십니다. 노동을 통해 우리는 자아실현을 할 수 있고 사람들을 도울 수 있습니다. 노동을 귀하게 여기시는 하나님의 백성이기 때문입니다.

히브리어로 노동한다는 동사가 '아바드*avad*'입니다. 이 동사 안에

'예배드린다'는 의미도 담겨 있습니다. 고대 근동의 일반적 종교는 노동과 예배의 현장이 분리되어 있습니다. 우리 하나님은 노동의 현장이 곧 하나님을 예배하는 자리가 되기를 원하십니다. 일상의 자리가 하나님을 예배하는 자리가 되기를 원하십니다.

둘째, 하나님은 헌제자, 제물을 바치는 사람의 삶을 그가 가지고 온 재물보다 더 중시하십니다. 고대 근동의 일반적인 신들은 인간들의 삶에 관심이 없습니다. 신들은 그저 인간이 제대로 제물을 가져오는지에만 관심을 기울입니다. 제물이 줄어들었다고, 예배드리는 시간이 줄었다고 인간들을 책망하는 게 고작입니다. 고대 근동의 일반적인 신들과 달리 하나님은 이런 말씀을 하지 않으십니다.

예언서에서 이스라엘이 하나님께 책망받은 주된 이유는 예배를 안 드리거나 기도 소리가 작아서가 아니었습니다. 도리어 이스라엘은 하나님께 책망받을 때 예배도 자주 드리고, 찬양도 화려했고, 기도도 많이 했습니다. 그들이 책망받은 이유는 종교의식에는 최선을 다했지만 일상의 삶에서 하나님의 백성다운 삶을 살지 못했기 때문입니다. 우리 하나님은 사람이 들고 오는 제물보다 그 제물을 들고 온 사람의 삶을 주목하십니다.

가인과 아벨의 유명한 이야기가 있습니다. 두 형제가 제물을 바쳤는데 하나님은 가인의 제물은 열납하지 않으시고 아벨의 제물만 열납하십니다. 많은 사람들이 그 이유로 제물의 차이에 주목합니다.

> 창세기 4:4-5   아벨은 자기도 양의 첫 새끼와 그 기름으로 드렸더니 여호와께서 아벨과 그의 제물은 받으셨으나 가인과 그의 제물

은 받지 아니하신지라 가인이 몹시 분하여 안색이 변하니.

구절을 자세히 들여다보면 하나님은 먼저 아벨을 열납하시고 또한 그의 제물을 열납하셨지만, 가인을 열납하지 아니하시고 또한 그의 제물을 열납하지 않으셨습니다. 하나님이 주목하시는 것이 두 가지인데, 먼저 그 제물을 들고 온 사람입니다. 예배를 드리기 전에 그의 삶에 주목하십니다. 그다음이 그의 제물입니다. 제물을 들고 온 사람의 삶이 제물 자체보다 앞섭니다. 사람이 들고 온 제물보다 이 제물을 들고 오기 전에 그가 어떤 삶을 살았느냐가 더 중요합니다.

이사야 1:15 너희가 손을 펼 때에 내가 내 눈을 너희에게서 가리고 너희가 많이 기도할지라도 내가 듣지 아니하리니 이는 너희의 손에 피가 가득함이라.

이사야서에서 왜 하나님은 유다 백성의 기도를 듣지 않겠다고 말씀하십니까? 그들의 손에 피가 묻어 있기 때문입니다. 손에 피가 묻었다는 것은 이웃에게 폭력을 행사했다는 의미입니다. 자기보다 힘없고 연약한 자를 짓밟은 것입니다. 하나님은 이런 사람의 기도를 듣지 않으십니다. 고대 근동의 일반적인 신들은 인간이 어떤 삶을 살았든 그가 들고 온 제물이 훌륭하면 모든 삶을 용서해 주었습니다. 하지만 하나님은 우리가 들고 온 제물이나 화려한 종교의식보다 일상의 삶을 더 주목하십니다. 일상의 삶이 열납된 자들의 예배를 하나님은 기뻐 받으십니다. 제물보다 헌제자의 삶을 더 중시하시는 분이 하나님이십니다.

셋째, 하나님은 권력자나 왕이나 귀족이 아니라 소자little ones와 자신을 동일시하십니다. 구약은 고아와 과부에게 행하는 것이 곧 하나님께 행하는 것과 같다고 합니다. 신약은 소자 중 한 사람에게 행한 것이 예수님께 행한 것과 같다고 합니다. 이것은 세상의 일반적 질서와 다른 모습입니다. 고대 근동의 일반적 신화에서 왕은 신의 대리자이며 현현입니다. 왕의 명령에 복종하는 것이 신에게 순종하는 길이었습니다. 그런데 하나님은 힘 있는 자에게 행하는 것이 하나님께 행하는 것과 같다고 하지 않으십니다. 아무도 거들떠보지 않는 밑바닥 인생, 소자들에게 행하는 것이 하나님께 행하는 것이라면서, 소자와 자신을 동일시하십니다. 나보다 힘 있는 사람 앞에서 굴종하고 연약한 자 앞에서 군림하는 것이 아니라, 나보다 연약한 사람을 하나님 대하듯 존귀하게 여기는 것이 진짜 하나님의 백성입니다. 하나님은 소자와 자신을 동일시하신 분이기 때문입니다.

넷째, 하나님은 유일 신앙을 요청하십니다. 하나님 외에 다른 것을 겸하여 섬기는 것을 가장 싫어하십니다. 성경은 이를 우상숭배라고 합니다. 이와 관련해서는 예언서에서 자세히 살펴보겠습니다.

다섯째, 하나님은 이스라엘 백성이 믿은 주신이지만 아내신이 없습니다. 고대 근동의 일반적인 신화는 이시스Isis와 오시리스Osiris, 마르둑Marduk과 이쉬타르Ishtar, 바알과 아세라 등 주신인 남편신과 그의 아내신이 나란히 있습니다. 남편신과 아내신을 함께 섬겼던 이유가 뭘까요? 수많은 경고에도 불구하고 이스라엘은 가나안 땅에 들어가자마자 금방 바알 숭배에 빠졌습니다. 바알 신앙은 인간의 욕망을 정당화해 줍니다. 사람들이 바알을 숭배하는 이유는 바알이 거룩한 신이거나, 바알을 숭배해서 좀 더 정직해지고 거룩해지기 때문이 아닙니다. 바알 신앙에는 윤리 도덕적인 계명이나 명령이 없습니다. 사람들이 바알에게 예배하는 이유는 그래야 바알이 풍요를 준다고 믿었기 때문입니다.

바알 신전의 예배는 1부와 2부가 있습니다. 1부는 짐승 제사입니다. 2부는 바알 신전의 여사제들과 잠자리를 갖는 것입니다. 여사제들은 실제로는 신전 창기들입니다. 신전 규모에 따라 수십 수백 명의 신전 창기들이 있었습니다. 남성 예배자들은 1부에서 제물을 바치고 2부에서 바알 신전의 창기 여사제들과 잠자리를 갖습니다. 바알 신전에는 지붕이 없습니다. 예배자와 신전 창기들의 잠자리를 하늘에 있는 바알이 보게 하기 위해서입니다. 바알이 그걸 보면 흥분한다는 것입니다. 흥분하면 오줌을 누는데, 그게 비라는 것입니다. 그렇게 비를 내려야 농사가 잘되고, 풍성한 수확을 해야 부유해지는 것입니다. 모든 우상 숭배는 결국 자기 숭배로 귀결됩니다. 신을 믿는 이유가 자신을 위해서입니다. 우상숭배는 자신을 위해서, 자신이 잘되기 위해서, 신을 이용하는 행위입니다.

이스라엘은 가나안 땅에 들어가자마자 농사를 짓기 시작했습니다. 가나안 사람들은 농사를 주관하는 신, 비를 내리는 신을 바알이라고 했습니다. 이스라엘은 바알 신앙에 금방 동화되어 버립니다. 바알을 열심히 섬겨야 비를 내려 주고, 그래야 풍성한 수확을 누리고 부유해질 수 있다고 믿었기 때문입니다. 또 바알 숭배를 하면 신전 창기들과 잠자리를 가질 수 있는데, 자신의 성적 욕망을 종교의 이름으로 해소할 수 있었기 때문입니다.

고대 근동의 일반적인 신관은 남신과 여신의 성적 결합을 통해 풍요와 다산을 제공하는 것이었습니다. 이것이 종교의 핵심 내용이었습니다. 그런데 이스라엘이 믿었던 야훼 하나님은 아내신이 없습니다. 구약에는 남성과 여성의 성적 결합을 통한 풍요와 다산의 약속이 없습니다. 하나님이 이스라엘에게 당부하신 것은 이와 전혀 다른 것이었습니다.

> 레위기 19:1　너희는 거룩하라. 이는 나 여호와 너희 하나님이 거룩함이니라.

하나님을 믿는 것은 음란제의나 풍요나 다산 의식이 아니라 거룩한 삶을 사는 것입니다. 하나님은 호세아서에서 당신의 언약 백성인 이스라엘을 아내라고 하십니다. 이사야, 예레미야서에서 하나님이 이스라엘의 남편이라고 하십니다. 하나님이 거룩하신 것처럼 이스라엘은 세상의 주류 문화에 동화되지 않는 거룩한 삶을 살아가라는 요청입니다.

구약의 줄거리 – 출애굽의 3단계

전체 39권인 구약을 한 문장으로 압축하면 '출애굽에 실패한 이스라엘 이야기'라고 할 수 있습니다. 질문이 생길 수 있습니다. 유월절로 출애굽에 성공한 게 아닌가? 왜 구약이 출애굽에 실패한 이스라엘의 이야기일까? 하나님이 이스라엘을 애굽에서 구원하실 때 출애굽의 궁극적인 목적은 애굽 탈출이 아니었습니다. 애굽을 탈출하는 것은 출애굽의 시작입니다. 출애굽의 궁극적인 목적은 애굽을 탈출한 사람들이 약속의 땅인 가나안까지 진군해서 가나안 땅에 거하는 아모리 일곱 족속을 몰아내고 그 땅에 하나님의 통치가 온전히 구현되는 하나님 나라를 건설하는 것이었습니다. 그런데 구약의 이스라엘 백성은 여기에는 실패했습니다. 가나안 땅에 하나님이 바라신 하나님 나라가 건설되지 못했기 때문입니다.

출애굽에는 적어도 3단계가 있습니다. 1단계는 애굽을 탈출하는 것, 2단계는 가나안 땅을 점령하는 것, 3단계는 그 땅에 하나님 나라를 세우는 것입니다. 그런데 이스라엘 백성은 이 모든 단계를 완수하지 못했습니다. 먼저 애굽 탈출 과정부터 살펴보겠습니다. 이때 애굽이란 고유명사일 수도, 보통명사일 수도 있습니다. 애굽이 고유명사라면 이스라엘이 종살이했던 바로 그 나라 이집트를 말합니다. 애굽이 보통명사라면 하나님을 대적하는 세력 전체를 상징합니다. 하나님을 대적하는 세력은 시대마다 존재합니다. 주전 15-13세기에는 이집트였고, 주전 8세기에는 앗시리아였고, 주전 6세기에는 바빌로니아였고, 주후 1세기에는 로마였습니다. 시대마다 하나님을 대적하고 하나님 나라의 가치를 대적하는 세력이 있습니다. 그들을 보통명사로서 '애굽'이라 부를 수 있습니다. 그런 '애굽'으로부터 출애굽은 과거 이스라엘만 경험했거나 경험할 수 있는 것이 아니라, 시대마다 하나님을 대적하는 세력의 압제에 시달리는 모든 사람의 사명입니다. 우리는 흑암의 권세에서 해방되어 하나님의 통치로 들어와야 하는 것입니다.

골로새서 1:13   그가 우리를 흑암의 권세에서 건져 내사 그의 사랑의 아들의 나라로 옮기셨으니.

구원은 흑암의 권세로부터 지배를 받던 자들이 하나님의 구원을 받고 하나님 나라 백성이 되는 것입니다. 이것이 신앙의 출발입니다. 출애굽은 바로의 통치와 애굽의 지배로부터 자리를 옮기는 사건입니다. 따라서 애굽으로부터의 탈출이 가장 중요합니다. 하나님을 대적하는 세력으로부터 탈출해야 합니다. 몸도 탈출해야 하지만, 정신의 탈출도 필요합니다. 애굽이 심어 준 가치관, 세계관, 문화로부터 탈출하는 것이 중요합니다. 출애굽 1세대는 비록 애굽을 빠져나왔지만 그들의 가치관, 세계관, 문화는 여전히 애굽에 속해 있음을 알 수 있습니다. 출애굽을 했는데 온전한 출애굽이 안 된 것입니다. 출애굽 1세대는 가나안으로 힘있게 걸어가지 못하고 끊임없이 반역을 꿈꾸었습니다. 자발적으로 걸어 나온 애굽으로 되돌아가려고 시도하기도 했습니다. 이 때문에 여호수아와 갈렙을 제외한 모든 출애굽 1세대가 하나님의 심판을 받았습니다. 안타깝게도 이스라엘은 출애굽 1단계부터 실패한 것입니다. 몸은 탈출했지만 정신은 탈출에 실패했습니다.

오늘날도 마찬가지입니다. 세상에 있다가 교회로 몸조차 오는 게 쉽지 않습니다. 그러나 세상의 지배를 받는 세계관과 가치관과 문화가 하나님의 말씀으로 변화되는 것이 더 중요합니다. 이것을 성경은 '회개'라고 부릅니다. 회개는 히브리어로 '슈브*shuv*'라 하고, 헬라어로 '메타노이아*metanoia*'라고 합니다. '슈브'란 걸어가던 길을 완전히 되돌리는 것입니다. 운전할 때 유턴하는 것처럼 한 방향에서 완전히 다른 방향으로 돌리는 것입니다. '메타노이아'는 바꾼다는 '메타*meta*'와 인식이나 관점을 뜻하는 '노이아*noia*'가 결합한 단어입니다. 인식과 관점을 바꾸는 것이 회개입니다. 세계관을 바꾸는 것이 회개입니다. 하나님의 백성이 되고 난 이후 말씀을 배우면서, 세상에서 형성된 가치관과 세계관이 하나님의 말씀으로 변화돼야 합니다. 이것이 회개, 회심입니다. 몸이 교회에 오는 것도 중요하지만 세상에서 형성된 가치관과 세계관이 변화되지 않으면 몸은 교회에 있어도 나누는 대화나 사고하는 모든 것이 결국 세상 일의 연장이 될 가능성이 높습니다. 뭐가 필요합니까? 몸만 교회로 올 것이 아니라 세상에서 형성된 가치관과 세계관과 문화를 하나님의 뜻과 하나님의 말씀으로 변화시키는 것이 중요합니다.

안타깝게도 이스라엘은 몸은 출애굽을 했지만 정신은 그러지 못했습니다. 그래서 애굽을 탈출하고 나서도 여전히 애굽을 그리워했고 애굽의 삶을 연장해 살아가다 출애굽 1세대 대부분은 광야에서 하나님의 심판을 받았습니다. 이것이 민수기, 즉 광야 생활의 주된 내용입니다. 이스라엘은 출애굽 1단계부터 실패한 것입니다.

출애굽을 한 사람들은 애굽의 통치를 아주 싫어했습니다. 출애굽한 사람들은 크게 두 부류가 있습니다. 한 부류는 야곱의 후손들이고 다른 부류는 중다한 잡족입니다(출 12:37-38). 보통 야곱의 후손인 이스라엘만 출애굽했다고 생각하는데, 그렇지 않습니다. 엄밀한 의미에서 이스라엘이라는 신앙 공동체는 출애굽 후 시내산에서 하나님과 언약을 체결할 때 탄생한 것입니다. 야곱의 70명 가족이 애굽으로 내려갔다가 400년 동안 종살이를 했고 하나님께 구원을 받은 것이 출애굽 사건이라고 여기는 분들이 많습니다. 그렇지 않습니다. 출애굽했던 사람들이 모두 야곱의 후손은 아니었습니다. 중다한 잡족들이 함께 나옵니다. 이들이 누구입니까? 바로의 통치를 싫어했던 다양한 뿌리를 가진 사람들입니다. 이들이 시내산에 도착해서 자신들을 애굽으로부터 탈출시켜 주신 하나님과 만남을 갖습니다. 하나님이 그들을 애굽으로부터 구원해 주신 야훼 하나님이라는 걸 알고, 우리는 당신의 백성이 되길 원한다면서 하나님만을 믿는 신앙 공동체를 탄생시킨 것입니다. 이들이 이스라엘입니다. 이스라엘이라는 신앙 공동체는 출애굽 구원 사건 이후에 시내산 언약 체결을 통해서 탄생했습니다. 출애굽한 사람들 중에는 야곱의 열두 아들 후손들 외에도 중다한 잡족들이 포함돼 있었고, 그들 역시 시내산 언약 체결을 기점으로 하나님만 믿는 이스라엘에 편입한 것입니다. 그 대표적인 사람이 유다지파에 편입된 갈렙입니다. 갈렙은 원래 그니스 사람입니다. 그니스는 에돔의 후손입니다. 조상을 거슬러 가면 에돔의 후손이지만 출애굽 때 야곱의 후손을 따라나선 것입니다. 시내산 언약 체결 이후에 이스라엘에 편입됐고, 열두 지파 연맹 공동체 가운데 유다 지파로 편입됩니다. 이후에 갈렙은 유다 지파의 대표까지 오르게 됩니다. 이 부분은 출애굽 본문에서 다시 언급하겠습니다. 애굽이 싫었던 사람들이 애굽을 빠져나와 하나님의 통치를 받는 하나님의 백성이 되겠다고 다짐하고 결단한 자리가 시내산이었습니다. 이곳에서 이스라엘이라는 신앙 공동체가 탄생했습니다.

　출애굽의 2단계는 가나안 땅을 정복하는 것입니다. 이 문제는 많은 신앙인에게 뜨거운 감자입니다. 하나님이 이스라엘 백성에게 가나안 땅의 사람들을 '진멸'하라고 명하십니다. 윤리·도덕적으로 납득하기 어려운 명령입니다. 하나님이 이스라엘을 사랑하시는 거야 부러운 일이지만, 그렇다고 죄 없는 가나안 사람들을 진멸하라는 건 너무 심한 일이 아닌지 고민하게 됩니다. 비슷한 문제 제기를 주후 140년경 로마 교회의 평신도 지도자였던 마르키온Marcion of Sonope이라는 사람도 했습니다. 구약의 하나님은 이스라엘만 편드는 피를 좋아하는 하나님이다, 전쟁을 좋아하는 하나님이다, 따라서 구약의 하나님은 신약이 자비와 긍휼이 많은 하나님이라 고백하는 분과 다른 하나님이다, 그러므로 구약과 신약의 하나님은 다른 하나님이고 우리가 진짜 믿어야 될 하나님은 신약의 하나님이다라고 주장한 것입니다. 이런 마르키온의 주장은 2천 년 교회 역사 가운데 끊임없이 반복됐습니다. 오늘날에도 많은 신앙인들이 여호수아를 읽다가 마음이 답답해질 수 있습니다. 가나안 정복 전쟁을 제대로 이해하기 위해서 꼭 기억해야 할 신학적 내용이 있는데, 바로 '땅 신학'입니다.

레위기 25:23　　토지를 영구히 팔지 말 것은 토지는 다 내 것임이니라. 너희는 거류민이요 동거하는 자로서 나와 함께 있느니라.

　　인간이 발 딛고 살아가는 모든 땅의 주인은 하나님이십니다. 왜 그렇습니까? 하나님이 이 땅을 창조하셨기 때문입니다. 하나님은 땅의 주인이시지만 모든 땅을 점유하지는 않으십니다. 하나님은 땅을 창조하시고 나서 특정 민족과 공동체에게 그 땅에 거주할 수 있는 기회를 주십니다. 땅에 살고 있는 모든 사람은 땅의 주인으로서가 아니라 임차인으로 사는 것입니다. 하나님이 그 땅을 임대해 주셨습니다. 여기

근거해 나온 신학이 바로 '땅 신학'입니다. 인간이 발 딛고 살아가는 모든 땅의 주인이 하나님이시고, 그 땅에서 특정 민족과 공동체가 임대자로 편안하게 살아가기 위해서는 땅 주인이신 하나님께 성실하게 임대료를 납부해야 합니다. 이 임대료가 무엇일까요?

> 창세기 18:19   내가 그로 그 자식과 권속에게 명하여 여호와의 도를 지켜 의와 공도를 행하게 하려고 그를 택하였나니 이는 나 여호와가 아브라함에게 대하여 말한 일을 이루려 함이니라.

하나님이 이스라엘을 구원하신 목적, 아브라함을 선택하신 목적은 '의와 공도를 행하게 하기' 위해서였습니다. 의와 공도의 히브리어가 '미쉬파트*mishpat*'와 '체다카*chedaka*'입니다. 우리말 번역 성경에는 의와 공도, 공의와 정의 등 다양하게 번역되어 있지만 히브리어로 보면 동일한 단어입니다. 이들이 바로 하나님이 원하시는 임대료입니다.

'미쉬파트'는 여러 의미가 있지만 압축하면 사법적인 정의가 구현되는 것입니다. 사법적인 정의가 구현된다는 것은 무엇일까요? 보통 사회에서 힘있는 강한 사람들은 아무리 많은 죄를 범해도 미꾸라지처럼 법망을 피해 갑니다. 아무리 큰 죄를 범해도 힘있고 능력 있는 변호사를 고용해서 빠져나갑니다. 의지할 곳도 없고 호소할 곳도 없는 사람들은 법의 심판을 받지만 강자들은 죄에 대한 처벌을 잘 받지 않습니다. 쉽게 말해 부익부 빈익빈의 사회, 유전무죄 무전유죄의 사회가 되는 것입니다.

이것은 하나님이 기대하시는 사회의 모습이 아닙니다. 하나님은 부유한 사람이나 가난한 사람이나 모두가 법 앞에 평등하길 바라십니다. 사법적 정의가 온전히 구현되길 바라십니다. '미쉬파트'가 구현되는 사회를 기대하십니다. 하나님이 기대하시고 기뻐하시는 사회를 구현했다면, 그것이 땅 신학의 맥락에서 하나님께 성실히 임대료를 납부하는 셈이 됩니다.

'체다카'는 무엇입니까? 서로가 서로를 형제로 대하는 것입니다. 서로가 서로를 형제로 대하면 자신의 이익 때문에 남에게 사기 치는 일은 일어나지 않습니다. 사람들이 폭력을 행사하고 사기를 치는 까닭은 상대방이 자신과 아무 상관없는 타자라 생각하기 때문입니다. 토머스 홉스가 말한 "만인의 만인에 대한 투쟁 상태"가 생겨납니다. 하나님은 우리가 서로에게 형제가 되길 기대하십니다. 그런 사회의 특징이 '체다카'입니다.

예를 들어 우리 집에 쌀이 열 가마니가 쌓여 있는데 이웃집 굴뚝에서 1주일 내내 연기가 나지 않는다고 생각해 보십시오. 만약 그 사람을 형제로 생각한다면 어떻게 해야 할까요? 자기 집에 있는 쌀을 이웃 형제에게 나눠 주게 되어 있습니다. 이것이 '체다카'가 구현되는 모습입니다. 우리 옆에 있는 사람을 자기 가족, 형제라 생각하면 자신의 이익 때문에 그 사람을 속일 수 있습니까? 절대 그럴 수 없습니다. 거짓이 아닌 진실로 대하게 됩니다.

땅 신학에 근거할 때, 이 땅에 살고 있는 임차인들이 땅의 주인이신 하나님께 성실하게 '미쉬파트'와 '체다카'라는 임대료를 지불하면, 땅의 주인이신 하나님은 거기 살고 있는 임차인들이 그 땅에 계속 거주할 수 있도록 기회를 주십니다. 반대로 그 땅에 살고 있는 사람들이

'미쉬파트'와 '체다카'를 구현하지 못하고 강자가 약자를 억압하고 지배하고 착취하는 사회를 만든다면 땅 신학을 근거로 땅의 주인이신 하나님께 임대료를 납부하지 않는 것이 됩니다.

임대료가 체납되면 땅의 주인이신 하나님은 이 땅의 임차인들에게 임대료가 체납됐다고 경고하십니다. 누구를 통해 경고하십니까? 예언자들을 통해 하십니다. 구약의 무수한 예언자들이 바로 이 역할을 했습니다. "너희는 하나님이 기대하셨던 '미쉬파트'와 '체다카'가 구현되는 사회를 건설하지 못했다. 이런 삶을 지속하게 되면 땅의 주인이신 하나님으로부터 심판을 피할 길이 없다, 지금이라도 돌이켜야 한다, 하나님이 기뻐하시는 '미쉬파트'와 '체다카'가 구현되는 사회를 건설해야 한다." 이렇게 외쳤던 사람들이 구약의 예언자들입니다. 그런데 예언자들의 경고를 듣고도 변화가 없다면, 즉 그 땅에 살고 있던 임차인들이 하나님께 임대료를 납부할 마음이 제로 상태가 된다면 하나님은 오랜 세월 임대료를 체납한 임차인들을 내쫓으십니다. 그리고 새로운 임차인을 그 땅에 거주케 하십니다.

가나안 정복 전쟁은 이스라엘을 가나안 땅에 살게 하기 위해서 아무 죄도 없는 아모리 일곱 족속을 몰아낸 사건이 아닙니다. 아모리 일곱 족속에게 하나님은 가나안 땅에 거주할 기회를 먼저 주신 것입니다. 아모리 일곱 족속들이 가나안에 거주하면서 하나님께 성실하게 임대료를 납부하지 않은 것입니다. 하나님은 다양한 사건들과 사람들을 통하여 그들에게 경고하셨지만 그것을 듣고도 그들이 하나님께 임대료를 납부할 마음이 제로 상태가 되었기에, 하나님은 아모리 사람들을 내쫓으시고 새로운 임차인으로 이스라엘을 그 땅에 들이신 것입니다.

그래서 가나안 정복 전쟁은 땅 신학의 맥락에서 이해해야 합니다.

여호와께서 아브람에게 이르시되 너는 반드시 알라. 네 자손이 이방에서 객이 되어 그들을 섬기겠고 그들은 사백 년 동안 네 자손을 괴롭히리니 그들이 섬기는 나라를 내가 징벌할지며 그 후에 네 자손이 큰 재물을 이끌고 나오리라. 너는 장수하다가 평안히 조상에게로 돌아가 장사될 것이요 네 자손은 사대 만에 이 땅으로 돌아오리니 이는 아모리 족속의 죄악이 아직 가득 차지 아니함이니라 하시더니.

하나님이 아브라함과 그 후손에게 가나안 땅을 주시겠다고 약속하십니다. 문제는 지금 당장이 아니라 400년 후입니다. 왜 400년 후일까요? 하나님이 아모리 사람들에게 이 땅에 먼저 살 수 있는 기회를 주셨기 때문입니다. 그런데 이들이 임대료를 성실하게 납부하지 않았습니다. 인자와 긍휼이 충만하신 하나님은 임대료가 좀 밀린 이 사람들을 금방 내쫓은 것이 아니라 오래 참으셨습니다. 언제 쫓아내십니까? 더 이상 기회를 준다고 하더라도 그들이 임대료를 납부할 마음이 제로 상태가 되었을 때입니다. 이를 죄가 가득 차지 않았다고 표현한 것입니다. 그러니까 그들의 죄가 가득하게 되면, 하나님이 기대하셨던 '미쉬파트'와 '체다카'의 공동체와 거리가 멀어진다면, 하나님은 임대료를 오랜 세월 체납한 아모리 일곱 족속을 몰아내시고 새로운 임차인으로 이스라엘을 들이실 것입니다. 이것이 가나안 정복전쟁입니다. 이스라엘은 가나안 땅에 들어갈 때 가나안 땅의 주인으로 들어간 것이 아닙니다. 이스라엘은 아모리 일곱 족속과 동일하게 임차인의 자격으로 그 땅에 들어갔습니다. 임차인은 그 땅의 주인이신 하나님께 성실하게 임대료를 납부할 의무가 있습니다. 그 의무가 '미쉬파트'와 '체다카'가 구현되는 사회입니다.

출애굽 3단계는 그 땅에 하나님 나라를 세우는 것이라 했습니다. 하지만 이스라엘은 역사적으로 이 땅에 거주하면서 하나님이 기대하시고 원하셨던 '미쉬파트'와 '체다카'가 구현되는 사회를 건설하지 못했습니다. 한마디로 가나안 땅에 또 하나의 애굽을 건설했습니다. 힘 있는 강자가 연약한 약자를 억압하고 지배하고 착취하는 사회입니다. 하나님은 오랜 세월 예언자들을 보내서 경고하셨습니다. 임대료가 밀려가고 있다는 것입니다. 계속해서 임대료를 납부하지 않고 돌이킬 마음도 없으면 이 땅에서 내쫓김을 당한다, 임차인으로서 자격을 박탈당한다는 경고였습니다. 이스라엘은 경고를 듣고도 돌이키지 않았습니다. 그 결과 북이스라엘은 주전 722년 앗시리아에 의해 내쫓김을 당합니다. 남유다는 주전 586년 바빌로니아에 의해 내쫓김을 당합니다. 몸과 정신의 애굽 탈출인 출애굽 1단계에 실패하고, 가나안 땅을 믿음으로 정복하는 출애굽 2단계에서도 실패한 이스라엘은 결국 가나안 땅 위에 애굽과 전혀 다른 나라, 하나님의 통치가 온전히 구현되는 나라를 세우는 출애굽 3단계도 실패하고 맙니다. 즉 이스라엘 백성은 아모리 일곱 족속을 대신해서 새로운 임차인으로 가나안에 들어왔지만 이스라엘도 '미쉬파트'와 '체다카'의 임대료를 성실히 납부하지 않은 결과, 그 약속의 땅에서 내쫓겼다는 것이 구약의 줄거리입니다.

이스라엘을 선택하신 목적

이스라엘이 출애굽에 실패하는 데 중요한 역할을 담당한 인물이 솔로몬입니다. 성경은 솔로몬을 부정적으로 그립니다(왕상 4-11장). 솔로몬은 지혜의 왕, 성전을 건축한 왕이기도 하지만 42명의 유다 및 이스라엘 왕 가운데 나라를 망가뜨린 단연 주범입니다. 솔로몬은 야훼 하나님을 위해 성전을 지었지만, 바알을 위해서도 신전을 지었습니다. 아세라를 위해서도 지었습니다. 솔로몬이 지었던 성전만 수십 개입니다. 그 가운데 하나가 야훼 하나님의 성전이었을 뿐입니다.

솔로몬은 이방의 신들을 위해 성전을 지었을 뿐만 아니라 거기에 친히 나아가서 이방 신들에게 경배도 드렸습니다. 우상숭배의 핵심이 무엇입니까? 하나님과 다른 신을 겸하여 섬기는 것입니다. 그 우상숭배를 행한 대표적 인물이 솔로몬입니다. 솔로몬이 행한 큰 죄악 중 하나는 하나님에 의해 자유인이 된 사람들을 다시 노예로 전락시켰다는 것입니다. 하나님은 애굽에서 종살이하던 자들을 해방시켜 자유인이 되게 하셨습니다. 노예였던 사람들을 자유인으로 만든 것이 출애굽 사건의 핵심입니다. 솔로몬은 자유인이 된 사람들을 다시 강제 노역에 동원합니다. 자유인을 다시 노예로 만든 것이 솔로몬입니다. 솔로몬은 가나안 땅에 등장한 또 하나의 바로라고 할 수 있습니다. 이스라엘은 출애굽에 실패했습니다. 애굽은 빠져나왔지만 가나안 땅에서 하나님 나라가 온전히 구현되도록 만들지 못했습니다. 이스라엘은 가나안 땅 위에 강자가 약자를 지배하고 착취하는 또 하나의 애굽을 만들었습니다. 그래서 구약성경을 한 문장으로 압축하면 '출애굽에 실패한 이스라엘 이야기'입니다.

하나님이 이스라엘을 구원하신 목적, 아브라함을 선택하신 목적은 '의와 공도'를 행하게 하려는 것이었다는 점을 앞서 이야기했습니다 (창 18:19). 그리고 그 '의와 공도'가 '미쉬파트'와 '체다카'라고 했습니다. 잠시 우리의 상황을 돌아보겠습니다. 구한말에 기독교 신앙이 이 땅에 들어오고 나서 얼마 지나지 않아 조선은 일제 식민지가 되었습니다. 35년 동안 식민 지배를 받고 해방되자마자 분단이 되고 5년 후에 전쟁이 있었습니다. 우리 민족의 근현대사는 비극의 역사라 할 수 있습니다. 이 비극의 역사에서 많은 신앙인들이 이 땅에 대한 소망을 접고 죽은 후 천당만을 소망했습니다. 여전히 이런 영향이 남아 있어서 오늘날에도 신앙인들이 신앙을 갖는 목적이 죽은 다음 천당 가는 데 있는 경우가 많습니다. 하지만 신앙의 궁극적인 목적은 이 땅에 대한 모든 관심을 접고 죽은 후 천당 가는 것이 아닙니다. 예수님께서 주기도문에서 강조하신 것처럼, 하나님의 뜻이 하늘에서 이뤄진 것처럼 하나님이 창조하신 이 땅 곳곳에 하나님의 뜻이 온전히 이뤄지게 만드는 것입니다. 그 과정 속에 하나님의 뜻을 이뤄 내는 도구로서 각자 쓰임받는 것이 기독교 신앙입니다. 죄 많은 이 세상은 내 집 아니라며 관심을 접는 것은 참된 기독교 신앙이 아닙니다. 죽은 후 천당만을 사모하는 것도 참된 기독교 신앙이 아닙니다. 뜻이 하늘에서 이뤄진 것처럼 이 땅의 정치, 경제, 사회, 문화, 가정, 사법, 언론 모든 영역에서 하나님이 원하시는 바가 우리의 순종을 통하여 아름답게 이뤄지도록 노력하는 것이 참된 기독교 신앙입니다.

하나님이 아브라함과 그의 후손을 선택하신 목적은 '의와 공도'를 행하게 하기 위해서입니다. 죄 많은 이 세상에서 그들만을 빼내어 내세로 끌고 가기 위해 구원하신 것이 아니라, 이 땅 가운데서 하나님의 백성다움을 드러내길 원하신 것입니다. 하나님의 백성은 '미쉬파트'와 '체다카'를 구현해야 합니다. 종교의식에 최선을 다하는 것만 아니라 일상에서 하나님의 백성다운 정직, 거룩, 진실함, 사람들을 존귀히 대함 등의 모습을 통하여 우리가 하나님의 백성이라는 사실을 온전히 잘 증거하는 것이 중요합니다.

하나님이 우리를 각자의 교회 공동체로 불러 주신 목적이 무엇일까요? 주일에 함께 모여 예배드리기 위해서일까요? 아닙니다. 교회 공동체를 통해서 하나님이 살아 계심을 온전히 선포하고 증거하라는 것입니다. 그리스도의 몸된 교회를 아름답게 일궈 냄으로써 하나님이 오늘날도 여전히 살아 역사하신다는 사실을 아름답게 증거하라고 그리스도의 피 값으로 이 땅에 교회를 세우신 것입니다. 내가 구원받았다는 사실을 찬양하고 기뻐하는 것을 뛰어넘어 하나님이 우리를 구원하신 목적이 무엇인지, 그 목적에 걸맞은 삶을 살아 내고 있는지, 이런 성찰과 반성과 돌이킴과 분투가 우리에게 필요합니다.

구약 VS. 제1성경

요즘 신학계에서는 '구약'이라는 표현보다 '제1성경'이라는 표현을 많이 사용합니다. 구약이나 신약 같은 표현을 하다 보니까 사람들이 구약보다 신약을 더 중시하게 됐습니다. 구약은 율법이고 신약은 복음이라거나, 구약은 약속이고 신약은 성취라거나, 구약은 옛 약속이고 신약은 새 약속이라고 여깁니다. 모두 맞는 말이지만, 그렇다고 구약이 신약보다 덜 중요하다는 뜻은 아닙니다.

교회가 신약 27권을 정경으로 확정한 것이 주후 397년인데 이때 신약 정경을 확정하고 나서 교회가 구약을 버리지 않았습니다. 구약도 중요합니다. 구약이 있고 난 다음에 신약이 있는 것입니다. 구약을 신약이 대체한 것이 아니라 구약은 여전히 유효하고 거기에 신약이 더해졌을 뿐입니다.

교부들도 이 사실을 강조했습니다. 예컨대 예수님이 읽으신 유일한 성경은 구약입니다. 초대교회가 읽은 유일한 성경도 구약입니다. 따라서 구약을 모르면 신약을 제대로 알 수 없습니다. 요한복음을 제대로 이해하려면 창세기, 에스겔을 알아야 합니다. 요한복음 곳곳에 무수히 많은 구약의 말씀들이 담겨 있습니다. 요한계시록을 제대로 이해하려면 다니엘 같은 묵시문학을 알아야 합니다. 다니엘서에 사용된 단어들이 요한계시록에도 나오기 때문입니다. 구약을 모르고 신약을 읽으면 자의적으로 해석할 가능성이 매우 높습니다.

안타깝게도 한국 교회에서 구약은 용도 폐기되고 신약만 중요한 것처럼 생각하는 경향이 있습니다. 그래서는 안 됩니다. 구약은 너무나 중요합니다. 구약을 근거로 하여 신약이 탄생했기 때문입니다. 구약이 핵심이고 신약이 부록입니다. 사람은 언어를 사용하면서 알게 모르게 그 언어의 지배를 받습니다. 구약이나 신약이라는 표현을 쓰다 보면 은연 중에 구약보다 신약이 더 중요하고 소중한 본문이라는 생각을 하게 됩니다.

이런 문제의식 때문에 요즘 신학자들이 구약이나 신약이라고 부르지 않고 '제1성경'과 '제2성경'이라고 부르고 있습니다. 그럼 뭐가 더 중요한 느낌이 듭니까? '제1성경'이 더 중요한 느낌이 듭니다. 구약과 신약 중에서는 신약을 중시하는 경향이 큰데, '제1성경'과 '제2성경'이라고 부르면 '제1성경'을 더 중시하고 그 빛 가운데에서 '제2성경'을 해석하게 됩니다. 이것이 사실 구약과 신약을 함께 정경으로 채택한 교부들이 원하던 모습입니다. 오랜 교회의 전통이기 때문에 이 책에서도 구약이라는 표현을 쓰고 있지만 구약을 흘러간 언약이나 그림자 정도의 하위 개념으로 바라보는 관점은 수정될 필요가 있습니다.

2부 모세오경

오경이란 무엇인가

구약의 처음 다섯 권의 책을 '모세오경'이라 합니다. 오경은 한국 교회가 갖고 있는 일반적 인식이고, 어디부터 어디까지를 같은 단락으로 볼 것인지에 대한 신학적 주장은 여러 가지가 있습니다. 즉 4경, 5경, 6경, 9경 등의 이해가 있습니다.

4경은 창세기부터 민수기까지를 하나로 묶어야 한다는 의견입니다. 4경의 가장 큰 근거는 창세기부터 민수기까지 '그리고'라는 순접 관계로 연결되어 있다고 보기 때문입니다. 창세기가 50장에서 끝나고, 출애굽기 1장 1절 첫 단어가 '그리고' 입니다. 레위기 1장 1절도 '그리고' 입니다. 민수기 1장 1절도 '그리고' 입니다. 창세기 이후에 '그리고'로 출애굽기가 이어지고, 다시 레위기가 이어지고, 민수기까지 이어지는 것입니다. 그런데 신명기 1장 1절에는 '그리고'가 없습니다. 그래서 창세기부터 민수기까지가 하나의 연결된 묶음이었다고 보는 4경을 주장합니다.

5경은 한국 교회가 전통적으로 가지고 있는 입장으로 모세라는 인물을 중심으로 이해합니다. 모세의 출생은 출애굽기 시작 부분에 나옵니다. 모세의 죽음은 신명기 마지막 부분에 나옵니다. 모세라는 사람이 태어나서, 출애굽의 지도자로 사역하고, 이어서 그의 죽음을 끝으로 한 시대가 저물었다고 보는 것입니다. 그러고 나서 여호수아라는 새로운 지도자로부터 새로운 지평이 펼쳐진다고 봅니다. 모세라는 인물을 중심으로 창세기부터 신명기까지를 하나의 단락으로 이해하는 것이 5경의 관점입니다.

6경은 창세기부터 여호수아까지를 하나의 단락으로 보는 관점입니다. 창세기에서 하나님은 아브라함을 믿음의 조상으로 부르시고 두 가지 축복의 약속을 하십니다. 먼저 후손들을 하늘의 별과 바닷가의 모래알처럼 많이 번성케 할 것이고, 다음으로 가나안 땅을 선물로 주시겠다는 것입니다. 두 가지 약속이 모두 성취된 것이 가나안 정복 사건입니다. 그 내용은 여호수아서에 나옵니다. 약속과 성취라는 도식을 가지고 이해하면서 창세기부터 여호수아서까지를 하나의 묶음으로 보는 것이 6경의 관점입입니다.

9경은 요즘 신학자들이 가장 선호하는 입장으로, 창세기부터 열왕기까지를 한 단락으로 보는 관점입니다. 하나님이 아브라함에게 주신 약속처럼 이스라엘은 후손도 번성하고 가나안 땅도 차지하게 되었습니다. 그러나 가나안 땅에 정착한 이스라엘이 그 땅에 하나님 나라를 건설하지 못했습니다. 가나안 땅에서 그들은 실패했습니다. 하나님은 모든 땅의 주인으로서 특정 민족과 공동체에게 그 땅에 거주할 기회를 주시는데, 임차인으로 거주하면서 땅의 주인이신 하나님께 '미쉬파트'와 '체다카'라는 임대료를 지불해야 합니다. '미쉬파트'는 사법적 정의가 구현되는 것이고, '체다카'는 서로가 서로를 형제로 대하는 것입니다. 이 땅의 백성이 '미쉬파트'와 '체다카'를 구현하게 되면 땅의 주인이신 하나님은 임차인들이 그곳에서 자신에게 성실하게 임대료를 납부하는 것으로 이해하시고 그들이 그 땅에 계속 거주할 수 있도록 기회를 주십니다. 그러나 이 땅의 백성이 '미쉬파트'와 '체다카'가 구현되는 공동체를 건설하지 못했다면 이것은 임대료를 체납한 것이나 마찬가지입니다. 임대료가 체납되면 하나님은 먼저 예언자들을 보내셔서 경고하시지만, 경고를 듣고도 임차인들이 돌이키지 않으면 결국 이들을 쫓아내시고 새로운 임차인들에게 그 땅을 넘겨주십니다. 이것이 바로 '땅 신학'입니다.

여호수아서에서 가나안 땅에 정착한 이스라엘은 하나님께 성실하게 임대료를 납부하지 못했습니다. 가나안 땅에 하나님의 통치가 구현되는 하나님 나라가 아니라 또 하나의 애굽을 건설했습니다. 애굽은 하나님을 대적하는 세력입니다. 애굽의 세계관은 강한 자가 약한 자를 억압하고 지배하고 착취하는 것을 당연시합니다. 그래서 약한 자는 울부짖습니다. 이스라엘은 가나안 땅 위에 또 하나의 애굽을 탄생시켰습니다. 그 결과 북이스라엘은 주전 722년 앗시리아에 의해, 남유다는 주전 586년 바빌로니아에 의해 그 땅으로부터 내쫓김을 당합니다. 이스라엘은 실패했습니다. 그렇다면 이스라엘은 이렇게 끝나고 마는 걸까요? 열왕기서 마지막 부분에는 바빌로니아에 포로로 끌려갔던 여호야긴이라는 왕이 37년 만에 감옥에서 석방되고 이스라엘 왕으로서 예우를 받았다는 내용이 나옵니다. 이스라엘의 실패와 포로 생활 끝에 감옥에 있던 왕이 풀려나 예우를 받는 것은, 이스라엘의 회복에 대한 소망입니다. 9경의 이해는 창세기부터 열왕기까지를 하나의 단락으로 보고, 하나님의 약속, 성취, 이스라엘의 실패, 그 실패를 초극하는 하나님의 은총과 회복을 같은 흐름 속으로 연결하는 관점입니다.

　한국 교회는 전통적으로 모세오경이라는 입장을 받아들여 이를 강조해 왔습니다. 모세라는 한 인물을 통하여 새로운 시대가 시작되고 그 죽음을 통하여 한 시대가 마감된 창세기부터 신명기까지를 하나의 단락으로 이해합니다. 그래서 이름도 '모세오경'이라고 합니다. 우리도 이를 토대로 구약 전체를 살펴보려고 합니다.

창세기

하나님의 창조

　이제 창세기부터 말라기까지, 책별로 본문의 주요 내용 중 우리가 잘못 이해하고 있거나 새롭게 알아야 할 내용 중심으로 살펴보겠습니다. 먼저, 창세기 1장은 하나님이 천지를 창조하신 이야기입니다.

창세기 1:28　하나님이 그들에게 복을 주시며 하나님이 그들에게 이르시되 생육하고 번성하여 땅에 충만하라, 땅을 정복하라, 바다의 물고기와 하늘의 새와 땅에 움직이는 모든 생물을 다스리라 하시니라.

이 구절을 '문화명령'이라고 합니다. 하나님은 당신의 형상대로 창조하신 인간에게 하나님이 창조하신 피조 세계를 잘 돌보고 다스리고 지키라고 명하셨습니다. 이에 따라 기독교 신앙은 죽음 이후 천당에 가는 것을 궁극적인 목적으로 삼지 않습니다. 하나님의 뜻이 하늘에서 이뤄진 것처럼 내가 살아가고 있는 이 땅 곳곳에서 온전히 구현되기를 바랍니다. 그래서 문화명령에 따라 하나님이 창조하신 피조 세계를 잘 돌보고 다스리고 지켜내는 사명을 완수하고자 노력하는 것입니다.

그런 점에서 정치적으로 보수적이거나 진보적인 견해를 떠나 기독교 신앙인 모두가 관심을 가져야 할 공통 주제는 생태와 환경입니다. 죽은 다음 천당 가는 데만 관심이 있다면 이 땅이 어찌되건 관심이 없을 것입니다. 하지만 하나님은 피조 세계를 창조하신 다음 당신의 백성에게 하나님의 마음으로 이 땅의 피조물들을 잘 돌보고 다스리고 지키라고 명령하셨습니다.

로마서 8:21-22　그 바라는 것은 피조물도 썩어짐의 종 노릇 한 데서 해방되어 하나님의 자녀들의 영광의 자유에 이르는 것이니라. 피조물이 다 이제까지 함께 탄식하며 함께 고통을 겪고 있는 것을 우리가 아느니라.

사도 바울 역시 피조 세계가 지금도 탄식하고 있다고 말합니다. 어서 하나님의 아들들이 나타나기를 고대한다는 것입니다. 하나님의 아들들이 등장하여 하나님의 마음으로 하나님의 손과 발이 되어서 피조 세계를 잘 돌보고 다스리고 지켜 주기를 원하는 것입니다. 전 세계 많은 종교 가운데 기독교 신앙의 중요한 특징 중 하나가 바로 이 피조 세계에 대한 무한책임 자세를 강조하는 것입니다.

<blockquote>
마태복음 5:13   너희는 세상의 소금이니 소금이 만일 그 맛을 잃으면 무엇으로 짜게 하리요 후에는 아무 쓸 데 없어 다만 밖에 버려져 사람에게 밟힐 뿐이니라.
</blockquote>

예수님은 제자들에게 그들이 "세상의 빛"이라고 말씀하셨습니다. 여기에는 세상에 어둠도 있다는 사실이 전제되어 있습니다. 그래서 신앙인들은 세상이 썩었다거나 부패했다는 것으로 탄식하거나 절망하지 말아야 합니다. 세상의 부패는 신앙인들이 절망할 문제가 아닙니다. 그것은 이미 성경이 전제하고 있는 상태입니다. 세상은 어두움입니다. 예수님은 우리에게 이 어두운 세상을 비추는 빛이 되라고 명하신 것입니다. 모든 신앙인은 세상의 빛으로 부름받았습니다. 신앙인들이 진짜 탄식해야 할 것은 세상이 썩고 타락하고 부패했다는 사실이 아니라, 이 어두운 세상을 비출 수 있는 빛이 없다는 사실입니다. 신앙인들은 빛으로 세상을 비추지 못하는 이 땅 교회의 현실에 탄식해야 합니다. 기독교는 이 세계에 대한 무한책임이 있습니다. 하나님이 원하시는 대로 우리가 이 땅의 빛으로 살아가고 있는지 돌아보면서 어떻게 하면 우리가 발 딛고 살아가는 이 세상에서 세상의 빛이 될 수 있는지 고민해야 합니다. 교회는 거기에 걸맞은 실천을 할 수 있어야 합니다.

돕는 베필

하나님이 천지를 창조하시면서 유일하게 보시기에 좋지 않았던 것이 있었습니다. 바로 사람이 독처하는 것입니다. 홀로 살아가는 것입니다. 홀로 있던 아담을 위해서 하나님은 돕는 배필을 창조하십니다 (창 2:18). 히브리어로 '에제르 케네그도ezer kenegdo'입니다. 세 가지 의미가 있습니다. 첫째 반대하며 돕는다, 둘째 하나님의 도우심을 대신한다, 셋째 대등한 관계에서 돕는다 등이 그것입니다.

하나님이 우리에게 허락하신 돕는 배필이 있습니다. 아내와 남편, 친구와 친구, 부모와 자녀, 교인과 교인이 서로에게 돕는 배필입니다. 모든 관계에서 우리는 돕는 배필의 역할을 감당해야 하는데 무엇보다 '반대하며 도와야' 합니다. 이 말 속에 이미 인간이 실수할 수 있는 존재, 넘어질 수 있는 존재라는 의미가 전제되어 있습니다.

성경은 하나님이 인간을 흙으로 창조하셨다고 말합니다. 흙은 부서지기 쉬운 재료입니다. 그래서 인간이 부서지기 쉬운 존재입니다. 매일 매 순간 다짐하고 결단하지만 자신의 다짐과 결단조차 지켜 내지 못하고, 다음날 똑같은 죄악 가운데 넘어지는 존재가 인간입니다. 그것을 누구보다 하나님이 잘 아십니다. 우리를 흙으로 창조하셨기 때문에 우리가 넘어지기 쉽고 깨지기 쉬운 존재임을 잘 아십니다. 하나님은 우리가 넘어지기를 기다렸다가 넘어지면 심판하기를 즐겨 하시는 분이 아닙니다. 성경은 하나님이 오래 참으시고, 인자와 긍휼과 자비가 충만하시다고 말합니다. 우리가 넘어지면 하나님은 우리가 다시 일어나길 기대하십니다. 우리가 죄를 범했을 때 심판보다 돌이킬 수 있는 기회를 주고자 하십니다. 우리는 죄를 범했기 때문이 아니라, 하나님이 주시는 회개의 기회를 거부했기 때문에 심판을 받는 것입니다.

성경에서 돕는 배필의 의미를 실감하는 사건이 있습니다. 창세기 3장의 원죄 사건입니다. 교회는 전통적으로 하와가 선악과 아래 홀로 있을 때 뱀이 다가와서 하와를 유혹했고, 하와가 그 유혹에 넘어가 선악과를 먹었으며, 하나를 더 따서 남편 아담도 먹게 했다고 해석했습니다. 그런데 성서학 연구가 발전하면서 본문을 살펴보니까, 뱀이 와서 하와를 유혹할 때 아담도 그 자리에 함께 있었다는 것이 밝혀집니다. 뱀은 말할 때마다 '너희'라는 복수 이인칭을 사용했습니다(창 3:1, 4, 5). 하와가 먹고 나서 자기와 '함께한 남편'에게도 주었다는 표현도 나옵니다(창 3:6). '함께'를 뜻하는 히브리어 단어가 '임*im*'입니다. 이 단어는 어깨가 부딪힐 만큼 가까운 곳에 있을 때 사용합니다. 아담과 하와는 에덴동산이라는 넓은 공간에서 어깨가 부딪힐 만큼 가까운 곳에 함께 있었다는 뜻입니다. (임은 추상적인 with의 뜻도 있는데 이런 설명은 불필요한 것 같습니다. 함께 있다로 충분합니다.) 하지만 뱀은 하와하고만 대화를 나누었습니다. 하와가 유혹에 넘어가서 선악과를 따먹었고, 하나를 더 따서 아담에게 주었습니다. 아담 역시 현장에 있었지만 처음부터 침묵, 묵인, 방관했고, 하와의 범죄에 동조한 것입니다. 돕는 배필의 역할을 저버렸던 것입니다.

구약에서 돕는 배필의 역할을 신실하게 감당한 자들이 바로 예언자들입니다. 예언자들은 이스라엘이 원하거나 기대하는 메시지를 선포한 게 아닙니다. 이스라엘이 불편해하고 듣고 싶어 하지 않는 말씀을 선포했습니다. 하지만 듣기 부담스러운 예언자의 메시지야말로 진정

이스라엘을 살리고 돕는 길이었습니다.

　우리가 만나는 모든 관계 속에서 '돕는 배필의 역할'을 제대로 해 나가려면, 하나님이 원하시는 바가 무엇인지 제대로 알아야 합니다. 하나님의 뜻을 제대로 알아야만 이 사람이 행동하는 바와 생각하는 것이 하나님의 뜻에 일치하는지 그 여부를 알 수 있습니다. 선악과 사건 이후에 하나님은 아담과 하와를 찾아오셔서 아담에게 물으십니다.

창세기 3:11 　　내가 네게 먹지 말라 명한 그 나무 열매를 네가 먹었느냐.

　여기서 죄의 중요한 특징이 등장합니다. 아담이 이때 자기 잘못을 고백하고 회개했다면 인류의 역사가 바뀌었을지도 모릅니다. 하지만 아담은 자신이 선악과를 먹은 책임을 "당신이 나에게 준 이 여자 때문"이라고 대답합니다. 이번에는 하나님이 하와에게 묻습니다.

창세기 3:13 　　네가 어찌하여 이렇게 하였느냐.

　하와는 자신의 죄에 대한 책임을 뱀에게 떠넘깁니다. 뱀이 꾀어서 어쩔 수 없이 먹었다는 것입니다. 죄의 중요한 특징은 '전가성'입니다. 죄를 저지른 사람은 자신이지만, 그 죄의 책임은 다른 누군가에게 떠넘기는 것입니다. 이게 바로 죄의 중요한 특징입니다. 그리고 이 죄는 결국 4중의 관계를 파괴합니다. 첫째 하나님의 관계를 파괴합니다. 죄를 범하기 전 아담과 하와는 동산을 거니시는 하나님과 만나곤 했습니다. 이제는 하나님의 얼굴을 피해 숨게 됐습니다. 둘째 사람과의 관계를 파괴합니다. 아담이 하와를 처음 만났을 때 "내 뼈 중의 뼈요, 살 중의 살"이라고 했습니다. 죄를 범하고 나서는 하와를 죄인으로 몰아갑니다. 셋째 죄는 자기 자신과도 분열하게 만듭니다. 아담과 하와는 무화과 나뭇잎으로 자신을 가립니다. 자기 모습을 부끄럽고 수치스럽게 생각한 것입니다. 넷째 죄는 인간과 피조 세계의 관계를 파괴합니다. 땅은 인간에게 가시와 엉겅퀴를, 인간은 그 땅을 경작하기 위해 날카로운 농기구를 만듭니다.

구약은 이렇게 죄로 인해 파괴된 4중의 관계가 회복되는 것을 '구원'이라고 말합니다. 하나님과의 관계, 사람과의 관계, 자신과의 관계, 피조 세계와의 관계가 회복되는 것이 이스라엘에게 약속된 구원의 삶입니다.

노아

대홍수 이후 포도 농사를 지었던 노아는 수확한 포도를 먹고 취합니다. 이것을 아들 함이 제일 먼저 봅니다. 당시 노아는 술에 취해 하의를 벗고 자고 있었습니다. 함은 이를 보았지만 아버지를 위해 아무것도 하지 않았습니다. 도리어 나머지 형제들에게 아버지가 옷을 벗고 자고 있다고 고자질을 합니다. 이 이야기를 듣고 셈과 야벳이 옷을 들고 뒷걸음질 쳐 들어가 아버지의 하체를 덮어 줍니다. 노아가 잠이 깨고 나서 세 아들이 자기에게 했던 일을 알게 됩니다. 그리고 세 아들에게 복과 저주를 선포합니다.

창세기 9:25-27 이에 이르되 가나안은 저주를 받아 그의 형제의 종들의 종
이 되기를 원하노라 하고 또 이르되 셈의 하나님 여호와를
찬송하리로다. 가나안은 셈의 종이 되고 하나님이 야벳을
창대하게 하사 셈의 장막에 거하게 하시고 가나안은 그의
종이 되게 하시기를 원하노라 하였더라.

셈에게는 하나님의 복이 임하기를 원하고 야벳도 창대해지길 원하
는데 함의 후손들은 저주를 받으리라고 말하고 있습니다. 야벳의 후손
이 오늘날 백인이고 함의 후손이 오늘날 흑인이지 않습니까. 오랫동안
노아의 이 말을 근거로 백인들이 흑인들을 노예로 부려 먹었습니다.
하나님이 노아를 통해 백인에게는 축복을, 흑인에게는 저주를 하셨다,
흑인들을 백인들의 장막에서 일하게 하셨다는 식으로 해석하면서 하
나님의 이름과 하나님의 뜻으로 흑인들을 노예로 부려 먹은 것입니다.
백인들의 이러한 해석은 정당할까요?

먼저 노아가 한 말은 하나님의 말씀인가요? 노아는 하나님이 백인
에게 복을 주시고 흑인은 저주하시기를 바란다고 말했습니다. 그러면
백인이 흑인을 노예로 부려 먹도록 하나님이 허락하신 게 될까요? 이
에 대답하기 위해서는 전제돼야 할 사실이 있습니다. 창세기부터 요한
계시록까지 모든 성경에는 하나님의 말씀만 기록되어 있습니까? 만약
성경에 하나님의 말씀만 기록되어 있다면 매일 점을 치는 사람들처럼
오늘 나에게 주실 말씀은 뭐지 하면서 아무 데나 펴도 되겠죠? 그렇게
펴서 오늘 하나님이 내게 이런 말씀을 주시는구나 생각해도 무방할 것
입니다. 그러나 그렇지 않습니다. 성경에는 하나님의 말씀뿐만 아니라

사탄의 말도 기록되어 있습니다. "돌을 떡이 되게 만들라", "성전에서 뛰어내려라"는 하나님이 아니라 사탄이 한 말입니다. 욥기를 보면 하나님께 옳다 인정받지 못한 욥의 세 친구들의 주장도 길게 나와 있습니다. 성경 어딘가를 펴면 하나님의 말씀이 아닌 부분이 있습니다. 사탄의 말도 있고 하나님께 옳다 인정받지 못한 사람들의 말도 있습니다. 그러므로 누가 한 말인지, 어쩌다 한 말인지 문맥을 잘 살펴야 합니다.

둘째, 노아처럼 하나님의 사람이라고 할 수 있는 사람들이 했던 말과 행동은 모두 하나님의 뜻을 대언하거나 대행한 것이라고 볼 수 있을까요? 노아가 했던 모든 말은 하나님의 뜻을 대언하는 걸까요? 노아가 한 모든 행동은 하나님이 원하시는 바를 대행하는 걸까요? 그렇지 않습니다. 노아가 술에 취해 하의를 벗고 잔 것이 하나님의 뜻을 대행한 것과 무슨 상관이 있습니까?

훗날 이스라엘이 최고의 신앙 인물로 간주했던 다윗을 보십시오. 다윗이 밧세바라는 여인을 범한 것이 하나님의 뜻과 상관이 있습니까? 그 죄를 은닉하기 위해서 우리아라는 사람을 죽인 것이 하나님의 뜻을 행한 것과 상관이 있습니까? 믿음의 사람들이 했던 말과 행동이 백 퍼센트 하나님의 뜻을 대언하거나 원하시는 바를 대행한 것은 아닙니다. 노아의 말이라고 해서 그것을 온전히 하나님의 말씀이라고 생각할 수는 없는 것입니다.

셋째, 한 번 선포된 하나님의 말씀은 영원무궁토록 효력을 가지는 것일까요? 혹시 노아의 말이 하나님의 뜻을 대언한 것이라면 하나님의 뜻은 시간을 초월하여 영원무궁토록 유효할까요? 그렇지 않으니다. 구약에서 하나님이 주셨던 많은 율법들, 특별히 제의법들은 신약에 가면 그리스도 예수로 말미암아 단번에 완성됩니다. 더 이상 신약의 성도들은 동물을 잡아서 하나님께 제물을 바치지 않습니다. 우리의 신앙에는 불연속성이 들어 있습니다. 하나님이 선포하신 말씀이라고 해서 영원무궁토록 효력을 가지지 않습니다.

야곱은 죽기 전에 열두 아들에게 축복과 저주의 유언의 남깁니다(창 49장). 이 자리에서 야곱으로부터 저주를 받은 두 아들이 있습니다. 시므온과 레위입니다. 두 사람은 세겜 사람들을 학살하도록 주동해서 야곱의 집안을 위험에 빠뜨렸기 때문입니다. 이 때문에 시므온과 레위는 야곱에게 저주를 받은 것입니다. 그런데 모세도 죽기 전에 열두 지파에게 축복과 저주의 유언을 남깁니다(신 33장). 이때 모세의 유언에서 가장 큰 축복을 받은 지파가 레위 지파입니다.

노아의 말(창 9장), 야곱의 말(창 49장), 모세의 말(신 33장)이 모두 하나님의 뜻을 대언한 것이라 받아들여 봅시다. 하나님이 레위를 한 번 저주했다고 해서 그 저주가 끊임없이 효력을 발휘하는 것은 아님을 알 수 있습니다. 하나님은 야곱의 입을 통해서는 레위를 저주하셨지만 모세의 입을 통해서는 레위를 축복하십니다. 얼마든지 변할 수 있는 것입니다.

백인 우월주의자들이 주장하는 것처럼 하나님이 노아를 통해 백인을 축복하시고 흑인을 저주하셨다는 주장은, 설사 노아가 하나님의 말씀을 대언한 것이라고 해도 시간을 초월해 영원무궁토록 유효한 말씀은 아닙니다. 노아의 말을 근거로 오랜 세월 하나님의 이름으로 백인들이 흑인들을 노예로 부려 먹은 것은 성경에 대한 심각한 오해, 잘못된 적용이라 할 수 있습니다. 이런 예들을 성경에서 구분해 내는 것이 중요합니다.

아브라함

창세기는 아브라함, 이삭, 야곱, 요셉으로 이어지는 믿음의 족장에 대한 이야기입니다. 우리는 아브라함을 '믿음의 조상'이라고 부릅니다. 왜 아브라함을 믿음의 조상이라고 합니까? 아브라함이 어떤 믿음을 보여 준 겁니까?

> 창세기 12:1-2 여호와께서 아브람에게 이르시되 너는 너의 고향과 친척과
> 아버지의 집을 떠나 내가 네게 보여 줄 땅으로 가라. 내가
> 너로 큰 민족을 이루고 네게 복을 주어 네 이름을 창대하게
> 하리니 너는 복이 될지라.

성경이 말하는 믿음은 하나님께 내 인생을 거는 것입니다. 하나님만을 내 인생의 주인으로 삼는 것입니다. 하나님을 내 인생의 주인 삼는다는 것은 하나님이 명하신 대로 온전히 순종한다는 뜻입니다. 나는 하고 싶지 않지만 내 인생에 주인 되신 하나님이 하라고 명하시면 기꺼이 행하는 것이 믿음입니다. 너무나 하고 싶지만 하나님이 하지 말라 명하시면 기꺼이 그것을 행하지 않는 것이 믿음입니다. 믿음은 내 뜻대로 살지 않고 내 인생의 주인 되신 하나님의 뜻대로 살아가는 것,

그 하나님께 내 인생을 거는 것입니다. 이것이 성경이 말하는 참된 믿음입니다. 하나님이 아브라함에게 본토, 친척, 아비 집을 떠나서 내가 네게 지시하는 땅으로 가라고 하시자, 아브라함은 기꺼이 그 말씀에 순종해 본토, 친척, 아비 집을 떠났습니다. 하나님의 지시에 따라 가나안 땅으로 이동합니다.

성경이 말하는 믿음은 인지적인 차원의 믿음이 아닙니다. 인지적인 차원의 믿음은 어떤 문장이나 명제에 대해서 인지적으로 동의하거나 수용하는 것을 가리킵니다. 헬레니즘 사회의 믿음이 그랬습니다. 예를 들어 "하나님은 천지의 창조자"라고 해 봅시다. 헬레니즘식으로 하면 믿음은 하나님이 천지의 창조자라는 문장을 인지적으로 동의하거나 수용하는 것입니다. "예수는 우리의 구원자"라고 하면, 예수가 우리의 구원자구나 인지적으로 동의하고 수용하는 것입니다. 한마디로 머리로만 믿는 것입니다. 머리로만 믿는 게 문제가 되는 까닭은 몸으로는 믿지 않을 수 있기 때문입니다. 헬레니즘식의 믿음에는 이런 괴리와 분리가 많이 일어납니다. 오늘날 많은 한국의 신앙인들도 성경이 말하는 참된 믿음이 아니라 헬레니즘이 말하는 인지적 동의와 수용을 믿음이라고 착각하며 자신에게 믿음이 있다고 생각합니다. 이렇게 믿음을 오해하는 사람들에게 야고보가 한 말이 있습니다.

> 야고보서 2:19 하나님이 한 분이신 것을 믿느냐, 잘하는도다. 귀신들도 믿고 떠느니라.

하나님이 한 분이신 것을, 머리로만 믿는 정도의 믿음은 귀신들도 갖고 있습니다. "잘하는도다"라는 말은 칭찬이 아니라 조롱입니다. 귀신들이 뭘 믿는 겁니까? 하나님이 천지의 창조자라는 사실, 세계 역사의 주관자라는 사실, 예수가 우리의 구원자라는 사실을 귀신들도 다 압니다. 인지적으로 머리로는 다 동의합니다. 실제로 마가복음에서 거라사 귀신이 예수를 보고 이렇게 얘기합니다.

> 마가복음 5:7 지극히 높으신 하나님의 아들 예수여, 나와 당신이 무슨 상관이 있나이까. 원하건대 하나님 앞에 맹세하고 나를 괴롭히지 마옵소서.

예수가 누구인지 정확히 알고 고백하지 않습니까? 그러나 다음이 더 중요합니다. 나는 당신과 아무 상관이 없다는 게 귀신의 믿음 수준입니다. 하나님과 예수가 어떤 존재인지 다 알고 있지만 귀신이 하나님께 순종할 일은 없습니다. 무수한 하나님의 말씀도 자신과는 상관이 없다는 게 귀신 수준의 신앙입니다. 성경이 말하는 참된 신앙은 하나님을 머리로만 아는 것이 아니라 하나님이 우리에게 주신 무수한 말씀들이 자신과 상관 있음을 인정하는 것입니다. 삶으로 몸으로 하나님께 순종하는 삶을 사는 것이 참된 믿음입니다. 아브라함은 그런 믿음의 여정을 시작한 우리 신앙인의 조상입니다.

이삭

이 집안에서 가장 존재감이 약한 사람이 이삭입니다. 노년이 된 이삭은 에서만 몰래 불러 축복을 해 주려고 했습니다. 이것을 리브가가 듣고 야곱을 에서인 것처럼 위장시켜서 에서의 복을 가로채는 내용이 이어집니다. 신앙인들은 이 이야기를 읽으면서 에서가 받을 복을 야곱이 속여서 가로챘다고 생각합니다. 정말 그럴까요?

> 창세기 25:23　여호와께서 그에게 이르시되 두 국민이 네 태중에 있구나. 두 민족이 네 복중에서부터 나누이리라. 이 족속이 저 족속보다 강하겠고 큰 자가 어린 자를 섬기리라 하셨더라.

리브가가 잉태했는데 태에서부터 두 아이가 싸웁니다. 너무 걱정이 돼서 하나님께 기도하자 하나님이 두 국민과 두 민족이 리브가의 태에 있다고 말씀하십니다. 여기서 중요한 것이 '국민'과 '민족'이라는 표현입니다. 고대 사회는 신으로부터 받을 수 있는 최대의 축복이 자녀의 번성이라고 생각했습니다. 리브가가 잉태한 두 아이가 모두 큰 민족을 이룬다는 것은 대단히 큰 축복입니다. 그런데 하나님은 "큰 자가 작은 자를 섬길 것이다"라고 말씀하십니다. 이 말씀은 고대 근동 사회의 일반적인 장자 중심의 가치관을 뒤집는 것입니다. 창세기는 처음부터 끝까지 일관되게 장자와 차자 가운데 차자가 우세한 이야기를 들려줍니다. 가인과 아벨 가운데 아벨, 에서와 야곱 가운데 야곱, 열두 아들 가운데 장자 르우벤이 아닌 유다, 므낫세와 에브라임 가운데 에브라임이 하나님의 선택을 받습니다. 하나님은 리브가가 낳은 두 아들 모두를 축복하시지만, 큰아이가 작은아이를 섬길 것입니다. 둘 다 복을 받지만 작은아이가 더 큰 복을 받는다는 뜻입니다. 이것이 에서와 야곱이 태어나기 전 이삭과 리브가에게 주신 하나님의 뜻입니다. 하나님은 한 명을 복 주시기 위해 다른 한 명을 저주하시는 분이 아닙니다. 두 아이 모두에게 복을 주십니다. 다만 작은아이가 더 큰 복을 받는 것입니다.

창세기 27:1   이삭이 나이가 많아 눈이 어두워 잘 보지 못하더니.

이삭은 나이 많아 눈이 어두워졌습니다. 눈이 어둡다는 것은 시력이 안 좋다는 뜻만이 아니라 분별력을 상실했다는 의미이기도 합니다. 이삭은 분별력을 상실했기 때문에, 하나님이 주신 말씀을 망각하고 도리어 장자에게 모든 복을 몰아주려는 기도를 시도한 것입니다. 이삭이 에서만을 축복하려고 한 행동은 두 쌍둥이 아들이 태어나기 전 하나님이 주셨던 말씀을 망각한 행동입니다. 하나님은 분명히 두 아들 모두에게 복을 주겠다고 말씀하셨고 두 아들 모두가 복을 받지만 큰아들보다 작은아들이 더 많은 복을 받는다고 하셨습니다. 하지만 노년의 이삭은 고대 근동의 일반적인 가치관처럼 큰아들에게 복을 몰아주려 했습니다. 이에 리브가가 야곱과 짜고 이삭을 속입니다. 큰아들에게 몰아주려던 복을 둘째 야곱이 가로채 버리는 것입니다. 에서는 모든 일이 끝나고 나서야 옵니다. 에서가 아버지에게 복을 빌어 달라고 부탁하자 이삭은 에서에게 빌어 줄 복이 남지 않았다고 말합니다. 그러면서 에서에게 저주를 퍼붓습니다. 이삭의 행동은 모두 하나님의 뜻과는 상관이 없습니다. 하나님의 뜻은 이미 이들의 출생 시에 명백히 드러났습니다. 노년의 이삭은 하나님의 뜻과 상관없는 행동을 했습니다. 하나님을 제로섬의 하나님으로 오해했기 때문입니다. 하나님을 제로섬으로 이해하는 것은 하나님의 자원이 얼마 없기 때문에 누군가에게 플러스 은혜를 주려면 어쩔 수 없이 다른 사람에게 마이너스 저주를 베풀어야 한다고 생각하는 것입니다. 이런 식으로 이삭은 하나님을 오해했습니다. 하나님은 두 아들 모두에게 복을 준다고 하셨습니다. 다만 작은아들이 큰아들보다 많은 복을 받는 것뿐입니다.

이쯤해서 또 다른 질문이 나올 수 있습니다. 두 아들 모두가 복을 받는다 하더라도 어차피 복을 적게 받는 사람은 억울하거나 기분이 나쁠 수 있는 것 아닙니까? 이 질문에 답하는 내용이 달란트 비유입니다. 그 비유에서 주인은 종들에게 차등적으로 달란트를 나눠 줍니다. 달란트가 단지 소유로 끝나는 문제라면, 이를 적게 받는 사람은 기분이 나쁜 게 당연합니다. 그런데 달란트는 은사입니다. 하나님으로부터 받아서 사용할 뿐, 자신이 유익을 누리지 않습니다. 우리를 만나는 사람들이 우리로부터 유익을 누리는 것이 은사입니다. 하나님이 주신 달란트는 은혜입니다. 훨씬 중요한 문제는 받은 달란트만큼의 몫을 남겨야 한다는 것입니다. 5달란트 받은 종은 5달란트를 남겨야 합니다. 2달란트 받은 종은 2달란트를 남겨야 합니다. 1달란트 받은 종은 1달란트를 남겨야 합니다. 그러면 착하고 충성된 종이라는 칭찬을 받을 수 있습니다. 5달란트 받은 종이 2달란트만 남기거나 2달란트 받은 종이 1달란트만 남기면 주인에게 악하고 게으른 종이라는 책망을 받게 됩니다. 달란트 비유의 핵심은 하나님으로부터 달란트를 받는 것은 은혜지만,

자신이 받은 달란트만큼의 몫을 따로 남길 책임이 있음을 강조하는 것입니다.

여기 야곱과 에서가 있습니다. 하나님이 야곱에게 더 많은 복을 주겠다고 하셨습니다. 이 복이 야곱의 소유의 문제일 뿐이라면 에서가 기분 나쁠 수밖에 없습니다. 하지만 이것은 달란트 비유와 같은 맥락입니다. 하나님으로부터 많은 복을 받은 자는 받은 복만큼의 몫을 남겨야 합니다. 하나님께 은혜 받은 만큼 은혜를 흘려보내야 합니다. 하나님은 이삭이 이해했던 것처럼 어느 하나에게는 복을 주고 다른 하나에게는 저주를 하는 분이 아닙니다. 하나님의 뜻은 둘 모두에게 복을 주시되 동생이었던 야곱에게 더 큰 복을 주시는 것입니다. 그런 점에서 우리말 번역 성경에는 오해의 여지가 있는 번역이 있습니다.

> 말라기 1:2-3　여호와께서 이르시되 내가 너희를 사랑하였노라 하나 너희는 이르기를 주께서 어떻게 우리를 사랑하셨나이까 하는도다. 나 여호와가 말하노라. 에서는 야곱의 형이 아니냐. 그러나 내가 야곱을 사랑하였고 에서는 미워하였으며 그의 산들을 황폐하게 하였고 그의 산업을 광야의 이리들에게 넘겼느니라.

하나님이 야곱은 사랑했고 에서는 미워했다고 하십니다. 사랑과 미움을 대립적인 것으로 이해한다면 편견일 수 있습니다. 하나님은 야곱도 사랑하시지만 에서도 사랑하셨습니다. 두 사람이 태어날 때 모두 큰 국민과 큰 민족이 되라고 축복하셨습니다. 야곱과 에서의 후손

모두에게 번성하도록 복을 주셨습니다. 다만 동생에게 더 큰 복을 준 것입니다. 그럼 말라기는 왜 이렇게 말하는 걸까요? 마치 하나님이 제로섬의 하나님처럼 야곱은 사랑하고 에서는 미워한 것처럼 들립니다. "내가 미워하다"의 히브리어 원어가 '사네티 *saneti*'입니다. 미움은 사랑의 반대라는 점에서 '덜 사랑한다'는 의미일 수 있습니다. 하나님은 야곱은 "더 사랑"하셨고 에서는 "덜 사랑"하신 것입니다. 감정 해석을 말로 옮기는 데 있어서 아쉬운 부분이 신명기에도 나옵니다.

> 신명기 21:15　어떤 사람이 두 아내를 두었는데 하나는 사랑을 받고 하나는 미움을 받다가 그 사랑을 받는 자와 미움을 받는 자가 둘 다 아들을 낳았다 하자.

한 남자가 두 명의 여인들을 아내로 데리고 있는데, 한 아내는 사랑하고 한 아내는 미워했다는 표현이 나옵니다. 미워하는 아내를 왜 아내로 데리고 있습니까? 고대 근동 사회에서는 마음에 들지 않는 아내를 내쫓는 데 아무런 거리낌이 없었습니다. 내쫓으면 그만입니다. 그런데도 아내로 그대로 두고 있다면 미워한 것이 아닙니다. 야곱에게 레아와 라헬 두 아내가 있었던 것처럼 더 사랑하는 아내와 덜 사랑하는 아내가 있었던 것입니다. 두 아내 사이를 '더 사랑'과 '덜 사랑'으로 이해할 수 있다면 에서와 야곱을 향한 하나님의 뜻도 마찬가지로 이해할 수 있습니다. 왜냐하면 하나님은 분명히 두 사람을 모두 축복하시기 때문입니다. 하나님의 뜻을 망각하고 하나님을 제로섬의 하나님으로 오해해서는 안 됩니다. 하나님은 야곱은 사랑하시고 에서는 미워하신 게 아닙니다. 야곱을 더 사랑하시고 에서는 덜 사랑하셨습니다.

결국 그게 그거 아니냐고 반론할 수도 있습니다. 어쨌든 사랑을 조금 받게 된 에서 입장에서는 기분 나쁠 수 있습니다. 뭘 잘못해서 야곱보다 조금 사랑을 받아야 하느냐고 문제를 제기할 수 있습니다. 하나님은 차등적으로 사랑하십니다. 달란트 비유에도 나와 있습니다. 하나님께 사랑을 받고 은혜와 은사를 받는 것은 모두 복입니다. 복을 얼마나 받았느냐는 중요하지 않습니다. 달란트 비유는 받은 복만큼의 몫을 남겼느냐에 초점이 있습니다. 하나님께 뭔가를 받는 것은 은혜이고 받은 만큼 몫을 남기는 것은 책임입니다. 다섯 달란트의 은혜를 받은 사람은 자신이 많은 은혜를 받았다는 사실에 만족하고 감사할 뿐만 아니라, 은혜받은 자답게 살고 있는지, 받은 은혜의 몫만큼을 남기고 있는지, 받은 은혜만큼 흘려보내고 있는지 스스로 돌아보아야 합니다.

야곱

야곱은 삶 자체가 너무나 극적입니다. 야곱을 볼 때마다 현대인의 표상이라는 느낌이 듭니다. 야곱은 자신이 원하는 모든 것을 이루어 낸 사람입니다. 쌍둥이 동생으로 태어났는데, 장자권을 갖고 싶다고 마음먹고 결국 장자권을 빼앗습니다. 삼촌 라반의 집에 가서 라헬이라는 여인과 결혼하고 싶다고 마음먹고 마침내 라헬을 아내로 맞이합니다. 자기보다 더 고수였던 라반 삼촌, 열 번이나 자기를 속였던 삼촌에게 통쾌하게 복수까지 해냅니다. 야곱은 자신이 원하는 모든 것을 성취해 낸 인물입니다. 그래서 원하는 것은 뭐든 가져야 하는 오늘날 현대인이 바라는 인물의 표상입니다. 그런 야곱은 원하는 모든 것을 일 궈 낸 다음, 나이를 묻는 바로에게 이렇게 대답합니다.

<blockquote>
창세기 47:9   나그네 길의 세월이 백삼십 년이니이다. 내 나이가 얼마 못 되니 우리 조상의 나그네 길의 연조에 미치지 못하나 험악 한 세월을 보내었나이다.
</blockquote>

한마디로 말해서 원하는 모든 것을 이뤄 냈지만, 자기 인생이 정말 행복하다거나 만족스럽다고 말하지 못합니다. 자신은 험난한 인생을 살았다고 고백하는 것입니다. 오늘날 현대인들에게 이루고 싶은 일이 얼마나 많습니까? 그것을 이루지 못하면 얼마나 낙담하고 절망합니까? 이 땅은 뭔가를 성취해야만, 그런 성취를 통해서만 행복할 수 있다고 끊임없이 우리를 유혹합니다. 이런 상황에서 야곱의 고백은 많은 것을 생각하게 만듭니다. 세상 사람들처럼 많은 것을 일궈 내지는 못했다 하더라도 하나님이 보실 때 합격할 수 있는 인생, 많은 것은 못 누리지만 정말 행복하고 즐거운 신앙인의 삶을 살아야 하지 않을까요? 이것이 야곱을 통해 반추할 수 있는 신앙의 고민입니다.

요셉

요셉은 17살에 노예로 팔려 갑니다. 그리고 많은 우여곡절을 겪습니다. 노예로 팔려 가서 보디발의 집안에서 가정 총무로 일했는데, 어느 날 보디발의 아내가 요셉을 유혹합니다. 요셉은 그 유혹을 이겨 냈습니다. 하나님을 경외하는 마음으로 유혹에 넘어지지 않습니다. 그런데 유혹을 이겨 내고 하나님께 순종했던 요셉을 기다리는 것은 면류관이 아니라 감옥이었습니다. 이럴 수도 있습니다. 죄악으로 충만한 이 땅에서 하나님의 백성답게 살려고 발버둥 치다 보면 도리어 미움받을 수 있고 원하지 않는 고난과 핍박도 경험할 수 있습니다. 불의가 편만한 이 땅에서 끝까지 정의로움을 주장하면 사람들에게 박수받지 못하고 도리어 미움받을 수 있습니다. 요셉은 하나님을 경외하며 살았지만, 그런 인생의 여정에서 많은 고난을 만났습니다. 그런 요셉이 우리에게 보여 주는 교훈이 있습니다. 자신의 인생이 추락하는 상황에서도 결코 하나님에 대한 믿음과 신뢰를 포기하지 않았다는 점입니다.

> 창세기 45:7-8 하나님이 큰 구원으로 당신들의 생명을 보존하고 당신들의 후손을 세상에 두시려고 나를 당신들보다 먼저 보내셨나니 그런즉 나를 이리로 보낸 이는 당신들이 아니요 하나님이시라. 하나님이 나로 바로에게 아버지로 삼으시고 그 온 집의 주로 삼으시며 애굽 온 땅의 통치자로 삼으셨나이다.

히브리어로 믿음은 '에무나emuna'입니다. 믿을 만해서 믿는 것은 '에무나'가 아닙니다. 하나님의 뜻을 알 수 없는 순간에도 하나님을 향한 신뢰를 포기하지 않는 것이 '에무나'입니다. 이것이 구약이 말하는 믿음이기도 합니다. 자신이 원하는 바대로 잘 풀릴 때는 하나님을 향한 뜨거운 믿음이 있지만, 어느 순간 힘들고 어려워진다고 하나님에 대해 냉담해진다면, 그것은 믿음이 아닙니다. 하나님의 뜻을 알 수 없는 그 순간에도 하나님을 향한 신뢰를 포기하지 않는 것이 믿음입니다. 요셉은 그런 믿음을 잘 보여 주는 인물입니다. 요셉의 믿음을 배우고 본받아야겠습니다.

출애굽기

야곱의 70명 가족이 기근을 피해 애굽으로 내려갑니다. 처음에는 총리 가족 자격으로서 VIP 대접을 받습니다. 시간이 지나면서 애굽의 왕실이 바뀝니다. 요셉을 알지 못하는 새로운 왕이 등극합니다. 전에 VIP 대우를 받던 요셉 집안은 이제 종살이에 시달립니다. 종살이에 시달리던 야곱의 후손은 신음하고 절규했습니다. 그 소리가 하나님께 열납됩니다. 그래서 하나님이 그 소리를 들으시고 그들을 구원해 주신 것이 출애굽 사건입니다. 하나님은 왜 이스라엘 백성을 구원하셨을까요?

하나님은 이스라엘을 백성으로 삼으시길 원하셨습니다. 모든 민족 중에서 하나님의 소유로 만드시길 원하셨습니다. 이스라엘은 출애굽한 다음 시내산에서 1년 동안의 시간을 보내면서 하나님과 언약을 체결합니다. 언약이란 자기 목숨을 담보로 맺는 약속입니다. 약속의 쌍방은 서로에게 약속을 다짐한 다음 짐승을 반으로 쪼개어 죽이고, 쪼개진 짐승의 반절씩 각자 가져가게 되어 있습니다. 그리고 나서 약속의 두 당사자가 가운데 길을 걸어가면 언약이 체결되는 것입니다. 언약을 체결할 때 짐승을 반으로 쪼개어 죽이고, 쪼개진 짐승의 가운데를 함께 걸어가는 이유가 무엇입니까? 내가 상대방에게 약속한 것을 혹시 지키지 못할 경우에는 쪼개 죽임당한 저 짐승처럼 나 역시 죽여도 좋다는 뜻입니다. 이게 언약입니다. 그래서 언약은 피로 맺는 약속이며, 생명을 담보로 맺는 행위입니다. 이스라엘은 출애굽 이후 시내산에서 하나님과 언약을 체결합니다.

> 출애굽기 19:5-6 세계가 다 내게 속하였나니 너희가 내 말을 잘 듣고 내 언약을 지키면 너희는 모든 민족 중에서 내 소유가 되겠고 너희가 내게 대하여 제사장 나라가 되며 거룩한 백성이 되리라. 너는 이 말을 이스라엘 자손에게 전할지니라.

하나님은 이스라엘의 왕이 되어서 이스라엘을 돌보아 주겠다고 약속하십니다. 이스라엘은 하나님의 백성으로서 하나님께만 순종하겠다고 약속합니다. 하나님께만 순종하겠다고 다짐하고 결단한 이스라엘에게 하나님은 당신이 원하시는 바가 무언인지 알려 주십니다. 그것이 모세를 통해 주셨던 십계명과 율법입니다. 이 순서가 중요합니다. 이스라엘이 하나님께 순종할 마음이 전혀 없는데, 하나님이 어느 날 갑자기 자, 이게 내가 원하는 것이다, 무조건 이것을 지켜라, 안 지키면 다 죽는다, 이런 식으로 말씀하시지 않았습니다. 이스라엘은 하나님과 언약을 체결함으로써 하나님께만 순종하겠다고 다짐하고 결단했습니다. 그런 이스라엘에게 하나님이 원하시는 것을 후차적으로 알려 주신

게 십계명과 율법입니다.

이스라엘은 시내산에 1년 동안 머물면서 모세를 통해 주어진 십계명과 율법을 공부했습니다. 하나님의 뜻이 무엇인지 배우고 하나님의 뜻과 하나님의 뜻이 아닌 것을 분별할 수 있어야 하기 때문입니다. 그동안 이스라엘은 하나님의 임재의 상징인 성막을 건설했습니다.

> 출애굽기 25:21-22 속죄소를 궤 위에 얹고 내가 네게 줄 증거판을 궤 속에 넣으라. 거기서 내가 너와 만나고 속죄소 위 곧 증거궤 위에 있는 두 그룹 사이에서 내가 이스라엘 자손을 위하여 네게 명령할 모든 일을 네게 이르리라.

성막은 훗날 솔로몬이 건축하는 성전과 중요한 차이점이 있습니다. 성막과 성전의 뚜렷한 차이는 성막은 이동식 성소이고, 성전은 고정식 건물이라는 것입니다. 성막은 하나님의 임재를 상징하며, 하나님의 백성이 있는 곳에 항상 함께합니다. 성막이 이동해야 백성도 이동할 수 있기 때문입니다. 성막은 항상 백성이 있는 곳에 함께하기 때문에 이동식 성소라고 불렸습니다. 하나님은 이동식 성소를 통해서라도 백성과 항상 함께 계신다는 것을 입증해 주셨습니다. 훗날 솔로몬이 건축한 성전은 고정식 건물로, 하나님과 백성 사이의 거리는 가깝지 않았습니다. 하나님을 만나려면 백성은 하나님이 계시다고 생각하는 성전을 찾아가야 했습니다.

성전의 지위가 부상하면 새로운 신학이 탄생할 수밖에 없습니다. 바로 신전 신학입니다. 신전이란 신의 집이다, 백성이 신을 만나기 위해서는 신이 계시다고 생각하는 그의 집으로 찾아가야 한다고 주장합니다. 신전에 머무는 신을 정당화하기 위해 만들어진 신학입니다. 그런데 성경은 일관적으로 반신전 신학입니다. 신이 어느 한곳에 고정되어 있다고 여기지 않습니다. 신을 만나기 위해서 백성이 어디론가 신을 찾아 나서야 하는 게 아닙니다. 창세기 시작부터 강조된 사실은 하나님이 그의 백성을 찾아오셨다는 것입니다. 아브라함을 찾아오시고, 야곱을 찾아오시고, 절규하는 이스라엘 백성을 찾아오시고, 노예로 팔린 자들을 찾아오십니다. 하나님을 만나기 위해서 특정한 공간으로 가야 하는 것이 아닙니다. 하나님이 항상 백성이 있는 곳으로 찾아오십니다. 하나님이 찾아오심을 상징하는 것이 성막입니다.

고대 근동의 일반 종교가 신전 신학을 강조한다면, 성경은 처음부터 끝까지 반신전 신학을 강조합니다. 신을 만나기 위해서 인간이 찾아가야 하는 구조가 아니라 하나님이 백성이 있는 곳으로 찾아오시기 때문입니다. 하나님이 찾아오심을 나타내는 결정적 사건이 예수 그리스도의 성육신입니다. 하나님이 백성을 찾아 그들과 같은 몸을 입고 이 땅에 오셨습니다. 그러므로 오늘날 우리는 하나님을 만나기 위해서 어디론가 갈 필요가 없습니다. 우리를 찾아오시는 하나님을 만나기 위해서 깨어 있는 것이 가장 중요합니다.

출애굽 순서

이스라엘 백성은 1월 14일 유월절에 애굽을 출발했습니다. 홍해를 건넜고, 3월 1일에 시내산에 도착했습니다. 시내산에서는 중요한 세 가지 사건이 일어납니다. 하나님과 언약을 체결하고 율법을 배우고 성막을 건설한 것입니다. 성막 건설을 완료한 것이 출애굽 2년 1월 1일이었습니다. 또 한 달 후 출애굽 2년 2월 1일에 일차 인구조사를 합니다. 왜 인구조사를 합니까? 20세 이상의 남성이 몇 명인지 파악해야 전쟁에 나갈 수 있기 때문입니다. 인구조사를 했다는 것은 이제 가나안을 향해 진군할 예정이라는 뜻입니다. 가나안으로 들어가면 이스라엘을 공격하는 이방 백성이 있을 것입니다. 그들과 싸우기 위해서 이스라엘을 대표해 싸울 수 있는 사람들을 계수한 것입니다. 이 모든 일이 끝나고 출애굽 2년 2월 20일에 시내산을 떠납니다. 이스라엘이 시내산에 머물렀던 기간은 약 1년입니다. 1년 3월 1일에 도착해서 2년 2월 20일에 떠났습니다. 그 1년 동안 시내산에 머물면서 이스라엘이 했던 하나님과의 언약 체결, 율법 공부, 성막 건설은 그들을 이스라엘답게 만들어 준 세 가지 중요한 일입니다.

출애굽 인구

출애굽에 따라나선 사람은 모두 20세 이상 남성만 60만 명이었습니다. 그리고 중다한 잡족들이 함께 나왔습니다.

> 출애굽기 12:37-38 이스라엘 자손이 라암셋을 떠나서 숙곳에 이르니 유아 외에 보행하는 장정이 육십만가량이요 수많은 잡족과

양과 소와 심히 많은 가축이 그들과 함께하였으며.

흔히 생각하는 것처럼 야곱의 후손들만 출애굽한 것이 아닙니다. 야곱의 후손 외에도 수많은 잡족이 있었습니다. 애굽이 싫은 사람은 모두 다 함께 출애굽을 한 것입니다. 나중에 시내산에서 하나님과 언약을 체결할 때 이들이 이스라엘을 이루게 됩니다. 수많은 잡족이 이스라엘의 지파 안으로 편입된 것입니다.

그런데 출애굽 인구가 좀 많다는 생각이 들지 않습니까? 야곱 후손이 20세 이상 남성만 60만 명입니다. 그럼 20세 미만의 남녀, 20세 이상 여성들까지 합치면 전체 인구가 150만 명은 됐다는 것입니다. 여기서 질문을 던지게 됩니다. 이 많은 사람들이 어떻게 먹고 마시고 이동한 걸까요?

이에 대한 답을 하기 전에 오늘날 21세기가 통합의 시대라는 점에 주목하고 싶습니다. 과거에 신학은 신학으로만 존재했습니다. 철학은 철학으로, 음악은 음악으로만 존재했습니다. 하지만 21세기가 되면서 신학과 미술이 만나고, 신학과 과학이 만났습니다. 교회 공동체 안에서도 목사가 성경 전문가라면 교인 역시 다양한 분야의 전문가들입니다. 과거에는 목사가 설교를 하면 교인은 아멘 하면 그만이었습니다. 그런데 요즘은 그렇지 않습니다. 교인 중에는 인구만 전문적으로 연구하는 인구학자가 있다고 합시다. 인구학자가 이런 질문을 할 수 있습니다. 출애굽의 연도를 주전 15세기로 본다면, 당시 이집트 전체 인구가 50만 명가량이었습니다. 출애굽한 사람들의 수가 20세 이상 남성만 60만 명이고 나머지까지 포함하면 150만 명이나 된다는 건데, 전체 인구가 50만 명인 나라에서 어떻게 100만 명 이상이 출애굽을 할 수 있습니까?

지리학자들은 이런 질문을 할 수 있습니다. 100만 명이 넘는 사람들이 출애굽해서 시내산에서 1년 동안 머물렀다고요? 시내산에 그렇게 많은 사람들이 동시에 머물 공간이 있습니까? 군 전문가들은 이런 질문을 할 수 있습니다. 민수기에서 이스라엘 백성은 끊임없이 행군을 합니다. 보통 군대에서 만 이천 명 정도가 한 사단인데, 그 정도만 행군해도 길이가 보통 긴 게 아닙니다. 100만 명 이상의 사람이 행군을 한다면 행렬 최전방에 선 사람이 가나안 땅에 첫발을 내딛을 때, 절반 이상의 사람들은 여전히 애굽에 머물러 있어야 합니다. 어떻게 된 겁니까? 농업학자들은 이런 질문을 할 수 있습니다. 100만 명 이상의 사람들이 광야 생활을 하면서 도대체 뭘 먹고 살았습니까? 성경은 여기에 대해 대답합니다. 바로 '만나'입니다.

핵심은 성경이 말하는 60만 명이라는 숫자가 지나치게 과장되고 부풀려졌다는 지적이 오늘날 다양한 학문 분야에서 제기되고 있다는 것입니다. 오랫동안 신학자들은 이런 질문을 받으면서 난감해했습니다. 구약학자들이 구약성경에서 명쾌하게 설명하지 못하는 것들 가운데 하나가 바로 숫자에 대한 것입니다. 특히 인구입니다. 성경에 나온 인구는 당시 일반적인 인구 수에 비해 턱없이 많습니다. 이를 어떻게 설명하면 좋을까요?

먼저 성경에 기록된 모든 숫자는 지금 우리가 사용하고 있는 아라비아 숫자로 기록된 것이 아니라는 것을 기억해야 합니다. 히브리어는 특히 각각의 자음에 해당하는 숫자가 있는데, 이것을 가지고 그 뜻을 풀어 해석하는 걸 '게마트리아gematria'라고 합니다. 출애굽한 사람이 60만이라는 번역은 어떻게 나왔을까요? 60만을 가리키는 히브리어는 '쉬쉬 메오트 엘레프sheshi meot elef'입니다. 앞부분은 6과 100이라는 숫자이고, 뒤에는 '엘레프elef'라는 단어가 붙어 있습니다. 6과 100은 곱해서 600이고, '엘레프elef'는 1,000을 의미합니다. 600과 1,000을 다시 곱해서 60만이 된 것입니다. 인구학자들이 당시 이집트 전체 인구를 기준으로 출애굽 인구에 의문을 제기하자, 그 질문에 답하기 위해 많은 연구가 진행됐습니다.

가장 대표적인 방법은 '엘레프'를 숫자로 보지 않고 군대의 소대 단위, 혹은 한 가족 단위를 가리키는 단어로 보는 것입니다. 소대나 가족 단위는 보통 15입니다. 그러면 600과 15, 즉 구천 명 정도의 숫자를 얻을 수 있습니다. 당시의 인구와 충돌이 일어나지 않는 적당한 숫자입니다. 이 해석이 정답이라고 주장하는 것은 아닙니다. 성경의 다른 본문에서 '엘레프'를 소대 단위나 가족 단위로 사용한 전례가 없습니다. 구약에서 인구조사로 지나치게 과장된 숫자를 제시하는 것은 분명 이유가 있을 것입니다. 성경은 우리의 지혜로 알 수 없는 깊은 비밀들을 담고 있기 때문입니다. 중요한 것은 성경을 이해하기 위해 우리가 가진 제각각의 전문성을 발휘해 보는 것입니다.

레위기

제사법

책의 제목은 '레위기'지만 실제 레위인에 대한 이야기는 거의 없습니다. 제사장과 제사에 대한 이야기가 주를 이루고 있습니다. 레위기 1장부터 7장까지 5대 제사가 나옵니다. 번제, 소제, 화목제, 속죄제, 속건제입니다.

번제는 가죽만 벗기고 통째로 태워 드리는 제사입니다. 그래서 한문으로 태울 번燔자를 씁니다. 언젠가부터 한국 교회 안에 일천 번제 헌금이라는 것이 시작됐습니다. 솔로몬의 일천 번제를 따라서 헌금을 만든 건데, 이때의 '번'은 한 번, 두 번, 세 번 할 때의 번입니다. 예를 들면, 똑같은 액수의 헌금을 일천 번 하면 일천 번제가 됩니다. 그런데 성경이 말하는 일천 번제는 그게 아닙니다. 솔로몬이 바친 일천 번제에서 '일천'은 많음을 뜻하는 상징적인 숫자로, 동물 가죽을 벗겨 통째로 태워 드리는 제사를 동시에 많이 드렸다는 뜻입니다. 이처럼 번제는 가죽만 벗기고 통째로 바치기 때문에 온전한 헌신을 의미합니다.

소제는 곡식으로 바치는 제물입니다. 곡식을 그대로 바치는 것이 아니라 가루로 만들어서 바칩니다. 가인과 아벨의 이야기에서 아벨은 양을 바쳤고 가인은 농산물을 바쳐서 가인의 제물은 열납되지 않았다는 주장이 있는데, 전혀 그렇지 않습니다. 짐승으로 바치는 제사도 있지만 곡식으로 바치는 제사도 있습니다. 곡식 제사가 바로 소제입니다.

화목제는 제물을 바친 사람이 그 제물을 제사장과 함께 나누어 먹는 점이 특별합니다.

속죄제와 속건제는 비슷하지만 잘못에 대해 피해자에게 배상이나 보상을 곁들이는 속죄제가 속건제입니다.

이상이 다섯 가지 제사입니다. 레위기는 1장부터 7장까지 이 다섯 가지에 대해 설명해 주고 있습니다. 여기에 중요한 특징이 나옵니다. 하나님께 제물을 바치는 헌제자는 '적극성'이 요청되지만 제사장은 수동적으로 그려진다는 점입니다. 어떤 사람이 하나님께 양을 제물로 바치고 싶다면 직접 양을 성막으로 끌고 와야 합니다. 양을 제사장에게 인수하고 끝나는 것도 아닙니다. 양을 끌고 온 사람이 자기 손으로 양의 머리에 직접 안수를 해야 합니다. 그리고 그 사람이 직접 양을 잡습니다. 양을 죽이고 가죽을 직접 벗깁니다. 그리고 양의 각을 뜹니다. 각을 다 뜨고 나면 제사장이 헌제자가 떠 놓은 각을 제단 위에 올립니다. 또 헌제자는 제물의 내장이나 정강이 부위도 직접 씻어야 합니다. 정결하게 되면 제사장이 그것을 제단에 올립니다. 제물을 바치는 사람이 대부분 다 합니다. 직접 안수하고, 짐승도 직접 죽이고, 가죽도 벗기고, 각도 뜨고, 지저분한 것들을 씻기도 합니다. 제사장은 이 사람이 떠 놓은 것을 제단에 올리는 정도의 역할을 합니다. 제물을 드리는 헌제자가 수동적으로 제사장에게 모든 것을 위임하는 것이 아니라 적극적으로 제사에 참여하는 것입니다. 헌제자에게 주체성을 요구하고 제사장은 보조 역할을 하는 게 레위기가 묘사하는 다섯 가지 제사입니다.

이것이 레위기 제사와 오늘날 예배와의 차이점입니다. 오늘날 교인들은 예배 시간에 마치 관객처럼 목회자나 예배 위원들이 준비한 것을 관람하려고 합니다. 이것은 옳지 않습니다. 교회는 교인들이 적극적으로 참여할 수 있는 시간과 자리를 만들어야 합니다. 교인 역시 구경꾼이나 수동적인 자세가 아니라 적극적으로 예배에 함께하려는 의식으로 예배에 참여해야 합니다.

너희도 거룩하라

레위기에 반복적으로 등장하는 문장이 있습니다.

> 레위기 19:2　너는 이스라엘 자손의 온 회중에게 말하여 이르라. 너희는 거룩하라 이는 나 여호와 너희 하나님이 거룩함이니라.

이스라엘은 하나님의 백성입니다. 하나님의 백성은 하나님을 닮아야 합니다. 무엇을 닮아야 합니까? 거룩함을 닮아야 합니다. 거룩이라는 단어는 어떤 이미지가 있습니까? 거룩한 예배, 거룩한 삶이라고 말할 때, 뭐가 거룩한 걸까요? 레위기가 말하는 거룩은 주류 문화에 동참하지 않는 것입니다. 하나님의 백성답게 다르게 살아가는 것입니다. 그것이 레위기가 말하는 거룩입니다.

앞에서도 언급했지만, 하나님은 고대 근동의 신과 다른 특성을 갖고 계십니다. 노동을 중시하시고, 사람의 제물보다 제물을 가져온 사람의 삶을 중시하시고, 힘 있는 자들 대신 밑바닥 인생들에 자신을 동일시하셨습니다. 또 아내 신을 두지 않아 성적 타락을 조장하지 않으셨습니다. 이것이 유일신으로서 하나님의 특성입니다. 하나님의 이런 특성이 거룩하다는 것입니다. 당대의 주류 문화에 동참하지 않고, 주류 가치에 편승하지 않고 다른 것이 거룩한 것입니다.

만약 재판하는 판사라면 어떤 판사가 거룩한 판사입니까? 뇌물을 받지 않고, 사람들을 외모로 판단하지 않고, 공의로운 판결을 하는 것이 거룩한 판사입니다. 세상의 모든 재판관들이 뇌물을 받고 권력자들에게 편드는 재판을 해도 그런 일반적인 문화와 질서의 가치에 동화되지 않고 다른 모습을 보여 주는 것입니다. 거룩한 재판관의 모습입니다.

거룩한 사업가는 어떤 사업가입니까? 저울추를 속이지 않는 사람입니다. 대부분 사업하는 사람들은 더 많은 이윤을 얻기 위해 저울을 속입니까? 누구나 다 그렇게 장사하고 있습니까? 그러나 거룩한 사업가는 하나님을 경외하고 두려워하기 때문에 이윤을 얻기 위해 저울추를 속이지 않고 정직하게 장사합니다.

거룩이라고 하면 이렇게 생각하기 쉽습니다. 이른 아침에 일어나 새벽기도 드리고 매일 QT하고 열심히 기도하는 것입니다. 이런 삶 자체가 잘못된 것은 아닙니다. 하지만 종교적인 의식에서 최선을 다해도 재판할 때 뇌물을 받거나 장사할 때 저울추를 속인다면 거룩이 아닙니다. 세상 모든 사람이 이 길을 걷는다 해도 하나님을 경외하는 마음으로 주류 문화와 주류 가치와 주류 질서에 동화되지 않고 다르게 살아가는 것이 거룩입니다. 레위기는 그렇게 말하고 있습니다.

주전 2세기 말 거룩한 삶을 평생 살아가겠다고 결단한 사람들이 나타나는데, 바로 바리새인입니다. '바리새pharisee' 자체가 '고립된'이라는 뜻입니다. 주변에 있는 헬라 이방인들과 분리된 삶을 선택했다는 뜻입니다.

레위기의 핵심 단어가 거룩입니다. 거룩하신 하나님을 모방해 너희도 거룩하라고 끊임없이 권면합니다(레 11:45, 19:2, 20:28). 이때 거룩은 침묵이나 엄숙함이 아닙니다. 주류 문화로부터 분리돼 다르게 살아가며, 하나님의 뜻대로 행하고, 정직함과 진실함을 드러내는 것이 레위기가 말하는 거룩입니다.

거룩의 공식

레위기는 거룩을 강조한 책입니다. 레위기의 거룩에는 중요한 공식이 있습니다. 거룩한 것과 부정한 것이 섞이면 부정해진다는 것입니다. 마치 깨끗한 물과 구정물이 섞이면 지저분해지는 것과 같습니다. 거룩한 것과 부정한 것이 섞이면 부정해지기 때문에 거룩하고자 한다면 거룩을 지키기 위해 부정한 모든 것과 단절해야 합니다. 건강한 사람은 병든 사람과 어울리면 안 됩니다. 그래서 문둥병자들은 성 밖으로 내보내야 했습니다. 하나님의 거룩한 백성인 이스라엘은 부정한 이방인들과 만나면 안 됩니다.

레위기가 말하는 거룩의 모습 속에는 부정한 자들과 어울림을 통해 그들을 변화시킨다는 개념은 없습니다. 이런 관점 때문에 구약 이스라엘의 백성은 이방의 백성에게 전도를 하지 않았습니다. 당연히 할 수 없습니다. 이방 사람을 만나는 것 자체가 부정한 일이기 때문입니다. 이것을 뒤집어엎으신 분이 예수 그리스도입니다.

복음서에는 예수가 병자들을 치유하시는 이야기가 많이 나옵니다. 12년 동안 혈루병으로 고통받던 여인과 12살 된 죽은 야이로의 딸이 동시에 치유를 받습니다. 이때 레위기의 거룩의 공식이 전복됩니다. 12년 동안 혈루병으로 고통받은 여인이 예수를 만진 것입니다. 레위기 정결법에 따르면 병든 여인이 건강한 예수를 만졌다면 여인의 부정함이 예수에게 전염된 것입니다. 그런데 어떻게 됐습니까? 예수의 생명력으로 말미암아 여인이 치유됩니다. 레위기는 생명과 죽음이 접촉하면 죽음의 기운이 생명을 오염시킨다고 봤습니다. 그런데 살아 있는 예수 그리스도의 생명이 12살 된 야이로의 딸의 죽은 시체에 접촉하자, 죽은 몸이 다시 소생합니다. 예수 그리스도는 레위기의 거룩의 공식을 뒤집어엎으셨습니다.

> 요한복음 20:21 예수께서 또 이르시되 너희에게 평강이 있을지어다. 아버지께서 나를 보내신 것같이 나도 너희를 보내노라.

게다가 예수는 부정하고 타락한 어두운 세상에 제자들을 보내십니다. 구약에서는 있을 수 없는 이야기입니다. 레위기에 근거하면 거룩하고 깨끗한 사람들은 부정한 것들과 단절하고 분리하는 것만이 할 수 있는 유일한 일입니다. 그런데 예수는 우리가 "세상의 빛"이라면서 우리를 세상으로 보내십니다. 왜 보내십니까? 우리의 거룩함으로 거룩하지 않은 이 세상을 변화시키기 원하셨기 때문입니다. 우리의 정직함으로 세상의 불의함을 변화시키라는 것입니다. 이것이 신약에서 전복된 거룩의 공식입니다.

거룩의 위계 사회

이스라엘은 거룩의 위계 사회였습니다. 이스라엘 주변에 있던 모든 나라 역시 위계 사회였습니다. 이스라엘을 이상적으로 보면서, 모든 사람이 상호 평등한 사회였다고 생각하기 쉽습니다. 그렇지 않습니다. 이스라엘도 위계 사회입니다. 다만 주변 국가들에 비해 위계의 내용이 달랐습니다. 이스라엘은 '거룩'의 위계 사회였습니다.

보통의 위계질서 사회에서는 위에 있는 사람들이 군림합니다. 지시하고 명령합니다. 아래 있는 사람들은 절대 복종합니다. 명령을 듣지 않으면 처벌을 받습니다. 그런데 이스라엘의 위계는 전혀 그렇지 않습니다. 이스라엘도 위계를 갖고 있기는 합니다. 제일 위에 대제사장이 있고 제사장, 레위인, 평민, 종과 노예, 이방인들이 있습니다. 그런데 이스라엘 위계는 군림하는 위계가 아닙니다. 위에 있는 사람들이 지시하고 명령하고 밑에 있는 사람들은 복종하는 위계가 아닙니다. 위에 있는 사람들이 하나님의 백성다운 삶이 무엇인지 몸소 보여 주는 위계입니다. 위에 있는 사람들이 하나님 백성다운 진실함, 거룩함, 정직함을 몸소 보여 주면, 아래 있는 사람들이 그 모습을 보고 모방하고 따라 행하는 것입니다. 이것을 거룩의 위계 사회라고 부릅니다. 하나님은 이스라엘이 거룩의 위계 사회가 되기를 원하셨습니다.

훗날 가나안 땅을 배분하게 될 때 땅 분배의 총책임자는 여호수아였습니다. 놀랍게도 여호수아 자신이 땅 분배를 받는 것은 열두 지파의 땅 분배가 모두 끝나고 나서입니다. 만약 이기심과 욕망의 지배를 받는 사람이 땅 분배의 책임자가 됐다고 생각해 보십시오. 가나안 땅 가운데 제일 좋은 땅을 그 사람이 먼저 찜하지 않겠습니까? 그런 다음 그 땅을 제외한 나머지 땅을 열두 지파에게 분배하지 않겠습니까? 여호수아는 그렇게 하지 않았습니다. 열두 지파가 원하는 땅을 먼저 차지하고 난 다음, 가장 마지막에 여호수아가 자기 땅을 분배받습니다.

가나안 정복 전쟁이 진행되는 동안, 여호수아와 갈렙을 제외한 모든 이스라엘 백성은 40세 미만이었습니다. 출애굽 1세대는 미리 다 죽었기 때문입니다. 85세의 갈렙이 여호수아에게 와서 말합니다.

> 여호수아 14:11-12 모세가 나를 보내던 날과 같이 오늘도 내가 여전히 강건하니 내 힘이 그때나 지금이나 같아서 싸움에나 출입에 감당할 수 있으니 그날에 여호와께서 말씀하신 이 산지를 지금 내게 주소서. 당신도 그 날에 들으셨거니와 그곳에는 아낙 사람이 있고 그 성읍들은 크고 견고할지라도 여호와께서 나와 함께하시면 내가 여호와께서 말씀하신 대로 그들을 쫓아내리이다 하니.

갈렙이 말한 "이 산지"는 이미 정복한 땅이 아니었습니다. 정복한 땅을 공짜로 달라는 이야기가 아닙니다. 저 땅에 있는 원주민들과 전쟁하도록 허락해 달라는 것입니다. 그 땅에 누가 살았습니까? 아낙 자손이 살았습니다. 가데스바네아에서 모세가 열두 명의 정탐꾼을 보냈는데, 그들이 돌아와서 이스라엘 백성에게 이렇게 보고했습니다.

> 민수기 13:33 거기서 네피림 후손인 아낙 자손의 거인들을 보았나니 우

리는 스스로 보기에도 메뚜기 같으니 그들이 보기에도 그
와 같았을 것이니라.

정탐꾼으로 갔던 열두 명 가운데 열 명이나 절대로 가나안 땅을 차
지할 수 없다고 말했는데, 그 이유가 아낙 자손 때문이었습니다. 그들
에 비해 이스라엘은 너무 왜소해서 결코 그 땅을 차지할 수 없다는 것
입니다. 이 보고를 듣고 이스라엘은 낙담해서, 가나안 땅으로 힘있게
걸어가지 못하고 애굽으로 돌아가려 했습니다. 그 무서운 아낙 자손들
과 갈렙이 싸우겠다고 나선 것입니다. 갈렙의 나이 85세 때입니다. 단
순히 나이가 많을 뿐만 아니라, 그동안 수고하고 애썼으니 편하고 쉬
운 상대랑 싸워도 아무도 비난할 수 없는 자격을 갖춘 것입니다. 그런
데 갈렙은 그렇게 하지 않습니다. 가장 힘들고 어려운 대적을 자신이
맡겠다고 나섰습니다. 이것이 하나님이 기대하셨던 거룩의 위계 사회
의 모습입니다. 그래서 신앙은 건강한 모방입니다.

고린도전서 11:1 내가 그리스도를 본받는 자가 된 것같이 너희는 나를 본받
는 자가 되라.

이 땅의 부모들은 모두 자녀의 선생으로 부름받았습니다. 자녀가 부
모의 삶을 통해 건강한 모방을 할 수 있도록 부모는 깨어 있어야 합니
다. 이것이 하나님이 기대하셨던 거룩의 위계 사회입니다. 그 사회는
대제사장과 제사장들이 지도자입니다. 이스라엘 공동체는 그들을 보
며 건강한 모방을 할 수 있었습니다. 이것을 레위기가 보여 줍니다.

'광야에서'

민수기는 말 그대로 '백성의 숫자를 셈한 기록'이라는 뜻입니다. 왜 민수기라는 제목이 만들어졌을까요? 앞에서도 이야기했지만, 원래 성경에는 책의 제목이 없었습니다. 두루마리를 둘둘 말아서 들고 다니다 보니 따로 구분하기는 어려웠습니다. 그래서 두루마리를 폈을 때 제일 먼저 나오는 단어 혹은 앞부분에 나와 있는 단어 가운데 중요한 단어를 두루마리의 제목으로 붙였습니다. 창세기 두루마리를 펴면 '브레시트'라는 단어가 제일 먼저 나옵니다. 출애굽기 두루마리를 펴면 '쉐모트*Shemot*'라는 단어가 눈에 뜁니다. 레위기 두루마리를 펴면 '바이크라'가 먼저 나옵니다. 민수기라는 두루마리를 펴면 다섯 번째 나오는 단어가 '베미드바르*Bemidbar*'라는 단어입니다. 이게 각 두루마리, 즉 각 책의 제목이 되었습니다. '베미드바르'는 '광야', 정확히 말해서 '시내 광야에서'라는 뜻입니다.

70인경이 번역되면서 지금 우리가 알고 있는 것과 같은 제목들이 따로 만들어졌습니다. 민수기에는 1장과 26장, 두 번에 걸쳐 이스라엘 열두 지파에 대한 인구조사 이야기가 나옵니다. 백성의 숫자를 계수하는 장면이 1장과 26장 두 번 나오기 때문에 백성의 수를 센 것이 중요하다고 생각하고 '민수기'라는 제목을 채택한 것입니다.

민수기는 히브리 성경 제목 '베미드바르'처럼 일단 광야 여정에 관한 이야기입니다. 보다 정확히 말하면 광야에서 출애굽 1세대가 어떻게 실패했는지를 보여 줍니다. 이스라엘은 광야 여정에서 대부분 실패했습니다. 인생의 여정에서 하나님에 대한 신앙을 신실하게 붙잡고 살아가는 것은 쉽지 않습니다. 그래서 나그네 인생을 사는 동안 하나님 백성다움을 지켜 낼 수 있는 가장 강력한 무기를 들어야 합니다. 그것이 '말씀'입니다. 하나님의 말씀과 함께할 때만 광야와 같은 인생의 고단하고 힘겨운 여정을 무사히 통과할 수 있습니다. 그래서 민수기는 '광야에서'라는 의미이지만 '말씀과 함께'라는 의미로도 읽을 수 있습니다.

출애굽의 시공간

이스라엘의 출애굽 사건은 출애굽기부터 신명기까지 전개됩니다. 시공간을 기준으로 크게 세 부분으로 나눌 수 있습니다. 출애굽기 1장부터 18장까지는 출애굽 과정, 출애굽기 19장부터 민수기 10장 10절까지는 시내산 체류, 민수기 10장 11절부터 신명기 34장까지는 광야 여정입니다. 특히 민수기는 광야 여정에서 출애굽 1세대가 어떻게 실패했는지를 보여 줍니다. 유월절에 애굽과 바로의 통치를 피해 탈출한 사람들은 야곱의 후손과 수많은 잡족들이었습니다. 이들은 하나님의 은혜로 애굽을 떠나 시내산에서 하나님과 언약을 체결했습니다. 이제는 바로의 백성이 아니라 하나님께만 순종하는 하나님의 백성이 되겠다고 선언한 것입니다. 그리고 시내산에 1년 동안 머물면서 율법을 배우고 성막도 건설합니다. 출애굽의 궁극적인 목적은 애굽 탈출이 아닙니다. 하나님의 약속의 땅 가나안을 정복하고 그 땅 위에 하나님의 통치가 구현되는 하나님 나라를 건설하는 것입니다. 이것이 출애굽의 궁극적 목적입니다. 출애굽한 사람들은 어디를 향해 걸어가야 합니까? 가나안을 향해 걸어야 합니다.

그런데 출애굽 1세대는 이 일에 실패하고 말았습니다. 가나안을 향해 걸어야 할 사람들이 그러지 않고 자신들을 종으로 부려 먹었던 애굽으로 돌아가려고 했던 것입니다. '향向가나안' 대신 '환還애굽'을 시도했습니다. 무엇 때문일까요? 광야 여정이 너무 힘들고 어려워서입니다. 광야 여정이 힘들고 어렵다고 애굽으로 돌아가려는 것은 어리석은 선택입니다. 애굽으로 돌아가면 어떤 삶이 기다리고 있습니까? 다시 종살이하는 노예로 살아가야 합니다. 그런데도 지금 당장 힘들고 어려우니까 간신히 탈출해 나온 그곳에 대해 환상 가득한 나눔을 합니다.

민수기 11:5　　우리가 애굽에 있을 때에는 값없이 생선과 오이와 참외와
　　　　　　　　부추와 파와 마늘들을 먹은 것이 생각나거늘.

노예가 값없이 먹은 음식이 정말 그렇게 대단했을까요? 지금 당장 광야 여정이 힘들고 어렵다고 자기 의지로 뛰쳐나온 애굽의 삶을 환상적으로 그리는 게 말이 됩니까? 가나안을 향해 걸어가지 못하기 때문에 애굽으로 돌아가려고 했던 것입니다. 향가나안이 아닌 환애굽은 창조적인 고난을 이겨 내지 못한 결과입니다.

존재가 새로워지려면 창조적인 고난을 이겨 내야 합니다. 어린 아

기들을 생각해 봅시다. 동물 가운데 성장 속도가 가장 느린 것이 사람이라고 합니다. 초식동물은 새끼로 태어나자마자 1-2분 안에 서고, 5-6분이 지나면 뜁니다. 사람은 태어난 지 3개월이 될 때까지 천장만 쳐다봅니다. 1년 정도 돼야 걸을 수 있습니다. 그런데 어떤 아이도 한 번에 몸을 돌리거나 한 번에 일어나 걷는 아이는 없습니다. 수백 번 몸을 돌리려고 하다가 실패합니다. 실패는 힘들고 어려운 일입니다. 그래서 이렇게 생각하는 아이가 있을까요? '아이고, 몸을 돌리는 일은 하나님이 내게 허락하지 않으셨나 보다. 그냥 천장만 보고 살자.' 이런 아이는 한 명도 없습니다. 수백 번을 실패해도 아이들은 모두 다시 한 번 의지를 발휘합니다. 그리고 마침내 몸을 돌리는 데 성공합니다. 걸을 때도 마찬가지입니다. 서서 걷기까지 모든 아이는 실패를 두려워하지 않습니다. 수백 번 실패해도 다시 한번 의지를 발휘합니다. 안타깝게도 이런 어린아이들도 나이가 들면 변합니다. 용기백배해서 담대해지는 대신, 한 번 실패하면 다음부터는 도전도 하지 않으려고 합니다. 이것이 너무 안타깝습니다.

이스라엘도 그랬습니다. 이스라엘은 아마 이런 출애굽을 꿈꾸었을지도 모릅니다. 애굽에서 종살이를 하고 있는데, 어느 날 하나님이 전세 버스를 몰고 와 이스라엘 백성에게 모두 타라고 하십니다. 이스라엘이 버스에 타서 편안하게 자고 있는 동안 하나님이 손수 운전해서 가나안 땅에 도착합니다. 하나님이 이미 가나안 땅에 지어 놓으신 주택, 경작해 놓으신 농장 이런 것들이 기다리고 있는 것입니다. 이런 출애굽은 없습니다. 하나님은 이스라엘이 자기 발로 애굽을 뛰쳐나와, 자신들의 의지로 가나안을 향해 걸어가길 원하셨습니다. 또 이미 가나안 땅을 차지하고 있던 일곱 족속들과 용기 있게 싸워서 그 땅을 차지하고, 자신들의 의지와 순종을 통해 하나님의 통치가 온전히 구현되는 하나님 나라를 건설하기 원하셨습니다.

안타깝게도 이스라엘은 이런 의지를 발휘하지 못했습니다. 조금 힘들고 어려우면 과거로 회귀하고자 했습니다. 그 결과 출애굽은 했지만 여호수아와 갈렙을 제외한 모든 출애굽 1세대가 하나님의 약속의 땅 가나안에 들어가지 못하고 광야에서 하나님의 심판을 받아 죽음을 맞았습니다. 이것이 바로 민수기의 이야기입니다.

광야라는 인생에서

모세는 지파별 대표 한 명씩, 열두 명을 뽑아 가나안 땅을 정탐하게 보냈습니다. 40일 동안 그들이 가나안 땅을 정탐하고 돌아와서 이스라엘 백성에게 보고회를 가졌습니다. 여호수아와 갈렙은 믿음에 근거해 보고했습니다. 하나님이 주시기로 한 땅이니 하나님의 약속을 믿고 용기를 내자고 말합니다. 그런데 나머지 열 명은 거기 사는 거인들의 후손들 때문에 우리는 그 땅을 절대 정복하지 못한다고 보고합니다. 이 보고를 들은 이스라엘은 당연히 낙담합니다. 이스라엘 백성은 여호수아와 갈렙의 믿음에 근거한 보고도 들었지만, 절대 그 땅을 차지할 수 없다는 열 명의 보고를 우선 수용했습니다. 왜 그랬을까요?

열 정탐꾼의 보고가 여호수아와 갈렙의 보고보다 과학적이고 합리적으로 들렸을까요? 아닙니다. 열 정탐꾼의 보고가 자신들이 듣고 싶어 한 내용이었기 때문입니다. 이들은 가나안으로 가고자 하는 의지가 없었습니다. 그냥 애굽으로 돌아가고 싶었습니다. 그런데 열 정탐꾼이 우리는 절대 가나안 땅을 정복하지 못한다면서, 살고 싶으면 애굽으로 돌아가야 한다고 말하니 얼마나 기뻤겠습니까? 이것을 조심해야 합니다. 훗날 이스라엘에 무수히 많은 예언자들이 등장하는데, 참 예언자들은 이스라엘에게 환영받지 못했습니다. 이스라엘은 참 예언자는 거부하고 거짓 예언자는 환영했습니다. 이유가 뭡니까? 거짓 예언자들은 이스라엘 백성이 듣고 싶어 하는 메시지를 선포할 줄 알았습니다. 멸망이 눈앞에 다가왔는데도 거짓 선지자들은 하나님이 우리를 지켜 주시니 절대 망할 일이 없다면서 평화를 선포했습니다. 얼마나 듣고 싶은 말입니까? 그런데 참 예언자들은 하나님이 하라고 하신 말씀을 곧이곧대로 선포했습니다. 사람들이 듣고 싶어 하는 말이 아니라 하나님이 맡겨 주신 말씀을 선포한 것입니다. 이스라엘은 이것을 듣지 않았습니다. 이것이 출애굽 1세대부터 시작된 이스라엘의 고질적인 문제입니다.

이스라엘은 출애굽에 대한 소망은 있었지만 '향가나안'의 의지가 없었습니다. 그 결과 약속의 땅을 밟지도 못하고 광야 여정에서 죽음을 맞았습니다. 민수기가 오늘 우리에게 주는 교훈이 무엇입니까? 출애굽 1세대가 경험했던 광야는 우리 인생의 여정과 동일합니다. 광야는 하나님의 임재와 부재가 혼재되어 있는 곳입니다. 우리의 인생 여정도 하나님의 임재와 부재가 혼재되어 있습니다. 하나님의 임재는 하나님이 우리와 함께하시고 돌봐 주시고 책임져 주신다는 사실을 경험하는 것입니다. 이스라엘은 하나님의 임재를 날마다 경험했습니다. 하나님이 날마다 이스라엘 백성에게 일용할 양식 만나를 주셨기 때문입니다. 목이 마르면 반석에서 물을 내어 주셨습니다. 무더운 대낮에는 구름기둥으로, 추운 밤에는 불기둥으로 이스라엘을 돌보셨습니다. 아말렉 민족이 이스라엘을 공격하면 이스라엘을 도와 내쫓아 주셨습니다. 이처럼 광야는 하나님이 우리와 함께하시는 임재 경험이 가득한 곳입니다.

　문제는 광야가 하나님 임재의 경험만 있는 것이 아니라 하나님 '부재'의 경험도 가득한 곳이라는 점입니다. 하나님 부재의 경험은 하나님이 우리를 떠나신 것 같은, 이제는 더 이상 관심이 없으신 것 같은, 우리를 버리신 것 같은 경험입니다. 내가 바라던 일은 좌절되고, 사랑하는 가족은 갑자기 아프고, 친했던 이들이 등을 돌리고 뒷담화를 하고, 힘겹게 어두운 터널을 통과했는데 더 큰 터널이 기다리고 있는 형국입니다. 하나님이 함께하신다면 어떻게 이런 일들이 일어날 수 있을까 싶은 것이 하나님 부재의 경험입니다. 광야는 하나님 부재의 현장입니다. 늘 목이 마르고, 자신을 무너뜨리려는 적들이 사방에 있고, 길은 언제나 험난합니다.

　우리의 신앙이 흔들릴지언정 꺾이지 않기 위해서는 하나님 부재의 순간에 하나님 임재의 경험을 기억하는 것이 중요합니다. 광야는 하나님의 임재만 아니라, 하나님의 부재만 아니라, 하나님의 임재와 부재가 혼재되어 있기 때문입니다. 인생도 마찬가지입니다. 우리 인생에도 하나님 임재와 부재의 경험이 공존합니다. 늘 하나님의 임재만 경험하는 신앙인은 없습니다. 최소한 우리 인생의 반 정도는 어둠입니다. 깊은 밤입니다. 하나님의 임재가 잘 느껴지지 않습니다. 하나님이 우리를 떠나신 것 같은 부재의 경험을 누구나 하게 됩니다. 이때 우리에게 참된 믿음이 필요합니다. 하나님이 우리를 버리신 것 같은, 떠나신 것 같은 부재의 순간에 우리의 신앙을 지키기 위해서 기억해야 합니다. 무엇을 기억합니까? 하나님이 그동안 베풀어 주셨던 은혜입니다. 지금 당장은 하나님이 부재하신 것처럼 보이는 상황일지라도, 지난 과거 내게 은혜 베풀어 주셨던 하나님의 따스함을 기억해 내야 합니다. 모든 것이 합력하여 선을 이루실 하나님의 역사를 사모해야 합니다. 그래야 하나님 부재의 상황을 이겨낼 수 있습니다.

출애굽 1세대는 하나님의 은혜를 받지 못한 게 아니라 하나님 부재의 상황에서 흔들린 것입니다. 하나님의 지난 은혜를 기억하지 못한 것입니다. 인생의 여정은 하나님의 임재에만 둘러싸여 있지 않습니다. 많은 경우 하나님 부재의 상황 속에 있게 될 것입니다. 이때 하나님의 은혜를 기억해야 합니다. 하나님의 은혜를 받는 것도 중요하지만 그 은혜를 기억하는 것이 더 중요합니다. 우리 인생에 먹구름이 드리울 때, 길고 긴 어두운 터널을 통과할 때, 하나님 부재의 순간에 우리에게 베풀어졌던 은혜의 순간을 기억하면서 부재의 순간을 돌파하는 것이 신앙인의 내공입니다.

슬로브핫의 딸들

민수기 후반부에 두 번에 걸쳐 슬로브핫의 딸들이 등장합니다. 민수기 27장에서 슬로브핫이 죽자 그의 딸들이 문제 제기를 한 것입니다.

율법에 의하면 아버지가 죽고 나면 아들들만 유산을 물려받을 수 있는데, 아들이 없고 딸들만 있는 상황이라면 딸도 유산을 물려받을 수 있는 것 아닙니까?

하나님은 율법을 통해 아버지가 죽고 나면 아버지의 재산을 아들들만 물려받을 수 있다고 말씀하셨습니다. 그런데 슬로브핫에게는 아들은 없고 딸만 있었습니다. 어떻게 해야 합니까? 슬로브핫의 딸들이 정당한 문제 제기를 하자, 하나님은 이를 들으시고 하나님의 말씀을 수정하십니다. 즉 아들들이 있으면 아들들이 물려받지만 아들들이 없으면 딸들이 물려받을 수 있다는 새 규정이 주어집니다.

민수기 36장에서는 므낫세 지파 남자들이 문제 제기를 합니다. 슬로브핫은 므낫세 지파 사람이었습니다. 므낫세 지파의 남성들 입장에서는, 죽은 슬로브핫 딸들이 유산을 물려받고 다른 지파 사람들과 결혼하면 므낫세 지파의 재산을 다른 지파에게 잃어버리는 셈입니다. 힘들게 얻어 낸 지분인데 이렇게 되면 므낫세 지파만 손해보는 일이 아닙니까?

잠언 22:28   네 선조가 세운 옛 지계석을 옮기지 말지니라.

한 지파의 재산이 다른 지파로 넘어가지 못하게 하라는 것입니다. 이 말씀을 근거로 므낫세 지파 남자들이 딸들의 유산 상속에 위험성이 있다고 문제 제기를 하자 하나님은 다시 한번 새로운 지침을 주십니다. 아버지의 유산을 물려 받은 딸들은 같은 지파의 남성들과만 결혼할 수 있다는 것입니다.

슬로브핫 딸들의 이야기는 하나님이 한번 주신 말씀이 기계적으로 고정돼 있지 않고 새롭게 변화된 상황에서 정당한 문제 제기에 따라 새롭게 변화하고 발전한다는 사실입니다. 이를 신학적인 용어로 하면 '계시의 발전'입니다. 하나님의 말씀을 기계적으로 고정된 것으로 이해하고 모든 상황에서 하나님의 말씀을 무비판적으로 적용하는 것은 위험할 수 있습니다. 하나님의 말씀은 그 말씀이 주어진 맥락과 상황과 배경이 있습니다. 그런 상황과 배경에서는 적절한 말씀이지만, 새로운 상황의 변화가 있다면 그 변화에 걸맞게 하나님의 말씀을 새롭게 우리에게 적용해야 합니다. 계시의 발전이 일어나야 합니다.

신명기

한국 교회는 '오경'이라는 표현을 친숙하게 받아들이는데, 신명기는 그 오경의 마지막 책입니다. 먼저 책 제목인 신명기는 무슨 뜻일까요? 神命記, '신神'은 하나님, '명命'은 명령, '기記'는 기록으로 보고, 하나님이 명하신 것을 기록한 책이라고 오해하는 경우가 있습니다. 그렇지 않습니다. 신명기의 '신' 자는 '귀신 신神' 자가 아니라 '납 신申' 자입니다. '되풀이하다, 반복하다'는 의미입니다. 실제로 신명기는 출애굽기, 레위기, 민수기에 등장하는 말씀이 여러 번 반복되어 기록되어 있는 책입니다. 예를 들어, 출애굽기 20장에 십계명이 나오는데 신명기 5장에도 나옵니다.

신명기는 앞서 기록된 내용을 반복해서 쓴 책입니다. 되풀이해서 기록한 책입니다. 그렇다면 이런 질문이 가능할 것입니다. 일단 기록한 것을 왜 굳이 반복해서 다시 기록한 것일까요? 왜 이미 나와 있던 내용을 신명기에 또 기록한 걸까요?

일단 말씀을 듣는 대상이 달라졌기 때문입니다. 출애굽기, 레위기, 민수기는 출애굽 1세대들의 이야기입니다. 여기 선포된 하나님의 말씀도 출애굽 1세대를 위한 말씀입니다. 신명기는 출애굽 2세대에게 선포된 하나님의 말씀입니다. 출애굽 1세대는 광야에서 하나님의 심판을 받았습니다. 1세대 가운데 살아남은 자는 모세, 여호수아, 갈렙이 전부입니다. 신명기의 청중인 출애굽 2세대는 출애굽 당시 20세 미만이었거나 광야에서 태어난 사람들입니다. 모세가 죽기 전에 출애굽 2세대에게 선포한 유언적인 설교가 신명기입니다. 그래서 신명기는 출애굽기, 레위기, 민수기에 기록된 말씀을 반복하지 않을 수가 없는 것입니다.

그렇다면 모세가 신명기에서 강조하고자 했던 핵심은 무엇이었을까요? 신명기의 주제는 실패한 조상을 본받지 말라는 것입니다. 출애굽 2세대는 자기 아버지와 할아버지들이 광야에서 하나님의 심판을 받아 죽는 것을 목격했습니다. 그들이 왜 실패했습니까? 불순종했기 때문입니다. 가나안을 향해 걸어가지 못하고 애굽으로 돌아가고자 했습니다. 이 실패를 출애굽 2세대는 눈으로 직접 목격했습니다. 모세는 이 점을 상기시키면서 출애굽 2세대에게 조상들의 잘못을 반복하지 말고 그들을 본받지 말라고 당부합니다. 하나님의 명령에 온 힘을 다해 순종하는 삶을 살라고 말합니다.

신명기가 말하는 핵심적인 주제가 실패한 조상들을 본받지 말라는 내용이다 보니, 신명기 1장부터 34장까지 전체를 장악하고 있는 분위기는 아주 어둡습니다. 모세가 계속해서 실패한 조상을 본받지 말라고 하는데, 출애굽 2세대가 1세대의 실패를 거의 본받을 것 같기 때문입니다. 출애굽 2세대가 어렸을 때부터 집안에서 누구를 보고 배웠겠습니까? 아버지와 할아버지의 삶을 보고 배웠을 것입니다. 아버지와 할아버지는 하나님의 심판을 받아 광야 여정에서 죽임을 당했습니다. 하나님이 이스라엘에게 기대한 것은 거룩의 위계 사회인데, 자녀가 아버지의 순종이 아닌 불순종을 보고 자란 것입니다. 모세가 아무리 1세대의 불순종을 본받지 말라고 해도 2세대가 어렸을 때부터 보고 배운 것이 1세대의 불순종입니다. 그래서 주제와 달리 신명기의 전반적인 분위기는 2세대들도 1세대의 실패를 반복할 것 같은 어두운 분위기가 지배하고 있습니다.

복과 저주

신명기의 주제는 '신명기 신학'입니다. 이를 한 문장으로 정리하면 '순종하면 복을 받고 불순종하면 벌을 받는다'는 것입니다. 다시 말하면 일종의 인과응보입니다. 하나님께 순종하는 자는 복을 받고 불순종하는 자는 벌을 받습니다. 뿌린 대로 거둔다는 것입니다. 신명기 신학이 가장 자세하게 설명된 곳이 신명기 28장입니다.

신명기 28:1   네가 네 하나님 여호와의 말씀을 삼가 듣고 내가 오늘 네게
              명령하는 그의 모든 명령을 지켜 행하면 네 하나님 여호와
              께서 너를 세계 모든 민족 위에 뛰어나게 하실 것이라.

오랜 세월 바로 이런 인과응보, 신명기 신학이 이스라엘을 지배했습니다. 그런데 이것이 뒤집어진 게 욥기입니다. 욥기에서 하나님께 옳다 인정받은 의로운 신앙인 욥은 고난을 받습니다. 자녀들이 죽임을 당하고 많은 재물이 사라져 버립니다. 욥의 세 친구들이 찾아와 욥의 몰골과 처해 있는 현실을 바라보면서 뭐라고 합니까?

욥기 4:7   생각하여 보라. 죄 없이 망한 자가 누구인가. 정직한 자의
            끊어짐이 어디 있는가.

욥이 하나님께 죄를 범했기 때문에 심판을 받는다는 것입니다. 욥의 세 친구의 주장은 전형적인 인과응보입니다. 열 명이나 되는 욥의 자녀가 모두 죽임을 당했습니다. 욥의 많은 재물들이 다 사라졌습니다. 욥의 온몸에 악창이 퍼져서 기와로 몸을 긁어야 할 지경입니다. 욥이 처한 현실은 하나님께 극단적인 심판을 받고 있는 것입니다. 신명기 신학에 근거하자면 이런 심판이 욥에게 임한 것은 불순종이 누적되었기 때문입니다. 불순종의 결과 심판이 온 것입니다. 욥의 세 친구들은 전형적인 인과응보 사고를 갖고 있었기 때문에, 욥에게 회개를 촉구합니다. 욥은 여기 저항합니다. 자신이 죄를 범했기 때문에 이런 고난을 만난 것이 아니라는 것입니다. 욥기는 의롭게 살아가는 신앙인

들도 불의한 세상에서 고난받을 수 있다는 것을 보여 줍니다. 하나님의 백성답게 살아도 죄악으로 충만한 이 땅에서 미움받을 수 있다고 주장합니다.

욥기를 제외하고는 신명기 신학이 보편적이고 전통적이었습니다. 인과응보적인 관점으로 모든 사건을 해석하기 때문에, 순종하면 복을 받고 불순종하면 벌을 받는다고 믿었습니다. 이스라엘 백성이 가진 대표적인 신학적 사고지만, 인간의 삶에는 신명기 신학만으로 설명하고 해석할 수 없는 복잡다단함이 있습니다. 불의한 세상, 거짓 충만한 세상에서는 정직하고 정의로운 사람이 고난과 핍박을 받는 법입니다. 그래서 사람들이 경험하는 모든 고난이 불순종의 결과이거나 하나님이 내리시는 심판일 수 없습니다. 하나님의 백성답게 의롭게 살아가다가도 고난을 받을 수 있습니다.

십자가의 고난과 죽음

이를 입증하는 사건이 예수님의 십자가입니다. 예수의 죽음은 빌라도라는 정치권력과 산헤드린이라는 종교권력이 힘을 모은 결과입니다. 예수님의 죽음에 산헤드린 공회도 책임이 있다는 뜻입니다. 그런데 산헤드린의 사형 방식은 돌로 쳐서 죽이는 게 아니었습니까? 사도행전에서 스데반은 산헤드린 앞에서 자신을 변론하다 돌에 맞아 죽임을 당했습니다. 이 재판에서 스데반의 고발을 주관한 사람이 사도 바울입니다.

사도행전 7:57-58 그들이 큰 소리를 지르며 귀를 막고 일제히 그에게 달
려들어 성 밖으로 내치고 돌로 칠새 증인들이 옷을 벗
어 사울이라 하는 청년의 발 앞에 두니라.

그런데 왜 예수님을 죽일 때는 산헤드린이 처형을 주도하는 대신,
빌라도에게 압박을 가해서 십자가에 못 박아 죽이게 했을까요? 스데
반처럼 자신들이 사형을 언도하고 투석형으로 죽이면 간단했을 텐데
요. 빌라도의 힘을 빌려서 예수를 굳이 십자가에 못 박아 처형한 이유
가 무엇인지 질문할 수 있습니다.

예수님은 이 땅에 있는 성전을 뒤집어엎으신 적이 있습니다. 만민의
기도하는 집인 성전이 강도의 소굴이 된 것을 폭로하셨습니다. 이런
상황에서 종교 지도자들이 앞장서 예수님을 죽이게 되면 군중이 들고
일어날 수도 있습니다. 왜냐하면 예수님이 종교 지도자들의 치부를 폭
로했기 때문에 죽였다고 생각할 수 있기 때문입니다. 그래서 종교 지
도자들은 자기들의 손에 피를 묻히지 않고 예수님을 제거하고, 나아가
그를 따르던 추종자들도 한순간에 잠잠케 만들 수 있는 방법을 모색한
것입니다.

신명기 21:23 그 시체를 나무 위에 밤새도록 두지 말고 그날에 장사하여
네 하나님 여호와께서 네게 기업으로 주시는 땅을 더럽히
지 말라. 나무에 달린 자는 하나님께 저주를 받았음이니라.

원래 이스라엘은 살아 있는 사람을 나무에 매달아 죽이지 않습니

다. 어떤 사람이 공동체에 큰 죄를 범했다면 이 사람을 보통 투석형으로 죽입니다. 왜 돌을 던져 죽였을까요? 정결법 때문입니다. 정결법에 의하면, 있어야 할 곳에 있지 않으면 부정합니다. 피는 몸 안에 있어야 정결하고, 그 피가 몸 밖으로 나오면 부정해집니다. 만약 사람을 때려 죽이다가 그 사람의 피가 밖으로 나와 타인의 몸에 접촉하게 되면 그 사람도 부정해집니다. 그래서 신체 접촉을 하지 않고 정결법을 지키면서 사람을 죽이기 위한 처형 방법으로 투석형을 고안해 낸 것입니다. 큰 죄를 지은 사람은 멀리서 돌을 던져 죽였습니다. 그런 다음에 죽은 사람의 시체를 해가 지기 전까지 나무에 매달아 두었습니다. 공동체에 있는 사람들에게 경고하기 위해서입니다. 우리나라도 국가적으로 큰 죄를 범한 사람은 참수한 후에 그 목을 성벽에 달아 두지 않았습니까? 마찬가지입니다. 산헤드린, 즉 공회의 종교 지도자들은 이런 관행을 악용했습니다. 로마의 힘을 빌려 예수를 십자가에 매달아 죽이면, 예수님의 죽음을 하나님께 저주받아 죽은 것으로 만들 수 있기 때문입니다.

왜 예수님이 하나님께 저주받아 죽어야 합니까? 종교 지도자들 입장에서는 예수님이 한 일은 명백히 신성모독이었습니다. 먼저 하나님의 집인 성전에서 난동을 부리지 않았습니까? 또 하나님이 지키라고 명하신 안식일과 음식 정결법을 대놓고 위반했습니다. 이방인인 사마리아 사람들과도 소통했습니다. 무엇보다 자신이 하나님의 아들이라는 참람한 말을 했습니다. 그러므로 하나님이 예수님을 저주하여 죽이셨다고 하면 충분히 말이 되는 것입니다. 예수님이 하나님께 저주받아 죽었으면 그런 예수님을 따르고 추종하는 자들도 하나님께 저주받아 죽을 가능성이 높지 않겠습니까? 종교 지도자들이 이 점을 이용하기 위해 예수님을 투석형으로 즉결 심판하는 대신 로마를 통해 나무에 매달아 죽게 한 것입니다. 예수님이 하나님께 저주를 받았다는 사실을 부각시키고, 이를 통해 예수님뿐만 아니라 예수님을 따르는 자들까지 단번에 제거하기 위한 의도였습니다.

사도 바울이 회심하기 전에 초대교회 사람들을 강하게 핍박한 이유가 무엇입니까? 가말리엘 문하에서 율법을 공부한 바울 입장에서 예수님은 하나님께 저주받아 죽은 자입니다. 하나님께 저주받아 죽은 자를 구원자, 메시아라고 부르며 믿고 추종하는 사람들이 바울 입장에서 얼마나 안타까웠겠습니까? 신명기의 한 구절이 그리스도의 십자가 죽음, 사도 바울의 회심 이전 행적의 단서가 되는 것입니다.

모세의 죽음

모세는 드디어 죽음을 맞이합니다.

> 신명기 34:5-6   이에 여호와의 종 모세가 여호와의 말씀대로 모압 땅에서 죽어 벳브올 맞은편 모압 땅에 있는 골짜기에 장사되었고 오늘까지 그의 묻힌 곳을 아는 자가 없느니라.

모세의 무덤을 오늘날까지 아는 자가 없다는 점은 성경의 중요한 특징입니다. 성경은 위대한 신앙의 인물을 신화화하는 데 동의하지 않습니다. 비신화화합니다. 만약 모세가 죽은 다음 그의 시체를 어딘가 안장했다고 가정해 보십시오. 이스라엘 백성은 그 무덤을 엄청나게 꾸몄을 것입니다. 이스라엘이 위기에 처할 때마다 모세의 무덤에 와서 모세에게 지혜를 구하면서 모세를 우상화했을 것입니다. 그렇게 얘기할 수 있는 근거가 민수기 21장에 언급되는 놋뱀입니다. 이스라엘 백성은 놋뱀을 히스기야왕 때까지 숭배했습니다. 그런 점에서 언약궤가 사라진 것도, 구약과 신약의 원본이 없는 것도 이해할 만합니다. 인간은 '이것이 예수님의 얼굴을 덮었던 수건'이라고 하면 그거 하나 만져보려고 안달하는 존재입니다. 만약 모세의 무덤이 남아 있다면 사람들이 얼마나 우상화하겠습니까?

하나님은 사람들이 우상화할 수 있는 모든 것을 없애시고 하나님만 주목하게 하십니다. 우상이란 하나님이 아닌데 하나님의 자리에 올라간 것입니다. 성경은 위대한 신앙의 인물일지라도 이들을 비신화화합니다. 그래서 아브라함이 거짓말한 것도 기록하고, 다윗이 불륜을 저지르고 우리아를 죽인 것도 기록하고, 위대한 신앙의 인물들도 우리와 성정이 같은 사람임을 강조했습니다. 그들의 위대한 신앙의 모범만이 아니라 인간적으로 얼마나 연약한 존재인지를 보여 준 것입니다. 우리와 성정이 똑같은 이들이지만, 하나님이 그들을 어떻게 사용하셨는지, 그들이 하나님께 어떤 믿음과 순종을 보였는지를 보여 줌으로써 우리도 그 믿음의 모범을 따라가라고 촉구하는 것입니다.

3부 역사서

성경의 역사는 무엇인가

예언자들이 쓴 역사

역사는 누가 썼느냐에 따라 내용과 해석이 달라질 수 있습니다. 대한민국은 역사 전쟁의 현장이라고 할 만큼 역사에 관한 이념적 갈등이 심합니다. 어떤 인물이나 사건에 대해 합의된 의견이 없고, 진보와 보수의 입장에 따라 첨예한 입장 차이가 존재합니다. 그렇다면 모든 사람이 수용하고 받아들일 만한 객관적이고 중립적인 역사는 없을까요? 안타깝게도 그런 역사는 없습니다.

사가마다 역사를 기술하는 목적이 다릅니다. 그래서 누가 어떤 목적으로 썼느냐에 따라 내용도 달라집니다. 예를 들어 세계사에서 1492년은 콜럼버스가 미 대륙을 발견한 해라고 알려져 있습니다. 콜럼버스가 미 대륙을 왜 발견합니까? 그전에는 아무도 살지 않는 무인도였습니까? 발견하지 않으면 없었던 게 됩니까? 이것은 누구의 관점입니까? 콜럼버스의 입장, 콜럼버스를 파견한 스페인과 포르투갈의 입장입니다. 미 대륙에는 정착해 살고 있던 원주민이 있었습니다. 원주민 입장에서 1492년은 침략이 시작된 해입니다.

같은 사건에 대해서도 누구의 관점으로 보느냐에 따라 해석이 달라집니다. 성경의 역사서도 마찬가지입니다. 역사서라고 해서 일어난 사건을 전부 숨김없이 기록하는 것은 아닙니다. 사가의 관점에 따라, 역사를 기록하는 목적에 따라, 어떤 자료는 선택되고 어떤 자료는 버려집니다. 역사는 발생했던 모든 사건을 숨김없이 기록하는 것이 아니라, 역사를 기록하는 사가가 관점과 목적을 갖고 그 사건을 기술하는데 중요성이 있습니다.

여호수아부터 에스더까지 역사서는 누구의 관점으로 기록된 것일까요? 성경의 역사서는 예언자의 관점으로 기술되었습니다. 그래서 역사서에 해당하는 본문들을 유대인들은 '예언서'라고 불렀습니다. 유대인들은 성경을 세 개의 장르로 나누었습니다. 토라Torah는 다섯 권으로 창세기부터 신명기까지입니다. 예언서는 전체 8권인데 전기 예언서와 후기 예언서로 나눕니다. 각각 4권씩입니다. 전기 예언서는 여호수아, 사사기, 사무엘, 열왕기이고, 후기 예언서는 이사야, 예레미야, 에스겔, 소예언서입니다. 호세아부터 말라기까지 열두 권의 소예언서를 유대인은 한 권으로 이해했습니다.

히브리 성경의 예언서 ┌ 전기 예언서: 여호수아, 사사기, 사무엘, 열왕기
└ 후기 예언서: 이사야, 예레미야, 에스겔
　　　　　　　소예언서(호세아–말라기)

이사야, 예레미야, 에스겔은 대예언서인데, 대예언서와 소예언서의

차이는 분량 때문입니다. 이사야 66장, 예레미야 52장, 에스겔 34장 모두 분량이 긴 편입니다. 그런데 호세아부터 말라기까지 중에서는 제일 긴 분량이 14장입니다. 어떤 책은 1장으로도 돼 있습니다. 히브리 성경이 전기 예언서와 후기 예언서로 구분한 책들을 70인경은 역사서라고 부릅니다. 예언자의 관점으로 기술된 이스라엘 역사입니다.

왕조의 역사

사무엘과 열왕기에는 이스라엘 공동체를 다스린 42명의 왕들이 나옵니다. 우리도 고려시대, 조선시대 등 왕조 역사를 배울 때 좋은 왕과 나쁜 왕으로 평가를 내리곤 했습니다. 역사가들이 좋은 왕이냐, 나쁜 왕이냐 평가할 때 기준은 무엇입니까? 보통 세 가지 기준이 있습니다. 정치, 경제, 군사 기준입니다. 왕이 통치할 때 정치가 얼마나 안정적이었는지, 경제가 얼마나 부강했는지, 전쟁에서 얼마나 많이 승리하고 영토가 얼마나 확장됐는지가 보통 왕을 평가하는 기준입니다. 정치를 잘하고, 경제적으로 부강하고, 이방 민족과 전쟁해서 승승장구하며 영토를 많이 확장한 왕이 좋은 왕입니다. 반대의 경우는 나쁜 왕입니다. 예를 들어 광개토대왕은 대개 좋은 왕의 이미지를 갖고 있습니다. 영토를 많이 확장했기 때문입니다. 광개토대왕이 당시 백성을 얼마나 억압했는지는 중요하지 않습니다. 영토를 확장했다는 하나만으로 긍정적으로 받아들입니다. 일반 역사가들은 이런 식으로 왕을 평가합니다.

이런 판단 기준으로 이스라엘 역사상 42명의 왕을 평가할 때 6명 정도가 최고점을 받을 만합니다. 주전 10세기에 2명, 주전 9세기에 2명, 주전 8세기에 2명입니다. 주전 10세기 왕은 다윗과 솔로몬, 주전 9세기 왕은 오므리와 아합, 주전 8세기 왕은 북이스라엘의 여로보암 2세와 남유다의 웃시야입니다. 이 여섯 명의 왕들이 다스릴 때, 이스라엘은 정치, 경제, 군사적으로 전성기를 구가했습니다. 이스라엘 역사를 일반 역사가의 관점으로 기록했다면 이들 여섯 왕을 최고의 왕으로 극찬했을 것입니다.

그런데 성경에 나와 있는 역사서는 예언자의 관점으로 기술되었습니다. 예언자들은 좋은 왕과 나쁜 왕을 평가할 때 역시 잣대가 있었습니다. 일반 역사가들이 정치, 경제, 군사라는 잣대로 판단했지만 예언자들은 이 세 가지의 잣대를 전혀 중시하지 않았습니다. 예언자들이 왕을 평가할 때 중요한 것은 왕이 하나님과의 언약에 얼마나 신실했는가 여부입니다. 하나님과 언약에 신실하다는 것은 하나님만을 믿고 섬기는 신앙을 견지했다는 것입니다. 하나님도 믿지만 다른 신도 섬기며 우상숭배에 몰두했다면 좋은 왕이 아닙니다. 왕이 통치할 때 하나님만을 믿는 일편단심의 신앙을 드러냈다면 좋은 왕입니다. 물론 왕이 하나님과 신실하게 동행했는지 여부도 중요하고, 왕이 통치할 때 연약한 백성의 삶을 제대로 보듬어 주었는지, 즉 '미쉬파트'와 '체다카'를 구현했는가도 중요합니다. 일반 역사가의 관점에서 최고점을 받을 만한 왕은 6명인데, 예언자들이 볼 때 좋은 평가를 받을 수 있는 왕은 다윗밖에 없습니다. 솔로몬, 오므리, 아합, 여로보암 2세, 웃시야 모두 예언자의 관점으로는 낙제 왕들입니다.

한국 교회는 솔로몬을 좋아하는 편입니다. 그런데 열왕기에서 이스라엘이 분열하는 게 솔로몬 때문입니다. 솔로몬 때 이방의 우상들이 합법적으로 도입됩니다. 이스라엘 42명의 왕 가운데 최악의 왕이 솔로몬입니다. 그런데 왜 한국 교회는 솔로몬에 대해서 우호적일까요? 성경을 제대로 읽지 않아서입니다. 열왕기상 3장까지만 읽고 나머지를 읽지 않아서입니다. 열왕기상 4장부터 11장까지 솔로몬의 폭정과 몰락의 과정이 나옵니다. 일반 역사가의 관점에서 최고점이지만 예언자들에게 낙제를 받는 왕들의 공통점이 있습니까?

이스라엘은 100년 주기로 전성기를 누렸습니다. 다윗, 솔로몬은 주전 10세기, 오므리와 아합은 주전 9세기, 여로보암 2세와 웃시야는 주전 8세기입니다. 이스라엘은 100년 주기로 어깨에 힘을 줄 수 있었습니다. 그런데 이스라엘이 잘나갈 때마다 공통점이 있습니다. 바로 이방의 우상들을 많이 섬겼다는 것입니다. 또 두로와 긴밀한 동맹을 맺었기 때문에 잘나갔습니다. 두로와 시돈은 바늘과 실처럼 한 쌍으로 바알 숭배의 본진입니다. 이스라엘이 두로와 긴밀한 동맹을 맺으면 엄청난 부가 쏟아졌습니다. 그런데 두로와 시돈이 바알 숭배의 본산이기 때문에 같은 시기에 이스라엘 공동체에 바알 숭배 문화가 대규모로 유입되기도 합니다.

따라서 예언자들은 왕을 평가할 때 정치, 경제, 군사적인 업적을 중시하지 않았습니다. 왕이 얼마나 하나님과 신실하게 동행했는가, 하나님과의 언약을 신실하게 준수했는가, 백성을 통치할 때 사법 정의와 형제 사랑을 잘 구현했는지로 왕을 평가했습니다.

그렇다면 예언자는 어떤 왕에게 최고점을 줄까요? 바로 히스기야와 요시야입니다. 이들은 일반 역사가의 관점으로 보면 별 볼 일 없습니다. 내세울 만한 업적이 없습니다. 심지어 요시야는 전쟁 중에 죽임을 당했습니다. 그런데 예언자들은 이들을 최고의 왕으로 추앙합니다. 그 이유가 무엇입니까? 히스기야와 요시야가 통치할 때 이스라엘에 만연한 우상숭배 문화를 척결했습니다. 우상의 제단을 허물었습니다. 하나님과 이방의 신들을 겸하여 섬기던 우상숭배에서 하나님만을 섬기는 유일 신앙으로 다시 돌아왔습니다. 그래서 예언자들은 히스기야와 요시야를 최고의 왕으로 인정합니다.

원래 이스라엘 공동체의 출발은 출애굽입니다. 이스라엘은 애굽 땅에서 강제 노역에 시달리던 노예들이었습니다. 그들이 하나님께 울부짖자 하나님은 그 신음을 들으시고 히브리인들을 구원하셨습니다. 그것이 출애굽 사건입니다. 출애굽 이후에 시내산에서 하나님과 언약을 체결합니다. 이제는 하나님만을 믿고 섬기겠다고 다짐하고 결단합니다. 그러자 하나님이 원하는 것을 알려 주십니다. 바로 십계명과 율법입니다. 하나님은 이들을 약속의 땅 가나안으로 이끌어 가셨습니다. 하지만 이스라엘은 약속의 땅 가나안에서 하나님만을 믿는 신앙을 드러내지 못했습니다. 구약에서 이스라엘은 끊임없이 하나님과 다른 신을 겸하여 섬겼습니다. 이를 우상숭배라 합니다.

이스라엘은 하나님을 믿는 종교 공동체입니다. 그런데 이스라엘 왕들이 이방 우상들을 겸하여 섬겼고, 이스라엘 백성 사이에서도 이방의 우상들이 만연했다는 것입니다. 히스기야와 요시야만이 이스라엘에서 이방의 우상들을 타파했습니다. 이스라엘도 이 정도인데, 대한민국처럼 다종교 사회는 어떻겠습니까? 하나님만 믿겠다고 다짐한 신앙 공동체에도 이방의 우상들이 가득합니다. 그렇다면 히스기야나 요시야를 제외한 대부분의 왕들이 이방의 우상들을 내버려 둔 이유는 무엇일 까요? 다시 말해 우상을 타파하고 척결하는 것이 어려웠던 이유를 알 아야 합니다. 이것이 역사서를 이해하는 데 매우 중요한 문제입니다.

예루살렘 성전의 역할

솔로몬이 지은 예루살렘 성전은 크게 4가지 주요한 기능이 있었습 니다.

첫째, 예배를 드리기 위한 장소입니다. 성전의 가장 중요한 기능은 예배이기 때문입니다.

둘째, 성전은 세무서의 역할을 합니다. 사람들이 성전에 와서 세금 을 내는 것입니다. 오늘날 한국 교인들은 헌금이라 생각하지만 원래 구약의 십일조는 세금입니다. 그래서 '세금 조租' 자를 씁니다. 이것을 성전에 바칩니다. 이스라엘이 바쳤던 또 다른 세금으로 성전세가 있었 는데, 아예 성전을 위한 세금이었습니다.

셋째, 헌금과 세금으로 성전에 돈이 모이면 고리대금업이 가능했습 니다. 성전이 은행의 역할을 한 것입니다. 우리 하나님은 율법의 말씀 을 통하여 같은 동족에게는 돈을 빌려 줄 때 이자를 받지 못하게 하셨 습니다. 그래서 오랜 세월 이스라엘은 같은 동족에게 돈을 빌려 줄 때 는 이자를 받지 않았습니다. 그런데 훗날 예루살렘에 로마 황제나 헤 롯 분봉왕에게 뇌물을 바치고 대제사장이 된 사람들이 등장합니다. 예 를 들어, 로마 황제에게 10억의 뇌물을 바치고 대제사장이 된 사람이 있다고 가정해 봅시다. 이 사람의 임기는 보장되어 있지 않습니다. 언제 해고될지 모릅니다. 그러면 대제사장으로 봉직할 동안 그 사람의 주된 관심사는 무엇이겠습니까? 자신이 뇌물로 바친 것보다 더 많은 돈을 회수하는 게 아니겠습니까? 그래서 예루살렘 성전에 모여 있는 돈을 가지고 고리대금업을 시작한 것입니다. 예수님이 예루살렘 성전을 강도의 소굴이라고 부른 것은 뜬금없는 일이 아닙니다.

넷째, 성전은 보물 창고의 역할을 합니다. 이방 나라에서 들어온 선물이나 전쟁을 통해 획득한 전리품을 이곳에 보관했습니다. 고대 사회의 신전들은 규모가 엄청나게 컸습니다. 보관해야 할 물품들이 많기 때문입니다. 역대기에서 레위인들의 역할을 분담하는데, 주된 역할 가운데 하나가 문지기입니다. 요즘 말로 하자면 세콤 같은 보안업체입니다. 왜 레위인들이 성전의 문들을 지킵니까? 지킬 만한 것들이 많이 있었기 때문입니다.

성전은 기본적인 네 가지 기능 외에도 또 다른 역할이 있습니다. 바로 대사관 역할입니다. 예를 들어 그모스는 주로 모압 사람들이 섬기던 신입니다. 다곤은 블레셋 사람들이 섬기던 신입니다. 솔로몬 때 예루살렘에 이방 신들을 위한 신전이 많이 세워졌습니다.

열왕기상 11:6-7 솔로몬이 여호와의 눈앞에서 악을 행하여 그의 아버지 다윗이 여호와를 온전히 따름같이 따르지 아니하고 모압의 가증한 그모스를 위하여 예루살렘 앞 산에 산당을 지었고 또 암몬 자손의 가증한 몰록을 위하여 그와 같이 하였으며.

원래 모압 사람들이 섬기던 신 그모스를 위한 신전이 예루살렘에 세워집니다. 예루살렘에 있는 그모스 신전은 이스라엘 땅에 있는 모압 대사관의 역할을 합니다. 그래서 이스라엘 땅에 있는 이방 신전들은 과감하게 부수거나 폐쇄하지 못했습니다. 왜냐하면 예루살렘에 있는 그모스 신전은 모압을 대표하는 곳이고, 이곳을 부수거나 폐쇄하면 외교적인 문제가 일어나기 때문입니다. 이스라엘 땅에 있는 이방 신전을 박살 내면 이방 사람들이 들고 일어나고, 그러면 이방과의 관계는 악화될 것입니다. 외교 관계가 단절되면 경제 교류 협력도 중단됩니다. 경제 교류 협력이 중단되면 이스라엘의 경제가 피폐해집니다. 경제적으로 피폐해지면 백성이 살기 힘들다고 아우성을 치고 왕을 원망하게 됩니다. 결국 왕 자신의 통치에 큰 위기가 찾아오는 것입니다.

이스라엘이 하나님만 믿겠다고 결단했다면, 이스라엘 땅에 있는 이방 신전들을 부수고 이방의 신상들을 박살 냈어야 합니다. 하지만 그러다 이방과의 외교 관계가 단절되고, 경제 협력이 중단되어 이스라엘 경제가 힘들어지고 이스라엘 백성이 먹고살기 어렵다고 아우성치는 것도 각오해야 합니다. 이런 아우성은 모두 왕에게 쏟아지는 법입니다. 이스라엘 역사에서, 통치 기간이 길었던 왕들은 놀랍게도 우상숭배에 몰두했던 이들입니다. 이스라엘 왕 42명 가운데 가장 오래 통치한 왕이 므낫세입니다. 55년 동안 통치했습니다. 므낫세가 하나님만 섬겼던 왕입니까, 우상숭배에 몰두했던 왕입니까? 우상숭배에 몰두한 왕입니다. 반면에 하나님만 섬기려 했던 히스기야와 요시야는 오래가지 못했습니다. 백성이 그다지 좋아하지 않았습니다. 그 이유가 무엇입니까? 이스라엘 안에 세워진 우상을 타파하는 것은 이스라엘 백성이 먹고사는 문제에 영향을 끼쳤기 때문입니다.

> 예레미야 44:17 우리 입에서 낸 모든 말을 반드시 실행하여 우리가 본래 하던 것 곧 우리와 우리 선조와 우리 왕들과 우리 고관들이 유다 성읍들과 예루살렘 거리에서 하던 대로 하늘의 여왕에게 분향하고 그 앞에 전제를 드리리라.

이스라엘 사람들이 예레미야를 애굽으로 끌고 가면서 다시 우상숭배로 돌아가겠다고 다짐합니다. 하늘 여왕에게 분향하고 전제를 드린 것이 늘 하던 일상이었기 때문입니다. 이어서 우상숭배로 돌아가는 직접적인 이유가 나옵니다.

> 예레미야 44:17 그때에는 우리가 먹을 것이 풍부하며 복을 받고 재난을 당하지 아니하였더니.

이때가 주전 621년 요시야가 종교개혁을 일으킨 때입니다. 종교개혁은 이스라엘 땅에 존재하는 모든 우상을 박살 낸 사건입니다. 이스라엘 땅에 존재하는 우상들을 박살 내니까 실제로 이방과의 외교 관계는 단절되고, 경제 교류도 중단됐습니다. 이스라엘 경제는 힘들어지고 백성은 아우성을 쳤습니다. 그래서 이방 신을 숭배했을 때가 훨씬 좋았다고 말하는 것입니다. 이 모든 반발을 각오하고 종교개혁을 일으킨 히스기야와 요시야왕 때문에 먹고살기 어려워졌다고 불평하는 것입니다.

왜 구약의 이스라엘은 하나님만을 섬기지 못하고 우상을 숭배했습니까? 한마디로, 이스라엘은 가난하게 살더라도 하나님만 믿고 섬기는 삶보다는 우상을 숭배하더라도 부유하게 사는 삶을 선택했습니다. 그 결과 이스라엘 공동체 안에서 매번 하나님과 이방의 우상을 겸하여 섬기는 우상숭배가 만연할 수밖에 없었습니다.

신명기 역사서와 역대기 역사서

여호수아부터 에스더까지를 역사서라고 하는데, 이것은 다시 두 개로 나뉩니다. 신명기 역사서와 역대기 역사서입니다. 신명기 역사서는 네 권으로 여호수아, 사사기, 사무엘, 열왕기입니다. 역대기 역사서는 세 권으로 역대기, 에스라, 느헤미야입니다. 똑같은 이스라엘 역사를 기술하는데 왜 역사서 종류는 두 가지일까요? 이스라엘 왕조사만 해도 열왕기와 역대기 두 권이 있는데, 당연히 거의 비슷한 내용을 다룹니다. 왜 두 개의 본문이 필요할까요? 역사를 기술하는 목적이 달랐기 때문입니다.

열왕기는 과거 반성이 목적입니다. 신명기 역사서는 바빌로니아 포로기에 기술되기 시작해서 완성된 책들입니다. 바빌로니아 포로기는 이스라엘에게 심판의 때입니다. 이스라엘이 왜 하나님의 심판을 받을 수밖에 없는지 해명하기 위해서 기술한 역사가 신명기 역사입니다. 그래서 신명기 역사서에는 하나님의 심판을 당할 수밖에 없는 죄와 얼룩과 잘못이 있는 그대로 기술되어 있습니다. 다윗이 밧세바를 범하고 우리아를 죽인 일, 솔로몬이 우상을 숭배한 일도 기록됩니다. 바빌로니아에 포로로 잡혀 있을 때, 하나님의 언약 백성인 이스라엘이 어떻게 하나님의 심판의 매를 맞았는지 과거를 반성하기 위한 목적으로 역사책들이 기록됐기 때문입니다.

이에 비해 역대기를 비롯한 역사책들은 미래 건설이 목적입니다. 하나님이 이스라엘에게 새로운 기회를 허락하셨습니다. 하나님의 심판으로 이스라엘이 끝장난 줄 알았는데, 하나님이 페르시아 왕 고레스를 통하여 다시 한번 이스라엘 땅으로 돌아와 거주할 기회를 주신 것입니다. 많은 뜻있는 사람들이 가나안 땅으로 돌아왔습니다. 어떤 마음으로 돌아왔겠습니까? 조상들은 실패했지만 이를 재현하지 말고 하나님이 기대하시는 이스라엘을 반드시 건설하자는 마음이었습니다. 그래서 어떤 이스라엘을 건설할 것인지, 그런 이스라엘을 건설하기 위해 누가 지도자가 되어야 할 것인지, 이스라엘 백성의 자세와 태도는 어때야 할지, 과거 이스라엘의 본받을 만한 긍정적인 내용을 중심으로 역사를 진술한 것입니다. 가나안 땅에서 이를 악물고 돌아온 사람들이 새로 건설할 이스라엘의 비전을 위해 과거 역사에서 자신들이 본받을 만한 정면교사를 중심으로 역사를 다시 쓴 것입니다. 그래서 역대기에는 다윗이 밧세바를 범한 이야기나, 솔로몬이 이방 신전을 세운 이야기는 나오지 않습니다. 역대기의 목적은 무슨 잘못을 했는지 따지는 게 아니라 본받을 만한 정면교사가 무엇인지 제시하는 데 있기 때문입니다.

역사의 우상화

이스라엘은 하나님만을 섬기지 못했습니다. 우상숭배를 했습니다. 하나님을 저버리고 다른 신을 섬긴 게 아니라 하나님과 다른 신을 겸하여 섬기는 게 우상숭배입니다. 이스라엘은 전 역사 속에서 우상숭배를 했습니다. 우상숭배를 하는 사람들은 자기들이 우상숭배를 하고 있다고 인지하지 못합니다. 우상숭배를 하면서 자신들은 하나님을 잘 섬기고 있다고 착각합니다. 우상이란 하나님 아닌 것을 하나님의 자리에 올려놓은 것입니다. 하나님 앞에서 어떤 존재도 동일할 수 없습니다. 하나님 앞에서 모든 존재는 상대화됩니다. 그것들은 하나님 앞에 순종해야 할 대상이지, 하나님의 자리를 대신할 수 없습니다. 이스라엘은 역사 속에서 하나님을 섬기는 경험을 쌓아 나갔습니다. 그 과정에서 여러 가지 깨달음을 얻었습니다. 하나님만 잘 섬기기 위한 수단들인데 결국 백성의 관심을 독차지합니다. 하나님보다 더 높은 자리에 이들을 올려놓게 됩니다. 그 대표적인 것들이 성전 신학, 시온 신학, 왕정 신학입니다.

성전 신학에 따르면, 성전은 하나님의 집이기 때문에 성전이 무너지면 곧 하나님이 무너지는 것입니다. 그런데 하나님은 무너질 수 없습니다. 따라서 성전은 절대 무너지지 않는다는 것이 성전 신학입니다. 성전과 하나님이 동급이 된 것입니다. 시온 신학은 예루살렘이 하나님의 도성이라고 믿습니다. 시온은 예루살렘의 별칭이지요. 하나님의 도성이 무너진다면 하나님이 무너지는 것과 같습니다. 하나님은 무너질 수 없기 때문에 무슨 일이 있어도 예루살렘은 무너지지 않는다는 믿음이 시온 신학입니다. 왕정 신학은 다윗 왕조가 하나님의 지상 대리자이고 하나님은 다윗 왕조를 통해 세계를 통치하신다고 믿습니다. 다윗 왕조가 무너지면 하나님의 세계 통치도 끝나는 것입니다. 하나님의 통치는 끝날 수 없으므로 북이스라엘은 멸망해도 다윗 왕조가 다스리는 남유다는 절대 멸망하지 않는다는 게 왕정 신학입니다.

결과적으로 하나님은 바빌로니아라는 막대기를 사용해 다윗 왕조도, 예루살렘도, 성전도 무너뜨리셨습니다. 당시 사람들은 성전이 무너지는 것이 곧 하나님의 무너짐이고, 예루살렘이 무너지는 것이 곧 하나님의 무너짐이며, 다윗 왕조가 몰락하는 것이 곧 하나님의 세계 통치 종결이라고 보았습니다. 하지만 성전이 무너져도 하나님의 역사는 이어집니다. 예루살렘은 무너져도 하나님의 역사는 지속됩니다. 다윗 왕조가 무너져도 하나님의 세계 통치는 계속됩니다. 성전의 파괴는 성전과 하나님을 동일시했던 이스라엘 백성의 우상숭배가 무너진다는 의미입니다.

오늘날 신앙인들은 종교 우상숭배를 합니다. 기독교 종교가 하나님과 동급일 수 있습니까? 그럴 수 없습니다. 역사상 존재했던 기독교는 하나님께 영광을 돌리기도 했지만 하나님의 영광을 가리기도 했습니다. 현실 기독교가 하나님과 동급일 수 있습니까? 교회와 하나님이 동급일 수 있습니까? 교회가 무너지면 하나님이 무너지는 겁니까? 천만의 말씀입니다. 교회도 하나님께 순종해야 할 대상입니다.

목사 우상숭배도 있습니다. 목사가 무너지면 하나님이 무너집니까? 그래서 목사가 죄를 범해도 그 목사를 지켜야 하는 겁니까? 천만의 말씀입니다. 목사가 무너진다고 하나님이 무너지지 않습니다. 하나님 아닌 것을 하나님 자리에 올려놓는 것은 우상숭배입니다. 우리가 믿고 섬겨야 할 분은 하나님 외에는 없습니다. 세상 모든 것은 하나님의 통치에 온전히 순종해야 할 대상일 뿐입니다. 하나님은 이스라엘의 잘못된 성전 신학과 시온 신학과 왕정 신학을 친히 무너뜨리셨습니다. 그래서 성전과 예루살렘과 다윗 왕조는 무너졌지만 하나님의 세계 통치는 변함이 없고 하나님은 여전히 만군의 주로 세계 역사를 통치하십니다.

여호수아

여호수아서는 가나안 땅 정복에 대한 이야기입니다. 모세오경에서 언급했던 땅 신학과 관련된 내용입니다. 땅 신학은 사람들이 발 딛고 살아가는 모든 땅의 주인을 하나님이라고 봅니다. 하나님은 특정 민족이나 공동체에 그 땅에서 거주할 기회를 주십니다. 그 땅의 거주자는 주인이 아니라 임차인입니다. 그 땅에 계속 거주하기 위해서는 땅의 주인이신 하나님께 성실하게 임대료를 납부해야 합니다. 그 임대료는 '미쉬파트'와 '체다카'입니다. '미쉬파트'는 사법적 정의가 구현되는 것이고 '체다카'는 서로가 서로를 형제로 대하는 것입니다. 그래서 사법적 정의가 구현되고 서로가 서로를 형제로 대하는 아름다운 사회가 건설되면 하나님은 그 땅에 거주하는 임차인들이 성실하게 임대료를 납부하는 것으로 이해하시고, 그들이 그 땅에 계속 거주하도록 허락해 주십니다.

만약 하나님이 특정한 민족과 공동체에게 어느 땅에 거주할 수 있는 기회를 주셨는데, 그 땅에서 강자가 약자를 억압하고 착취하여 약자들의 울부짖음과 신음이 난무하는 사회를 만들게 되면 땅 신학의 맥락에서 보자면 임대료를 성실하게 납부하지 않은 것이 됩니다. 그러면 하나님은 예언자들을 보내 임대료가 체납되고 있다고 경고하십니다. 예언자의 경고를 듣고도 임대료를 낼 마음이 없다면 하나님은 땅의 임차인을 교체하십니다.

> 창세기 15:16   네 자손은 사대 만에 이 땅으로 돌아오리니 이는 아모리 족속의 죄악이 아직 가득 차지 아니함이니라 하시더니.

하나님은 아브라함에게 가나안 땅을 주겠다고 약속하셨는데, 당장이 아니라 400년 이후에 주겠다고 말씀하십니다. 이유는 아모리 사람들의 죄악이 아직 가득하지 않았기 때문입니다. 여호수아서는 아브라함 때로부터 400년이 지난 시점의 일을 기록합니다. 아모리 사람들은 가나안 땅에 거주할 수 있는 기회를 받았지만 하나님께 성실하게 임대료를 납부하지 않았습니다. 그래서 하나님은 아모리 사람들을 내쫓고 이스라엘이라는 새로운 임차인을 가나안 땅에 들이신 것입니다. 그 과정이 여호수아서에 기록돼 있습니다.

그러니까 여호수아서를 제대로 이해하려면 땅 신학을 잘 이해해야 합니다. 하나님은 이스라엘만 사랑하시는 분이기 때문에 이스라엘에게 땅을 주려고 아무 죄도 없는 사람들을 내쫓으신 것이 아닙니다. 아모리 사람들이 가나안 땅에서 내쫓김을 당한 이유는 성실하게 하나님께 임대료를 납부하지 않았기 때문입니다. 또 이스라엘 역시 가나안 땅에 주인으로 들어온 것이 아닙니다. 이스라엘도 임차인의 자격이었습니다. 이스라엘도 그 땅에 계속 거주하기 위해서는 땅의 주인이신 하나님께 성실하게 임대료를 납부해야 합니다. 그렇지 않으면 예언자를 통해서 끊임없이 경고를 받습니다. 그런 경고를 받고도 돌이키지 않으면 이스라엘도 그 땅에서 내쫓김을 당할 것입니다.

실제 이스라엘 역사에서 주전 722년 북이스라엘이 앗시리아에 의해, 주전 586년 남유다가 바빌로니아에 의해 그 땅에서 내쫓김을 당합니다. 다시 돌아오긴 했지만 주후 135년 모든 유대인이 팔레스타인 땅에서 내쫓김을 당하고 그때부터 2천 년 동안 전 세계를 유랑했습니다. 그리고 1948년 다시 그 땅 위에 이스라엘이라는 나라를 건설했습니다. 땅 신학의 맥락에서 이스라엘 역시 똑같은 조건으로 그 땅으로부터 내쫓김을 당한 것입니다.

그런 점에서 가나안 땅에 정착한다는 것은 구원의 완성이 아니라 구원의 시작입니다. 출애굽은 전부 세 단계가 있다고 했습니다. 1단계는 이집트에서 나오는 것입니다. 몸만 나오는 것이 아니라 정신과 가치관과 세계관도 탈출해야 합니다. 2단계는 하나님의 약속을 믿고 용기를 내어 가나안 땅을 정복하는 것입니다. 3단계는 가나안 땅에 하나님의 통치가 구현되는 하나님 나라를 건설하는 것이며, 이것이 출애굽의 궁극적인 목적입니다. 이스라엘이 가나안 땅에 들어왔다고 끝이 아닙니다. 이제 이스라엘은 가나안 땅에서 본격적으로 하나님의 나라를 살아 내야 합니다. 자신들을 통해 이방 백성에게 하나님의 나라가 어떤 곳인지 증거해야 합니다. 이로써 이방 백성을 하나님 나라의 삶으로 초대해야 합니다. 이런 이유로 하나님은 이스라엘을 가나안 땅에 거주하게 하셨습니다. 가나안 땅 정착은 구원의 완성이 아니라 구원의 시작입니다.

여호수아서를 읽을 때 조심해야 할 점이 있습니다. 신학자들 표현으로 '여호수아 착각 증후군 환자'가 되지 말아야 합니다. 누가 여호수아 착각 증후군 환자입니까? 여호수아와 이스라엘 군대가 가나안 사람들과 전쟁을 벌이는 것처럼 자신은 여호수아와 이스라엘 군대이고, 자신의 상대는 가나안 부족이라고 생각하는 것입니다. 실제 이런 착각을 한 사람들이 많습니다. 대표적으로 십자군이나 제국주의 정복 전쟁에 앞장섰던 사람들입니다. 우리는 이스라엘 군대이고 아시아와 아프리카 사람들은 가나안 원주민들이라고 여겼습니다. 이런 사람들은 모세와 바로 중에서 자신을 모세와 동일시합니다. 다윗과 골리앗에서는 다윗과 동일시합니다. 성경에 등장하는 믿음의 인물들과 자신을 동일시하는 경우가 많은데, 우리가 항상 이기는 쪽은 아닐 수 있습니다.

자신이 가진 힘으로 연약한 사람을 억압하고 누르고 있다면 그가 바로 바로이고 골리앗입니다. 신앙인은 항상 이스라엘 군대입니까? 아닙니다. 하나님께 심판받아야 할 가나안 백성이 될 수 있습니다. 자신을 믿음의 인물들과 동일시하면서, 자신의 원수를 맞선 대상으로 여겨서는 안 됩니다. 모세와 바로를 살펴보면서 자신에게 있는 모세의 모습은 무엇이고, 극복해야 할 바로의 모습은 무엇인지 스스로를 성찰하는 것이 필요합니다. 자신을 위대한 믿음의 인물들과 동일시하는 것은 건강한 성경 읽기가 아닙니다.

가나안 땅의 정복

여호수아서는 1장부터 12장이 가나안 땅 정복이고, 13장부터 22장이 그 땅을 분배하는 이야기입니다. 나머지 23-24장은 여호수아의 고별 설교입니다.

> 여호수아 5:13 여호수아가 나아가서 그에게 묻되 너는 우리를 위하느냐 우리의 적들을 위하느냐 하니.

길을 가던 여호수아가 누군가를 만납니다. 그래서 묻습니다. "너는 누구 편이냐?" 그러자 상대방이 "여호와의 군대 장관"이라고 답합니다. 여호와의 군대 장관은 항상 이스라엘 편입니까? 아닙니다. 여호와의 군대 장관은 언제 이스라엘 편입니까? 이스라엘이 하나님의 편에 서 있을 때입니다. 이스라엘이 여호와의 군대 장관의 도움을 받으려면 먼저 하나님의 편에 서야 합니다. 많은 사람들이 하나님이 우리 편에서 도와주시기를 갈구하는데, 그보다 먼저 선행되어야 할 것이 우리가 하나님의 편에 서는 것입니다. 그렇지 않으면 이스라엘은 승리하지 못합니다. 이스라엘이 하나님의 편에 서지 않았기 때문에 패배한 것입니다. 성경에는 이스라엘이 도움을 받지 못하고 버림받는 장면이 많이 나옵니다. 교회답지 못한 교회는 하나님이 친히 심판하십니다. 하나님이 우리의 편이 되기를 갈구한다면 먼저 우리가 하나님의 편이 되어야 합니다.

여호수아 12:24 모두 서른한 왕이었더라.

여호수아는 모두 서른한 명이나 되는 왕들을 정복했습니다. 이스라엘 군대가 가나안 땅에 들어갔을 때 그 땅에는 하나의 왕국이 아니라 무수한 도시국가들이 있었습니다. 고대 사회는 다 도시국가입니다. 도시국가는 작은 성 하나가 국가입니다. 그 성을 통치하는 왕이 있습니다. 한 사람이 거대한 땅을 통치하는 것은 후대의 일입니다. 여리고라는 하나의 성이 하나의 국가입니다. 가나안 땅에 수많은 도시국가들이 있었는데 이스라엘 군대가 31명의 왕들을 정복했습니다. 즉 31개의 도시국가를 정복했다는 것입니다.

이스라엘이 많은 곳을 정복한 것 같지만, 그 당시 가나안에 몇 개의 도시국가가 있었는지는 나와 있지 않기 때문에 판단하기 어렵습니다. 예를 들어 당시 가나안 땅에 50개 정도의 도시국가가 있었다면 이스라엘 군대가 약 60퍼센트 정도를 정복한 것입니다. 그런데 만약 당시 가나안 땅에 도시국가가 300개 정도 있었다면 약 10퍼센트 정도만 정복한 것입니다. 당시 가나안 땅에 몇 개의 도시국가가 있었는지 알지 못하기 때문에 이스라엘이 얼마나 많이 정복했는지는 판단할 수 없습니다. 분명한 사실은 이스라엘이 그 땅을 전부 정복하지 못했다는 것입니다. 그리고 그 결과 원래 살던 원주민들과 이스라엘 백성이 함께 동거하게 됐습니다. 가나안 사람들의 종교에 이스라엘이 영향을 받고 동화될 가능성에 노출된 것입니다. 이스라엘이 가나안 땅에 들어갔을 때 유다 지파나 에브라임 지파는 용기를 내서 가나안 원주민들과 싸워서 그 땅을 차지했습니다. 그런데 대다수의 지파들은 용기를 내 가나안 원주민들과 싸우지 못했습니다. 그래서 많은 땅을 차지하지 못했습니다. 여호수아서와 사사기는 이스라엘이 정복하지 못한 가나안 땅에서 일어난 일들을 다루는 책입니다.

가나안 땅의 분배

여호수아는 용기를 내지 못하는 이스라엘 지파들을 위해 특단의 조치를 취합니다. 아직 땅을 차지하지 못한 지파별로 대표 세 명씩 뽑게 했습니다. 일곱 지파가 땅을 차지하지 못했습니다. 그러니까 일곱 지파의 세 대표 스물한 명이 모인 것입니다. 여호수아는 그들에게 갖고 싶은 땅을 지도상으로 그려 오라고 명령합니다. 그리고 실로라는 성소에 모여서 땅을 분배합니다. 제대로 보장된 땅이 아니라 지도상으로 그린 희망의 땅을 분배한 것입니다.

여호수아서에서 이것은 중요한 장면입니다. 여호수아가 지파에게 땅을 척척 내준 것이 아닙니다. 용기를 내어 싸워서 그 땅을 차지하라고 싸울 권리를 준 것입니다. 실제로 땅을 정복한 지파는 얼마 되지 않았습니다. 르우벤, 갓, 므낫세 반 지파는 요단 동편 땅을 차지했습니다. 유다, 에브라임 지파는 요단 서편 땅을 차지했습니다. 나머지 지파들의 땅은 여전히 지도상에만 존재했습니다. 예를 들어 단 지파의 땅이라고 하면 이스라엘이 그 땅을 차지하고 단 지파에게 내준 게 아닙니다. 지도상에 단 지파의 땅으로 이름만 쓰인 것입니다. 그럼 어떻게 해야 합니까? 단 지파가 지도상의 땅을 차지하기 위해서 그 땅에 살고 있는 원주민들과 용감하게 싸워야 합니다. 그런데 대다수의 지파들이 지도상으로 분배받은 그 땅을 온전히 정복하지 못했습니다.

> 여호수아 19:47 그런데 단 자손의 경계는 더욱 확장되었으니 이는 단 자손
> 이 올라가서 레셈과 싸워 그것을 점령하여 칼날로 치고 그
> 것을 차지하여 거기 거주하였음이라. 그들의 조상 단의 이
> 름을 따라서 레셈을 단이라 하였더라.

단 지파의 경계는 확장된 것처럼 보입니다. 단 지파도 지도상의 땅을 분배받았습니다. 가나안 중부 지방을 분배받았습니다. 분배받고 나서 가 보니까 이곳 중부 지방 원주민들이 만만한 상대가 아닙니다. 더 위험한 것은 단 지파가 분배받은 땅과 경계를 이루는 족속이 다름 아닌 블레셋 족속입니다. 이스라엘이 가나안 땅에 들어왔을 때 블레셋도 비슷한 시기에 이 땅에 들어옵니다. 블레셋은 원래 해양 민족이었습니다. 이집트에 들렀다가 지중해 해변가를 중심으로 가나안에 정착하게 되었습니다. 이스라엘은 이집트를 나와 시내산에서 에돔, 모압, 암몬, 요단 동편 땅을 쭉 거쳐서 가나안 땅으로 들어왔습니다. 처음에는 블레셋과 이스라엘 모두 인구가 많지 않아서 각자 자기 땅에 거주했습니다. 시간이 흐르고 블레셋과 이스라엘 모두 인구가 늘어나면서 거주할 땅을 확보하기 위해 다른 지역으로 진출한 것입니다. 블레셋과 이스라엘 사이에 지속적인 전쟁이 일어나는 때가 사무엘 시대입니다. 비슷한 시기 가나안 땅에 들어왔지만 블레셋은 해양 민족이고 이스라엘은 유목 민족입니다. 블레셋 사람들은 할례를 받지 않았고 이스라엘은 받았

습니다. 블레셋 사람들은 돼지고기를 먹었고 이스라엘은 먹지 않았습니다. 오늘날에도 고고학자들이 가나안 땅을 파다가 돼지 뼈가 나오면 블레셋 사람들의 거주지라고 생각합니다.

단 지파가 분배받은 땅이 바로 이 블레셋과 경계를 이루던 지역이었습니다. 원주민과 싸워서 땅을 정복하는 것도 힘든데, 설사 이긴다 해도 바로 블레셋 옆에서 살아야 합니다. 당시 블레셋은 이스라엘에게 공포의 대상이었습니다. 이스라엘은 여전히 청동기 문명이었지만 블레셋은 이미 철기를 갖고 있었습니다. 청동기가 어떻게 철기를 이깁니까? 그래서 블레셋 사람들은 이스라엘에게 공포의 대상이었습니다. 결국 단 지파는 원래 지도상으로 분배받은 가나안 땅 중부 지방을 포기하고 북쪽으로 올라갑니다. 그렇게 올라가다가 북쪽 지방에 만만한 사람들과 싸워 그 땅을 차지하고 단 지파의 땅이라고 주장합니다.

이를 두고 우리말 성경은 "단 자손의 경계가 더욱 확장되었다"로 번역하는데, 그렇지 않습니다. 영어 성경은 "그 땅을 차지하는 데 어려움을 겪었다"고 옮깁니다. 이것은 확장이 아니었습니다. 확장은 자신들이 차지할 땅을 차지하고 추가로 새로운 땅을 차지하는 것입니다. 단 지파는 차지하기 어려운 땅을 저버리고 북쪽으로 올라가서 만만한 상대를 무찌르고 새 땅이라고 선포한 것입니다. 확장이 아니라 이동입니다. 이스라엘 지파들은 가나안 백성을 몰아내는 일에 열심을 내지 않았습니다.

레위인들의 성읍

레위인들에게 48개의 성읍이 주어집니다.

<blockquote>
여호수아 21:3   이스라엘 자손이 여호와의 명령을 따라 자기의 기업에서 이 성읍들과 그 목초지들을 레위 사람에게 주니라.
</blockquote>

레위인들은 주로 가축을 쳤습니다. 그 가축이 결국 제물이 되기 때문입니다. 레위인이 받은 48개의 성읍은 열두 지파에게서 한 지파당 4개씩 받은 것입니다. 각 지파는 자기 땅에 있는 네 성읍, 즉 동서남북에서 하나씩 내주었습니다. 레위인들은 이스라엘 백성의 제사를 돕는 사람이고, 말씀을 가르치는 사람들입니다. 레위인들이 한 지파의 땅에서 동서남북 네 군데에 거주했다는 것은 모든 지파가 예배를 드리는 기회의 균등성을 보장받았다는 뜻입니다. 예를 들어 이스라엘이 가나안 땅에 들어간 후에 예배드릴 곳이 남쪽에 하나만 있었다면 남쪽 거주민들이 예배드리기 편했을 것입니다. 북쪽 거주민들은 예배를 위해 더 많은 헌신이 필요했을 것입니다. 하나님은 레위인들을 각 지파의 땅에서 네 군데씩 거주시켜 누구나 레위인들이 있는 곳으로 와서 하나님께 예배드릴 수 있게 해 주셨습니다. 기회의 균등성을 보장하셨습니다.

이스라엘이 가나안 땅에 정착하면서 48군데의 성소가 생겼다는 것을 기억할 필요가 있습니다. 48군데의 성소 가운데 한곳이 중앙 성소가 됩니다. 나머지는 지방 성소입니다. 중앙 성소는 모세 때 만든 성막이 있는 곳입니다. 중앙 성소가 중요한 이유는 그곳에 여호와의 법궤가 있기 때문입니다. 지방 성소에서도 제사는 드릴 수 있었습니다. 훗날 솔로몬은 성전을 건축하고 언약궤를 성전으로 옮깁니다. 그때부터는 예루살렘 성전이 중앙 성소가 됩니다. 히스기야와 요시야가 종교개혁을 단행할 때 지방 성소들을 제거했습니다. 지방 성소가 우상숭배의 소굴이 되었기 때문입니다. 그때는 지방 성소 대신 부정적인 의미를 담아 산당이라 칭합니다. 원래부터 산당이 부정적인 의미를 지니지 않았습니다. 이스라엘 백성이 지방에서 예배드릴 수 있게 해 주는 단순한 장소였는데, 바로 이 산당을 통해서 종교 혼합주의적인 우상숭배가 퍼져 나간 것입니다. 그래서 지방 성소라는 용어 대신 부정적인 의미를 담아서 지방 산당이라고 불렀습니다.

가나안 정복의 의미

가나안 정복 전쟁 역시 땅 신학에 근거하고 있습니다. 이스라엘은 부단한 순종을 통해서 그 땅을 차지해야 합니다. 어떤 사람이 차지할 수 있습니까? 이스라엘과 가나안의 군사력을 비교해 보면 이스라엘이 이길 가능성이 없습니다. 그래서 많은 이스라엘 백성은 두려워 떨었습니다. 그러나 누가 그 땅을 주시겠다고 약속하셨습니까? 하나님이 약속하셨습니다. 그 약속을 믿고 순종하는 자들은 그 땅을 차지할 수 있습니다.

이스라엘이 가나안 땅을 정복해야 하는 이유는 그 땅 위에서 하나님이 원하시는 삶, 하나님이 원하시는 공동체를 구현해야 하기 때문입니다. 우리 눈으로 볼 수 있는 신앙의 내용이 없으면 신앙은 관념이 됩니다. 예수님이 인생의 주인이라고 아무리 주장해도 그에 대한 구체적 삶의 증거가 없으면 아무런 실체도 없는 입술의 고백일 뿐입니다. 머릿속의 관념으로만 끝나는 것은 귀신 수준의 신앙입니다. 하나님에 대해서는 귀신들이 제일 잘 압니다. 그렇지만 귀신에게 믿음이 있습니까? 없습니다. 귀신은 하나님이 어떤 분인지 너무 잘 알고 있지만 하나님께 순종하지 않습니다. 우리가 머릿속으로만 신앙을 갖고 있다면 그것은 믿음이 아니라 관념입니다. 하나님의 백성이라면 그런 삶이 무엇인지 입증해야 합니다. 그런 삶을 드러내기 위해서 그들이 살아갈 수 있는 삶의 현장이 필요합니다.

하나님의 백성은 가나안 땅이라는 구체적인 현장에서 어떤 정치·경제 공동체를 만들어 가는지 가시적으로 증거해야 합니다. 즉 가나안 땅은 신앙의 삶을 보여 주는 물적 토대인 것입니다. 요한복음에서 믿는 자들이 믿지 않는 자들을 향해 어떻게 전도합니까? "와 보라"입니다. 교회는 세상과 다른 모습을 보여 주어야 합니다. 세상 사람들은 맘몬과 권력을 숭배하고 자신의 이기심과 욕망의 지배를 받지만 하나님을 믿는 자들은 어떤 삶을 살고 어떻게 서로를 대하는지 "와 보라" 말할 수 있어야 합니다.

안타깝지만 오늘날 한국 교회가 종교 제의를 함께하는 것 외에 말씀에 근거한 새로운 문화를 만들어 내는 것 같지는 않습니다. "와 보라"고 과감하게 선포할 정도로 보여 줄 만한 것이 별로 없습니다. 이것이 오늘 우리의 문제입니다. 우리의 신앙이 고백만 있고 생각만 있지, 구체적인 삶으로 발현되지 못하기 때문입니다. 가나안 땅이라는 구체적 현장이 없다면, 하나님의 백성다운 삶을 드러낼 수 없고, 그러면 신앙은 관념에 그칠 가능성이 큽니다.

사사기

사사들의 시대는 300년 정도 지속됐는데, 여호수아가 죽은 다음부터 초대 왕 사울이 나타나기 전까지입니다. 사사는 히브리어로 '쇼페트*shophet*'입니다. '재판하는 사람'을 뜻합니다. 고대 사회에서 재판은 통치자와 지도자의 역할이었습니다. 그러니까 사사는 백성의 통치자인 것입니다. 평상시에는 백성의 어려움을 재판으로 해결해 주고, 전쟁 때는 백성을 이끌고 나가서 용기 있게 싸웠습니다.

사사의 출현은 이스라엘 리더십이 현실에 맞게 변화되고 있음을 잘 보여 줍니다. 출애굽 당시에는 모세가 이스라엘 전체를 다스렸습니다. 모세는 죽기 전에 자신의 비서실장이었던 여호수아를 후계자로 임명합니다. 여호수아도 이스라엘 전체를 다스렸습니다. 그런데 무슨 일인지 여호수아는 죽기 전에 후계자를 임명하지 않았습니다. 여호수아가 죽은 다음부터는 이스라엘 전체를 다스리는 지도자가 없었습니다.

이스라엘은 열두 지파 연맹 공동체로 존속됩니다. 이게 이스라엘이 선택한 정치체제입니다. 평상시에는 열두 지파가 지파별 자치를 하면서 지파 안에서 일어난 문제는 스스로 해결합니다. 그러다가 지파 홀로 감당하기 힘든 일이 발생하는 경우, 예를 들어 전쟁이나 이방과의 외교 문제가 생기면 열두 지파가 힘을 합했습니다. 지파들은 다른 지파의 일에 간섭하거나 지시하거나 명령하지 않았습니다. 지파들은 자기 일은 스스로 해결해야 합니다. 그러나 이방과 외교 관계를 수립하거나 국가 간의 만남이 있거나 이방 나라와 전쟁을 할 때는 이스라엘 열두 지파 전체가 한마음 한뜻으로 하나가 됐습니다. 이것을 '열두 지파 연맹 공동체'라고 부릅니다. 하나님은 이스라엘이 그런 공동체가 되길 기대하셨습니다. 일상의 삶은 지파별 자치를 하되, 이방 나라가 이스라엘을 공격하면 공격받은 지파만 대응하는 것이 아니라 이스라엘 전체 지파가 한마음 한뜻으로 이방에 맞서 싸우길 기대하신 것입니다.

그런데 사사 시대는 이스라엘이 열두 지파 연맹 공동체로서의 정체성을 유지하지 못합니다. 무슨 일이 벌어집니까? 만약 모압이 이스라엘 중부 지방을 치고 들어오면 중부 지방 사람들이 뿔나팔을 불면서 공격을 당했으니 도와달라고 구조 요청을 합니다. 그런데 사사 시대에는 뿔나팔 소리를 듣고도 다른 지파들이 도와주러 달려오지 않습니다. 자기 문제가 아니라고 강 건너 불구경하는 것입니다. 사사 시대는 열두 지파 연맹 공동체가 붕괴되기 시작하는 시대입니다.

열두 명의 사사

사사기에 12명의 사사가 나오는데, 이들은 이스라엘 전체가 인정한 지도자는 아닙니다. 특정 지파가 인정한 지도자입니다. 모세나 여호수아만 해도 이들에 대한 리더십은 이스라엘 전체가 인정했습니다. 그런데 사사의 리더십은 이스라엘 전체의 지지를 받지 못했습니다. 예를 들어, 삼손이라는 사사는 단 지파 사람입니다. 단 지파가 부여받은 땅의 경계에 블레셋이 살았습니다. 그래서 삼손은 블레셋과 계속 싸웁니다. 삼손이 블레셋과 싸우자 블레셋이 삼손을 잡겠다고 쫓아옵니다. 도망치던 삼손은 유다 지파 땅으로 들어가고, 블레셋도 삼손을 잡기 위해 유다 땅을 침범하려고 합니다. 그러자 유다 지파 사람들이 경계에 서서 블레셋에게 우리 땅에 들어오지 말라면서 그들이 찾는 삼손을 잡아다가 대령하겠다고 말합니다.

> 사사기 15:12   그들이 삼손에게 이르되 우리가 너를 결박하여 블레셋 사람의 손에 넘겨주려고 내려왔노라.

삼손은 이스라엘을 억압하는 블레셋에 맞서 치열하게 싸우고 있는데 유다 지파 사람들은 삼손을 책망합니다. 괜히 분란을 만들어서 블레셋 사람들이 우리 땅에 들어오게 만들었다고 삼손을 나무랍니다. 이게 바로 사사 시대입니다.

모세와 여호수아는 이스라엘 전체의 리더로 인정받았지만, 사사는 특정 지파에게만 리더십을 인정받습니다. 다시 말해 사사 시대는 지도력이 엄청나게 축소되고 열두 지파 연맹 공동체가 깨져 버렸습니다. 특정 지파가 공격을 받으면 모든 지파가 한마음 한뜻으로 함께 싸워야 하는데 대다수 지파들이 자신이 피해를 입지 않으면 강 건너 불구경만 했습니다. 그래서 사무엘 시대가 되면 계속 당하던 이스라엘 백성이 전체를 통솔할 수 있는 지도자로 왕을 세워 달라고 요청합니다.

또한 사사 시대는 전반적으로 극복해야 할 어둠의 시대입니다. 지파들끼리 너무 분열되었고, 그래서 믿고 따를 만한 지도자가 없었습니다. 그나마 제일 낫다는 사람들이 사사들인데, 지도자들인 사사들조차 영적으로 너무 미숙하고 일탈을 행했습니다. 사사 삼손에게서 신앙적으로 본받고 싶은 점이 있습니까? 삼손의 인생 전체가 뭡니까? 술 잘 마시고 여자와 잘 논 것뿐입니다. 삼손에게는 신앙적으로 우리가 본받을 만한 영적 유산이 거의 없습니다.

이스라엘 공동체에서 가장 거룩해야 할 사람이 레위인입니다. 사사기에는 첩을 두고 있는 레위인이 등장합니다. 레위인이 영적으로 얼마나 무너졌는지 보여 주고 있습니다. 제사장이 개인을 위해 일하기도 합니다. 이스라엘 백성 전체가 아니라 특정 가정만을 위해 봉사하는 것입니다. 어느 집안만을 위해서 헌신하고 봉사하는 가정 제사장의 등장은 결국 제사장의 사유화가 가능해졌다는 뜻입니다. 이처럼 사사 시대는 지파들이 분열하고, 믿을 만한 지도자는 없고, 레위인은 방탕하고, 제사장은 사유화되는 어둠의 시대였습니다.

왕이 없으므로

사사기에서 여러 번에 걸쳐 반복되는 말씀이 있습니다.

사사기 21:25   그때에 이스라엘에 왕이 없으므로 사람이 각기 자기의 소견에 옳은 대로 행하였더라.

이스라엘에 왕이 없었기 때문에 사람들이 제각각 하고 싶은 대로 했다는 것입니다. 여기에서 두 가지를 알 수 있습니다. 사사기가 기록될 당시 이스라엘에 왕이 없었다는 것입니다. 사사기는 왕정 시대 이후에 기록된 책입니다. 왕이 없으니 어떤 일이 벌어집니까? 사람이 각기 자기 소견에 옳은 대로 행했습니다. 자기가 옳다고 믿는 대로 행했습니다. 자기 스스로 하나님이 되었습니다. 이스라엘에 왕이 없기 때문에 누구나 자기 삶의 왕이 되었습니다. 자신이 한 행동을 스스로 진단하고 판단을 내렸습니다.

이스라엘은 시내산 언약부터 하나님만을 왕으로 모시고 하나님만 믿겠다고 다짐하고 결단한 신앙 공동체입니다. 그런데 이스라엘이 왕이 없다고 말합니다. 하나님을 왕으로 인정하지 않는다는 뜻입니다. 하나님을 왕으로 인정하지 않으니까 각자 자신이 자기 인생의 왕이 되는 것입니다. 그러니까 사사기는 하나님을 하나님으로 인정하지 않은 시대에 어떤 일이 벌어지는지를 보여 주는 책입니다.

사사 시대의 전형성

사사기 앞부분에 보면 사사기의 전형적인 패턴이 나옵니다.

사사기 2:18-19 여호와께서 그들을 위하여 사사들을 세우실 때에는 그 사사와 함께하셨고 그 사사가 사는 날 동안에는 여호와께서 그들을 대적의 손에서 구원하셨으니 이는 그들이 대적에게 압박과 괴롭게 함을 받아 슬피 부르짖으므로 여호와께서 뜻을 돌이키셨음이거늘 그 사사가 죽은 후에는 그들이 돌이켜 그들의 조상들보다 더욱 타락하여 다른 신들을 따라 섬기며 그들에게 절하고 그들의 행위와 패역한 길을 그치지 아니하였으므로.

이스라엘이 우상을 숭배하면 하나님의 심판이 임합니다. 이방 나라가 이스라엘을 압제하는 것입니다. 고통받는 백성은 그제서야 회개합니다. 그러면 하나님이 사사를 세우셔서 이스라엘 백성을 이방인의 손에서 구원해 주십니다. 살 만해지면 이스라엘은 다시 우상을 찾습니다. 이스라엘의 우상숭배, 하나님의 심판, 이스라엘의 회개, 하나님의 구원이 패턴처럼 반복됩니다. 사사기는 이 패턴이 반복되지만 동일한 반복이 아니라 시간이 지날수록 하향화된다는 것도 보여 줍니다. 사사 시대에 소사사가 6명, 대사사가 6명 있었습니다. 소사사는 삼갈, 돌라, 야일, 입산, 엘론, 압돈이고 대사사는 옷니엘, 에훗, 드보라, 기드온, 입다, 삼손입니다. 소사사에 대해서는 기록이 많지 않아 잘 알 수가 없지만, 대사사 중에서 옷니엘이나 에훗에 비하면 나중에 등장하는 입다나 삼손은 수준이 떨어지는 걸 알 수 있습니다. 입다는 하나님이 가장 가증하게 여기는 일을 하나님의 이름으로 행한 자입니다. 하나님은 사람을 제물로 바치는 것을 금하셨습니다. 그런데 입다는 자기 딸을 하나님께 제물로 바칩니다. 삼손도 본받을 만한 신앙적 유산이 그다지 없는 인물입니다. 한마디로 사사 시대는 시간이 지날수록 하향 평준화되고 있습니다.

하나님을 하나님으로 인정하지 않은 시대에 이스라엘이 어떤 삶을 살았는지 보여 주는 책이 사사기입니다. 오늘날 한국 교회의 현실이 사사기와 유사하다는 말을 많이 듣습니다. 사사기를 보면서 우리가 돌이키고 회개해야 할 것은 무엇인지, 하나님을 진정 왕으로 삼는 삶은 무엇인지 성찰이 필요할 때입니다.

룻기

신앙 공동체의 아름다움은 무엇입니까?

갈라디아서 3:28 너희는 유대인이나 헬라인이나 종이나 자유인이나 남자나 여자나 다 그리스도 예수 안에서 하나이니라.

일반 사회는 나와 너 사이에 끊임없이 담을 세우려 하고 비슷한 사람끼리만 유유상종하려고 합니다. 일반 사회에 작동되는 중요한 원리가 유대인은 유대인끼리, 이방인은 이방인끼리, 주인은 주인끼리, 종은 종끼리입니다. 차별과 분리가 일반 사회의 방식이라면 하나님을 우리 인생의 유일한 주인, 아버지로 모시는 신앙 공동체는 이 모든 것이 무너지는 곳입니다. 유대인과 이방인, 남자와 여자, 주인과 종 사이에 사회적인 담이 허물어지는 곳입니다. 예수 그리스도 때문에 그럴 수 있습니다. 예수 안에서 하나됨을 누리는 것이 진정한 신앙 공동체입니다.

룻기는 신앙 공동체의 아름다움이 어떻게 구현되는지 보여 주는 본문입니다. 룻기에 보아스라는 유대인 남자가 등장합니다. 재력을 가진 밭의 주인입니다. 룻은 모압 여인입니다. 너무 가난해서 보아스의 밭에서 일을 합니다. 일반적인 맥락에서 유대인과 이방인은 하나될 수 없습니다. 주인과 종도 하나될 수 없습니다. 남자와 여자가 동등할 수 없습니다.

원래 유대교는 철저하게 남성 중심 공동체입니다. 회당만 해도 본당에는 남자들만 입장할 수 있습니다. 여인들은 커튼 뒤에 있거나 2층으로 올라가야 합니다. 심지어 유대교에서 여성들은 토라를 직접 배울 수도 없습니다. 랍비의 가르침을 받을 수 있는 대상은 오직 남자이기 때문입니다. 성전도 마찬가지입니다. 여성은 '여인들의 뜰'에만 머물러야 합니다. 이를 벗어나서 남성들의 예배 공간에 가면 돌 맞아 죽을 수 있습니다. 유대교는 이렇게 남성이 머물 공간과 여성이 머물 공간을 구분하고 하나님의 말씀조차 남성만 배울 수 있다고 주장합니다. 그런데 룻기는 주인과 종, 남자와 여자, 유대인과 이방인이라는 담을 넘어서 하나님의 품 안에서 두 사람이 하나되는 이야기입니다. 즉 룻기는 그리스도의 교회가 이루어야 할 모습을 미리 예시해 줍니다.

이방인과 통혼을 금하라

룻기가 기록된 시기에 대해서 여러 의견이 있습니다. 그중 하나가 에스라와 느헤미야 시기라고 이해합니다. 에스라, 느헤미야는 주전 5세기 중반 인물들입니다. 에스라는 주전 458년 이스라엘 땅에 유대인의 지도자로 도착했고, 느헤미야는 주전 445년 이스라엘 땅으로 파송된 페르시아의 관료였습니다. 에스라와 느헤미야를 통해 이 땅에서 종교개혁이 일어납니다. 당시에 무슨 일이 있어났습니까?

유다 사람들이 바빌로니아의 포로로 잡혀갔다가 돌아왔습니다. 주전 586년 바빌로니아 군대에 의해 무너진 성전은 주전 516년 학개와 스가랴의 주도로 재건됩니다. 그래서 다시 한번 예루살렘을 중심으로 종교인들이 리더십을 확보합니다. 예루살렘이 종교권력을 탈환한 것입니다. 당시 정치권력을 쥐고 있던 이들은 사마리아 사람들이었습니다. 이들은 대부분 이방인이었습니다. 예루살렘 유대인 종교 권력자들이 사마리아 정치 권력자들과 아들딸을 결혼시킵니다. 당시에도 결혼을 통해서 사회, 경제적인 신분 상승을 기대한 사람들이 많았기 때문입니다. 예루살렘 성전을 중심으로 한 종교 권력자 아들과 사마리아 정치 권력자 딸이 통혼하는 상황에 에스라, 느헤미야가 이스라엘 땅에 도착한 것입니다.

에스라와 느헤미야는 당시의 이스라엘 현실이 조상들이 하나님께 심판받기 전과 흡사하다고 생각했습니다. 즉 이스라엘이 선조들처럼 우상숭배에 몰두하고 있었던 것입니다. 그리고 이 문제의 핵심이 유대인이 이방인과 통혼하는 데 있다고 꿰뚫어 보았습니다. 이들의 통혼에는 대략 다섯 가지 문제점이 발생했습니다.

첫째, 남편은 하나님을 믿는데 아내는 다른 신을 섬긴다면 이 집은 신앙 때문에 끊임없이 갈등할 수밖에 없습니다. 그러지 않으려면 아내의 종교에 따라 남편이 개종하면 됩니다. 이방인과 통혼이 야기한 문제는 통혼의 결과 야훼 하나님을 믿는 사람들이 그 신앙을 버리는 경우가 생겼다는 것입니다.

둘째, 나이 든 남편과 어린 아내가 결혼하면 보통 남편이 일찍 죽습니다. 남편이 남긴 유산 가운데 일부는 아내가 차지합니다. 유대인 남편이 먼저 죽으면 이방인 아내가 남편이 남긴 유산을 차지합니다. 그러면 이스라엘 전체의 부가 감소될 수밖에 없습니다.

셋째, 유대인 남성과 이방 여인이 결혼해서 아이를 낳으면 어머니가 아이를 양육합니다. 이런 혼혈 자녀들은 대개 히브리어는 모르고 어머니의 언어만을 모국어로 사용합니다. 자녀는 신앙의 계승자인데 아이가 태어나도 신앙이 계승되지 않는 것입니다.

넷째, 예루살렘 종교 권력자들이 사마리아 정치 권력자들과 통혼하기 위해서 유대인 본부인을 버리는 경우가 나타났습니다. 가정 파괴가 동반된 것입니다.

다섯째, 사마리아 정치 권력자들과 통혼한 사람들은 대부분 예루살렘 종교 권력자들이었습니다. 한마디로 이스라엘 상류층이 자신들의 사회·경제적인 지위 상승을 기대하면서 사마리아 정치권력의 손을 잡은 것입니다. 상류층의 행위는 대다수 이스라엘 백성의 부러움을 사기 시작합니다. 자신들도 저렇게 결혼해서 사회·경제적 신분 상승을 꿈꾸는 것입니다. 예루살렘 종교 권력자의 행동이 이스라엘 공동체 전체에 부정적인 영향을 끼쳤습니다.

에스라와 느헤미야가 이스라엘 땅에서 이런 모습을 본 것입니다. 하나님은 우상을 숭배하던 이스라엘을 심판하시고 바빌로니아에 포로로 끌려가게 하셨습니다. 그렇게 끝나는 줄 알았지만 페르시아 왕 고레스를 통하여 하나님이 다시 기회를 주셨습니다. 그 은혜 가운데 돌아왔으면 이제야말로 하나님만 온전히 잘 섬겨야 할 텐데, 현실은 그렇지 못했습니다.

너무나 안타까운 상황이었습니다. 사마리아 정치 권력자와 손 맞잡고 그들의 종교와 문화에 동화되고 있었습니다. 이때 에스라와 느헤미야가 단호하게 종교개혁을 펼친 것입니다. 어떻게 했습니까? 이방 여인과 결혼한 사람들에게 그 만남을 끊어 버리고, 그 여인과 사이에 태어난 혼혈 자녀들을 이방으로 돌려보내라고 명했습니다. 너무나 단호한 회개 운동이었습니다.

그런데 회개 운동이 정점에 도달하자 이상한 이데올로기가 만들어집니다. 이스라엘이 온전한 신앙 공동체가 되지 못하는 이유는 이방인들과 섞이기 때문이라는 것입니다. 이스라엘이 온전한 신앙 공동체가 되지 못하는 게 이방인 탓입니까? 순수 신앙은 순수 혈통으로 만들어지는 겁니까? 이때 등장한 본문이 룻기입니다. 룻기는 유대인에게 그들이 가장 존경하는 신앙인의 모델이 누구냐고 묻습니다. 정답은 다윗입니다. 순수 신앙은 순수 혈통으로 만들어진다는 이데올로기가 만연한 상태에서 다윗의 핏줄이 누구냐고 묻는 것입니다.

다윗의 아버지는 이새입니다. 이새의 아버지는 오벳이고, 오벳의 아버지는 보아스입니다. 보아스는 여리고의 기생 라합의 아들입니다. 그

보아스의 아내가 룻입니다. 룻은 모압 여인입니다. 이스라엘 백성이 가장 존경하는 다윗의 몸 안에 여리고 여인 라합과 모압 여인 룻의 피가 흐르고 있습니다. 다윗이 위대한 신앙인이 될 수 있었던 이유가 순수 혈통이기 때문입니까? 전혀 그렇지 않습니다.

에스라, 느헤미야의 개혁 운동이 정점에 달했을 때 이스라엘 안에 생겨난 순수 혈통 이데올로기에 대한 반박이 룻기입니다. 사도 바울도 룻기에 근거해 진정한 유대인 논쟁에 종지부를 찍습니다.

로마서 2:28-29 무릇 표면적 유대인이 유대인이 아니요 표면적 육신의 할
례가 할례가 아니니라. 오직 이면적 유대인이 유대인이며
할례는 마음에 할지니 영에 있고 율법 조문에 있지 아니한
것이라. 그 칭찬이 사람에게서가 아니요 다만 하나님에게
서니라.

오늘날 다문화 사회에 가장 적합한 책이 룻기입니다. 모압 여인도 하나님을 믿기 원한다면 얼마든지 하나님의 백성이 될 수 있다는 포용적이고 개방적인 본문입니다. 혈통이 무엇이든, 인종이 어떻든 하나님의 품으로 들어오길 원하는 누구나 하나님의 보호를 받을 수 있다고 말해 주는 책입니다.

사무엘

히브리 성경은 사무엘서나 열왕기가 상하로 나뉘지 않고 각각 한 권으로 되어 있습니다. 70인경 때부터 상하로 나뉘었습니다. 사무엘서에는 세 명의 중요한 인물이 나옵니다. 사무엘상 1장부터 12장까지 사무엘, 13장부터 31장까지 사울, 사무엘하 전체는 다윗입니다. 이방 부족으로는 블레셋이 등장합니다. 사무엘서에서 사울과 다윗이 주로 싸웠던 대적이 블레셋입니다. 블레셋은 이스라엘과 비슷한 시기에 가나안 땅에 들어온 해양 민족입니다. 그래서 바닷가 지중해 해변가에 거주지를 확보했습니다. 이스라엘은 출애굽 이후 시내산을 통해서 요단 동편 땅 에돔, 모압, 암몬을 거쳐서 가나안 땅에 들어왔기 때문에 비슷한 시기에 가나안 땅에 들어왔지만 해변 지역에 거주하는 블레셋과 충돌할 일이 많지 않았습니다. 무엇보다도 두 부족 모두 인구가 많지 않았습니다. 사무엘 시대에 인구 폭발이 일어납니다. 그래서 거주지를 확보하기 위해 블레셋은 내륙 지방으로, 이스라엘은 해변가로 확장하려고 했습니다. 두 부족 간의 충돌이 불가피했던 것입니다.

왕을 세워 주소서

블레셋은 할례를 받지 않고 돼지고기를 먹습니다. 이스라엘은 할례를 받고 돼지고기를 먹지 않습니다. 이스라엘과 블레셋은 문화와 종교는 다르지만 비슷한 시기에 가나안 땅에 입성했고, 사무엘 시대에 거주지를 확보하기 위해 서로 충돌했습니다. 충돌은 했지만 블레셋과 이스라엘은 상대가 되지 않습니다. 블레셋은 일찍 철기 문명을 가지고 있었고 이스라엘은 청동기 문명을 가지고 있었습니다. 이스라엘과 블레셋이 충돌하면 이스라엘은 백전백패입니다. 이스라엘이 블레셋에 패배만 하던 상황에서 그 이유가 무엇인지, 승리하기 위해 무엇이 필요한지 원인과 해결책을 모색하게 됩니다. 이때 사무엘과 이스라엘 백성의 의견이 갈립니다.

사무엘은 이스라엘이 가나안 문화에 동화되고, 세속화되고 하나님만을 제대로 섬기지 않은 것이 패배의 원인이라고 주장합니다. 블레셋에 이기기 위해서는 하나님께 다시 돌아와야 한다면서 죄된 삶을 청산하라고 촉구하며 대대적인 회개 운동을 제안합니다. 일반 백성의 생각은 달랐습니다. 자신들의 패인을 블레셋처럼 전쟁을 진두지휘할 지도자가 없기 때문이라고 여겼습니다. 그래서 우리도 왕을 세워 달라, 그러면 전쟁에서 승리할 수 있다고 주장합니다. 이스라엘 백성은 왕을 세워 달라고 요청했고, 사무엘은 왕을 세우는 것은 하나님을 저버리는 행동이라면서 거절합니다. 이스라엘은 고집스럽게 왕을 요구합니다. 이런 태도 자체가 군사 의존적, 지도자 의존적, 전략과 전술 의존적 태도입니다. 이스라엘이 망각한 사실이 있습니다.

이스라엘의 전쟁은 바로 여호와의 전쟁이라는 사실입니다. 여호와의 전쟁을 잘 보여 주는 것이 사사기에 나오는 기드온 전쟁입니다. 군사를 모집하자 3만 2천 명이 모입니다. 너무 많아서 만 명으로 줄입니다. 그것도 많아서 줄이고 줄여 결국 300명만 남습니다. 하나님은 이 적은 숫자로도 이스라엘에게 승리를 주십니다. 많은 병력이나 탁월한 전술이 없어도 이스라엘이 하나님의 백성다운 거룩함을 유지하면 하나님은 이스라엘을 친히 도와주십니다. 이것이 이스라엘이 경험한 여호와의 전쟁 개념이었습니다. 사무엘 시대가 되면 이스라엘 백성의 마음속에서 여호와의 전쟁은 망각됩니다. 전쟁에 승리하기 위해서는 뛰어난 리더십을 발휘하는 지도력, 많은 군사력이 필요하다고 생각합니다. 나중에 다윗도 많은 군사력을 확보하기 위해서 인구조사를 하다가 하나님의 심판을 받습니다.

사무엘의 고뇌

이스라엘 백성은 자신들의 전쟁을 진두지휘할 왕을 뽑아 달라 거듭 요청합니다. 사무엘은 이것을 막으려고 애를 씁니다. 결국 하나님은 사무엘에게 왕을 뽑아 달라는 백성의 요청을 들어주라고 하십니다. 이스라엘 백성의 간절한 요구를 하나님이 수용하신 것처럼 보일 수도 있습니다.

호세아 13:11　내가 분노하므로 네게 왕을 주고 진노하므로 폐하였노라.

하나님은 왕을 세워 달라는 이스라엘 백성의 요청에 분노하셨기 때문에 수용하신 것입니다. 분노 가운데 이스라엘에게 왕을 주셨고, 진노 가운데 그 왕을 폐하셨습니다. 그러므로 신앙생활에서 조심해야 할 것이 기도 응답입니다. 하나님께 간절히 구하던 것이 이뤄졌다고 그것을 하나님의 응답으로, 하나님의 뜻으로 오해하면 안 됩니다. 이런 경우가 민수기에도 있었습니다.

> 민수기 11:18 또 백성에게 이르기를 너희의 몸을 거룩히 하여 내일 고기 먹기를 기다리라. 너희가 울며 이르기를 누가 우리에게 고기를 주어 먹게 하랴. 애굽에 있을 때가 우리에게 좋았다 하는 말이 여호와께 들렸으므로 여호와께서 너희에게 고기를 주어 먹게 하실 것이라.

이스라엘 백성이 하나님께 고기를 달라고 아우성칩니다. 만나에 질려 버렸기 때문입니다. 그래서 하나님이 메추라기 떼를 보내 주셨습니다. 이스라엘은 메추라기 떼가 땅에 떨어지는 것을 보면서 간절히 구하니까 하나님이 들어주셨다고 생각했을 것입니다. 그런데 이스라엘 백성이 그 메추라기를 씹기도 전에 하나님은 이스라엘 백성을 심판하셨습니다. 그래서 심판 장소의 이름을 '기브롯 핫다아와', '탐욕의 무덤'이라고 불렀습니다. 이스라엘이 일용할 양식에 만족하지 못하고 얼마나 욕심을 부렸는지 보여 주는 산 교육의 현장이었습니다.

하나님께 뭔가를 구하고 그것이 이뤄진 것에 대해 하나님의 응답이자 기뻐하심이라고 쉽게 규정하지 않도록 조심해야 합니다. 하나님은 분노 가운데 이스라엘에게 왕을 허락하셨습니다. 사무엘은 이 모든 과정을 알고 있는 유일한 사람이었습니다. 그래서 그는 고민이 깊었습니다.

이스라엘의 초대 왕 사울

사울은 베냐민 지파 사람입니다. 어쩌다 사울이 왕이 되었을까요? 베냐민 지파가 왕을 배출할 만했을까요? 왕은 절대권력을 쥐게 되는 존재입니다. 이 절대권력을 소유한 왕이 어느 지파에서 배출되는가에 따라서 이스라엘 지파 간에 힘의 균형이 달라집니다. 이스라엘 열두 지파 가운데 가장 강력한 지파는 유다 지파입니다. 만약 유다 지파에서 절대권력을 행사하는 왕이 나오면 어떻게 되겠습니까? 유다 지파 자체도 강력한데 왕까지 나오면 왕이 모든 권력을 독점하고 유다 지파 전성시대가 될 것입니다. 그러면 나머지 지파들은 형편이 어려워집니다.

그래서 하나님은 열두 지파 가운데 가장 유명무실했던 지파를 고르십니다. 사사기 마지막에서 베냐민 지파는 이스라엘 열한 지파와 전쟁하다가 남자만 600명으로 줄었습니다. 초라한 지파로 전락한 것입니다. 이렇게 무기력한 베냐민 지파에서 왕을 선출함으로써 다른 지파들이 시기하거나 견제하지 못하게 하신 것입니다. 베냐민 지파 사울이 이스라엘의 초대 왕으로 하나님의 낙점을 받습니다.

사울은 영적으로 둔감한 사람이었습니다. 이스라엘 최고 종교 지도자 사무엘도 알아보지 못합니다. 사무엘이 이스라엘의 영적 각성을 촉구하며 열었던 미스바 집회에 참여하지 않았다는 뜻입니다. 왕이 되고 한참 지나서야 하나님께 첫 번째 제단을 쌓습니다. 사울은 하나님을 예배하는 데 관심이 없었습니다. 사울은 이방의 왕들과는 달리 제한적인 권력을 가진 왕이었습니다. 왕이 행사할 수 있는 최고의 권력은 전쟁 개시권입니다. 전쟁이 벌어지면 비상사태가 선포되고 왕의 말이 곧 명령이 됩니다. 그렇게 되면 왕은 사람들을 차출할 수도 있고, 누군가의 소유물을 빼앗을 수도 있고, 누군가의 땅을 점유할 수도 있습니다. 왕이 갖고 있는 최고 권력이 전쟁 개시권인 만큼 이방의 왕들은 모두이 권력을 갖고 있습니다.

그런데 하나님은 이스라엘에 왕정을 허락하시면서도 전쟁 개시권은 왕이 아닌 종교 지도자에게 남겨 두셨습니다. 전쟁이 벌어지기 전에 종교 지도자가 제사를 드리고 하나님께 전쟁해도 좋다는 승인을 받아야 전쟁을 시작할 수 있었습니다.

> 사무엘상 13:8 사울은 사무엘이 정한 기한대로 이레 동안을 기다렸으나 사무엘이 길갈로 오지 아니하매 백성이 사울에게서 흩어지는지라.

왕과 군인들이 블레셋을 맞아 전쟁터에서 대기하고 있는데, 사무엘이 정해진 기한 안에 오지 않는 것입니다. 타이밍을 놓친 백성은 흩어지기 시작합니다. 전세를 읽은 사울은 직접 긴급하게 제사를 드리고 전쟁 개시를 선포합니다. 뒤늦게 사무엘이 도착해 책망하자 백성은 흩어지고 블레셋은 공격하려 해서 어쩔 수 없었다고 변명합니다. 이것도 여호와의 전쟁을 기억하지 못하기 때문에 벌어진 일입니다. 이스라엘이 치르는 전쟁에서 승리의 열쇠는 군사력이 아닙니다. 얼마나 많은 군인을 확보하고 탁월한 무기를 보유하고 있는가는 이스라엘의 승리를 보장하지 않습니다. 이스라엘에게 승리의 핵심은 하나님의 백성으로서 정체성을 얼마나 지킬 수 있는가입니다. 그런데 사울은 백성이 흩어지자 이러다가 전쟁에 지겠다고 생각하고 종교 지도자 사무엘의 승인도 받지 않고 자기 마음대로 전쟁 개시를 선포했습니다. 군사력과 병력에 의존했기 때문입니다. 이 때문에 사울은 하나님께 폐위 선언을 받습니다.

사울이 전쟁에서 이기려는 목적은 하나님의 영광을 위해서가 아니었습니다. 아말렉과의 전쟁에서 하나님은 아말렉의 모든 것을 멸하라고 명하셨습니다. 하지만 사울은 소와 양과 염소들을 남겨 둡니다. 비싼 몸값을 받으려고 아말렉의 왕 아각도 살려 둡니다. 하나님이 아말렉을 진멸하라고 명하신 까닭은 그들이 출애굽 당시 이스라엘을 후방에서 공격했기 때문입니다. 사울은 하나님의 명령보다 자신의 이익을 앞세웠습니다. 그래서 왕의 자리에서 폐해진 것입니다. 하나님은 이스라엘에 다른 나라처럼 왕정을 허락하셨지만 그래도 중요한 차이점을 남겨 두셨습니다. 왕의 권력이 제한적이었고, 전쟁의 여부는 여전히 하나님이 정하셨습니다.

다윗의 나라

사울이 폐위되고 두 번째 왕으로 뽑힌 사람이 다윗입니다. 다윗은 이새의 정부인이 낳은 아들이 아닐 가능성이 높습니다. 소위 서자 출신일 수 있습니다.

사무엘상 16:5　　이새와 그의 아들들을 성결하게 하고 제사에 청하니라.

이스라엘 최고 종교 지도자였던 사무엘이 이새와 아들들을 제사에 불러 모았습니다. 사울이 알까 봐 쉬쉬한 일이지만, 이새는 사무엘이 자기 아들들에게 왜 관심을 두는지 알았을 것입니다. 그럼 아들들을 모두 데려왔어야 하지 않을까요? 사무엘이 "네 아들들이 다 여기 있느냐" 물었을 때에야 이새는 양 치고 있는 아들이 하나 더 있다고 고백합니다. 그게 다윗입니다.

이스라엘이 블레셋과 전쟁할 때 다윗의 형들도 전쟁터에 나가 있었는데, 아버지 이새가 다윗에게 형들의 안부를 보고 오라고 합니다. 그래서 다윗이 전쟁터에 가서 형들을 만나는데, 형들이 다윗을 무시하고 냉담하게 굽니다. 무엇보다 성경 어디에도 다윗 어머니의 이름이 나오지 않습니다. 다윗 정도 되는 사람의 어머니가 중요하지 않았을까요? 이런 이유들 때문에 다윗이 이새의 정부인이 낳은 아들이 아니라 서자일 수 있다고 추측합니다. 한마디로 다윗은 밑바닥에서 출발했습니다. 그렇게 출발해서 왕의 사위가 됩니다.

질투에 눈먼 사울은 다윗을 고달프게 만듭니다. 다윗은 오랜 세월 도피 생활을 하는 과정에서 아둘람 공동체를 만듭니다. 밑바닥 인생들과 함께 포용과 사랑과 긍휼의 공동체를 건설한 것입니다.

다윗에 대해 사울과 그의 아들 요나단은 입장이 너무 달랐습니다. 사울은 현실 권력을 쥐고 있는 왕이고, 요나단은 차기 왕위 계승자입니다. 그렇다면 다윗을 가장 경계해야 할 사람은 미래 권력자 요나단입니다. 그런데 요나단의 반응은 예상과 정반대입니다. 현실 권력을 쥐고 있는 사울은 다윗을 죽이지 못해서 안달이었지만, 미래 권력자 요나단은 누구보다 다윗을 사랑합니다. 다윗과 요나단은 남녀의 사랑 이상으로 서로를 사랑했습니다. 어떻게 두 사람 사이에 이런 사랑이 가능했을까요? 아버지 사울이 죽이려 하는 다윗을 요나단은 너무 사랑했습니다.

한 존재에 대해 상반된 입장이 생기는 이유는 그를 바라보는 관점이 다르기 때문입니다. 사울은 자신의 왕권을 중심으로 다윗을 보았습니다. 당연히 자신의 왕권을 아들들에게 물려주기를 원했습니다. 그런데 이스라엘 백성은 다윗을 사랑합니다. 그래서 사울은 다윗을 경쟁자로 보았습니다. 다윗이 살아 있고 이스라엘 백성에게 사랑받는 한 권력을 아들들에게 물려주는 게 쉽지 않겠다 판단해서 다윗을 죽이려 한 것입니다. 그런데 요나단은 다윗을 경쟁자가 아니라 동역자로 봅니다. 당시 이스라엘에 가장 큰 위협의 대상은 블레셋이었습니다. 그 위협으로부터 하나님의 백성 이스라엘을 지키려면 다윗과 요나단이 힘을 합해야 했습니다. 요나단은 다윗을 블레셋의 공격으로부터 이스라엘 공동체를 지켜 낼 동역자로 보았습니다. 다윗은 하나님 나라의 관점에서 보면 동역자이고, 자신의 왕권을 중심으로 보면 경쟁자입니다. 누군가에 대해 판단을 내릴 때 그것이 자기중심인지, 하나님 나라 중심인지 판단해야 합니다.

사울의 몰락

아말렉과의 전쟁에서 사울이 살린 아각은 사무엘에게 죽임을 당합니다. 아각의 이야기가 연결되는 본문이 에스더입니다. 수산성에 사는 유대인이 전멸의 위기에 처합니다. 아각의 후손인 하만이 왕에게 뇌물을 주면서 부탁했기 때문입니다. 하만은 왜 페르시아 제국 안에 있는 유대인들을 다 죽이려 들었습니까? 자기 조상 아각이 유대인 손에 죽었기 때문입니다. 자신이 아말렉의 후손이기 때문입니다. 하만은 아각의 복수를 하려고 했습니다. 하만의 복수 이야기가 나오는 에스더서를 사무엘상 15장 아각 이야기에 연결해서 읽어야 합니다.

사울은 하나님이 자신을 버리셨다는 것을 알았습니다. 하지만 돌이켜 회개하는 대신 계속 다윗을 죽이려고 쫓아다닙니다. 그러다 역전이 되어 다윗이 사울을 죽일 기회를 두 번이나 얻습니다. 다윗은 사울을 죽이지 않고 대신 그 증거물을 확보합니다. 사울의 옷자락을 조금 베거나 사울의 물병과 창을 빼앗아 충분히 죽일 수도 있었지만 그렇게 하지 않았다는 증거물로 삼습니다. 그리고 안전거리가 확보되었을 때 사울을 불러 증거물을 내보입니다. 나는 당신을 죽이지 않는데 왜 당신은 나를 죽이지 못해 안달이냐고 책망한 것입니다. 다윗이 사울을 책망할 때마다 사울은 회개합니다. 다윗에게 미안하다고 합니다. 그런데 다윗을 죽이려는 마음은 사라지지 않습니다. 다윗과 완전히 화해하지 못합니다.

사무엘상 26:19 원하건대 내 주 왕은 이제 종의 말을 들으소서. 만일 왕을

충동시켜 나를 해하려 하는 이가 여호와시면 여호와께서는
제물을 받으시기를 원하나이다마는 만일 사람들이면 그들
이 여호와 앞에 저주를 받으리니 이는 그들이 이르기를 너
는 가서 다른 신들을 섬기라 하고 오늘 나를 쫓아내어 여호
와의 기업에 참여하지 못하게 함이니이다.

　그때 다윗이 사울에게 자신의 억울함을 하소연합니다. 다윗은 사울
의 신하들이 자신을 죽이라고 부채질하는 것을 알고 있었습니다. 사울
과 그의 지지자들은 다윗을 가나안 땅 밖으로 몰아내려고 했습니다.
다윗이 가나안 땅을 벗어나면 다른 신을 섬길 수밖에 없다고 믿었습니
다. 이 구절에 이스라엘 백성이 갖고 있었던 신학적 인식이 들어 있습
니다.
　고대에는 크게 세 가지의 신앙 양태가 있습니다. 유일신교, 일신교,
다신교입니다. 유일신교는 신은 한 분밖에 없다고 고백하고 그 한 분
을 섬기는 것입니다. 일신교는 여러 신이 있다는 점은 인정하지만 한
신만 섬기겠다는 것입니다. 다신교는 여러 신이 있다는 점을 인정하고
여러 신을 섬기는 것입니다. 이스라엘을 제외한 대부분의 나라는 다
신교 내지는 일신교였습니다. 이스라엘만 유일신교를 믿었습니다. 이
스라엘에게 하나님만이 신이시고 이스라엘은 그 하나님만 믿고 섬기
겠다고 다짐하고 결단했기 때문입니다. 그런데 이스라엘이 머리와 입
술로는 유일신교를 고백해도 실제 이스라엘이 갖고 있는 신앙 사고는
다신교였습니다. 주변 나라들의 영향을 받지 않을 수가 없기 때문입
니다. 사울의 지지자들은 사울에게 빨리 다윗을 가나안 땅 밖으로 쫓

아내라고 말합니다. 그러면 가나안 땅 밖에서 다윗이 하나님과 관계가 단절되고 다른 신을 섬길 수밖에 없다는 것입니다. 하나님은 가나안 땅만 다스리는 신, 가나안 땅에 있을 때는 소통하고 도움을 받을 수 있는 신입니다. 다윗이 가나안 땅을 벗어나면 하나님과 관계도 저절로 단절된다고 보는 것입니다. 전형적인 다신교 사고입니다.

그리스-로마 신화에 따르면 다신교 신들은 특정 지역을 다스리거나 특정 영역을 주관합니다. 그래서 산의 신, 바다의 신, 학문의 신으로 불립니다. 이스라엘 백성은 자신들이 유일신 하나님을 섬긴다고 고백하면서도 하나님의 통치 영역을 가나안 땅으로 한정했습니다. 그래서 다윗이 가나안 땅 밖으로 쫓겨나면 다른 땅에서 다른 신을 섬기게 되리라 기대했습니다.

요나서에도 비슷한 경향이 나옵니다. 하나님이 요나에게 니느웨에 가서 니느웨 백성에게 심판을 선포하게 하십니다. 그런데 요나는 니느웨로 가지 않습니다. 니느웨에 가지 않으려면 이스라엘 땅에 계속 머물러 있어도 되겠지만 요나는 다시스로 도망치려 합니다. 왜 이스라엘 땅에 머물러 있지 않고 다시스로 도망치려 했을까요? 가나안 땅에 머물러 있는 한 하나님의 지시와 명령으로부터 자유할 수 없다고 본 것입니다. 하나님의 힘이 미치지 않는 이방 땅으로 도망쳐서 하나님의 명령으로부터 벗어나기를 기대한 것입니다.

이스라엘이 입으로는 하나님 외에는 다른 신이 없다고 고백하지만 하나님이 천하를 다스리시는 분이라는 사실을 망각하고 하나님의 통치 영역을 가나안 땅으로 한정했습니다. 오늘날 신앙인들은 어떻습니까? 하나님은 천지 만물의 창조자이고 세계 역사의 주관자라 고백하면서도 하나님이 교회만 다스린다고 착각하지 않습니까? 이스라엘은 이런 신학적 인식 때문에 바빌로니아에 포로로 끌려갈 때 너무나 괴로워했습니다. 이제 야훼 하나님과 더 이상 만날 수 없다고 믿었기 때문입니다. 그러니까 포로로 끌려가는 사람들의 사고 속에도 하나님과의 만남이 지속되기 위해서는 가나안 땅에 머물러 있어야 한다는 인식이 있었습니다. 가나안 땅으로부터 1,000킬로미터 이상 떨어진 바빌로니아 땅으로 끌려가 부정한 이방 땅에 머물게 된 이스라엘 백성은 더 이상 하나님과 소통할 수 없었습니까?

에스겔 1:1　내가 그발 강가 사로잡힌 자 중에 있을 때에 하늘이 열리며 하나님의 모습이 내게 보이니.

놀라운 일이 벌어집니다. 이스라엘 백성이 갖고 있던 신학적 사고가 뒤집히는 사건이었습니다. 에스겔이 그발 강가에 서 있는데 하나님이 불 병거를 타고 그곳으로 찾아오신 것입니다. 에스겔이 얼마나 놀랐겠습니까? 소식을 들은 이스라엘 백성은 또 얼마나 놀랐겠습니까? 가나안 땅을 벗어나면 하나님과의 소통, 하나님의 통치를 받을 수 없다고 생각했는데, 그래서 바빌로니아에 포로로 끌려올 때 하나님과 단절되는 것이 가장 큰 슬픔이었는데, 이방 땅 그발 강가에서도 하나님과 만남이 가능하다는 사실을 경험한 것입니다. 이때부터 이스라엘은 이방 땅에 회당을 세웠습니다. 이방 땅에서도 하나님과 만날 수 있음을 증거한 것입니다.

다윗의 범죄

사무엘하 11장에서 다윗은 유부녀 밧세바를 범하고 그 죄를 은폐하기 위해 우리아를 죽입니다. 그렇게 1년이 지나고 밧세바와 다윗 사이에 아이가 태어납니다. 이때 나단이라는 선지자가 다윗을 찾아와 다윗의 죄를 질타합니다. 이때 다윗은 어떤 핑계도 대지 않고 무릎을 꿇습니다. 다윗의 위대함은 여기에 있습니다. 다윗의 위대함은 그가 죄가 없고 흠이 없다는 사실에 있지 않습니다. 하나님은 흙으로 지어진 인간이 깨지기도, 넘어지기도, 부서지기도 쉬운 존재라는 걸 너무나 잘 아십니다. 하나님이 인간을 그렇게 만드셨기 때문입니다. 그래서 우리가 죄를 범했을 때 놀라지 않으십니다. 바로 심판하지도 않으십니다. 하나님은 오래 참으시고 자비와 인애와 긍휼이 충만하신 분이기 때문입니다.

하나님의 심판은 우리가 죄를 범했기 때문이 아니라 회개를 거부했기 때문에 우리에게 임합니다. 왜 다윗이 하나님의 마음에 합한 자입니까? 왜 다윗이 위대한 신앙인입니까? 죄를 짓지 않았기 때문이 아닙니다. 다윗은 상상 이상의 엄청난 죄를 범한 사람입니다. 그래도 다윗이 위대한 이유가 있습니다. 다윗과 그 이후에 이스라엘에 등장한 왕들을 비교해 보십시오. 예언자들은 시대마다 왕들에게 그들이 무엇을 잘못했는지 지적했습니다. 이때 대부분의 왕들은 자신들의 죄를 질타하는 예언자들을 감옥에 처 넣었습니다. 예언자가 끝까지 입바른 얘기를 하면 죽여 버렸습니다. 그러나 다윗은 그렇게 하지 않았습니다. 그의 위대함은 회개의 기회를 붙잡았다는 데 있습니다. 다윗은 자기의 죄가 폭로될 때, 하나님이 예언자를 통해 자기의 죄를 질타할 때, 기꺼이 하나님 앞에 무릎을 꿇었습니다. 자신의 죄를 질타하는 나단을 하나님의 대리자로 인정했습니다. 그래서 나단 앞에서 무릎을 꿇고 회개의 기회를 붙잡았습니다.

다윗의 용사들

사무엘하 23장에는 다윗의 용사들 명단이 들어 있습니다. 30절 이상을 이름으로만 열거하고 있습니다. 왜 그랬을까요? 다윗 시대는 이스라엘 전 역사에서 가장 위대한 시대로 꼽힙니다. 지금도 이스라엘 국기에는 다윗의 별이 있습니다. 하지만 위대한 다윗 왕국도 다윗 혼자만의 힘으로 만들어진 공동체는 아닙니다. 수많은 사람들이 수고하고 헌신해서 다윗 왕국을 세웠습니다. 사무엘하 23장은 다윗 한 사람을 부각시키는 대신, 다윗 왕국을 세우기 위해 수고하고 헌신한 무수한 사람들의 이름을 기록하고 있습니다. 성경은 한 인간에 대한 우상화를 경계하기 때문입니다.

기독교와 다른 종교의 경전을 비교해 보면 두드러진 차이점이 있습니다. 믿음의 조상 아브라함을 보십시오. 성경에 아브라함이 잘한 일만 기록돼 있습니까? 아닙니다. 아브라함이 죽음의 위협에 처했을 때 자기 아내를 누이라고 두 번이나 거짓말한 것이 그대로 기록돼 있습니다. 다윗은 얼마나 대단한 신앙의 인물입니까? 하지만 다윗이 밧세바를 범하고 우리아를 죽인 것을 그대로 기록합니다. 베드로는 또 얼마나 위대한 사도입니까? 베드로도 죽음의 두려움 앞에서 예수를 세 번이나 부인했다는 게 기록돼 있습니다. 초대교회를 일구는 일에 가장 헌신한 사람이 누구입니까? 바울입니다. 바울이 분별력이 없을 때 얼마나 많은 초대교회 성도들을 괴롭히고 죽였는지 성경은 그대로 기록하고 있습니다. 그래서 아브라함교나, 바울교가 안 나왔습니다.

성경에 나오는 위대한 인물들도 우리와 성정이 같은 사람입니다. 우리와 능력이 달라서 그들이 위대한 믿음의 길을 걸은 게 아닙니다. 우리처럼 그들도 잘할 때도 있고 잘못할 때도 있습니다. 그들이 위대한 신앙의 길을 내딛게 된 것은 그들의 탁월함과 능력에 기반한 게 아닙니다. 주의 성령이 그들과 함께하시고 그들이 하나님께 온전히 순종하고자 할 때 하나님이 그들을 도우신 것입니다. 따라서 어떤 경우에도 한 인물을 지나치게 높인다거나 우상화하는 것은 기독교 신앙과 맞지 않습니다. 사무엘하 23장은 무수한 사람들의 이름을 기록하면서 위대한 다윗 왕국이 다윗 개인의 작품이 아니라 다윗을 도와서 아름다운 이스라엘 공동체를 만들도록 헌신한 무수한 사람들의 땀과 헌신이 모인 열매임을 보여 줍니다. 또한 신앙 공동체가 한 인간을 지나치게 우상화하지 않도록 조심해야 할 필요성을 알려 줍니다.

열왕기

열왕기는 다윗 통치 말기에서 시작해, 남유다가 바빌로니아에 포로로 끌려갔다가 여호야긴왕이 감옥에서 석방되는 약 400년 정도의 기간을 기록하고 있습니다. 열왕기에서 3분의 1정도 분량이 엘리야와 엘리사 이야기입니다. 엘리야와 엘리사 선지자는 북이스라엘의 오므리와 아합왕 시대에 사역한 사람들입니다. 열왕기는 신명기 역사서입니다. 바빌로니아 포로기에 기록된 책으로, 하나님의 언약 백성 이스라엘이 왜 하나님의 심판을 받을 수밖에 없었는지 이야기하고 있습니다. 이스라엘 역사에서 우상숭배에 가장 몰두해서 하나님을 저버리고 바알 숭배에 몰두했던 때가 언제입니까? 오므리와 아합왕 때입니다. 그 시대 잘못된 우상숭배 문화에 맞서 혈혈단신 애를 쓴 예언자가 엘리야와 엘리사입니다. 열왕기는 400년의 기록을 다루면서 중심에 엘리야와 엘리사를 배치했습니다. 하나님을 저버리고 바알 숭배에 몰두했던 이스라엘 공동체와 그 결과 하나님의 심판을 받을 수밖에 없었던 역사를 알려 주는 것이 열왕기의 목적입니다.

솔로몬의 통치

솔로몬왕이 등극합니다. 솔로몬은 아버지 다윗과 비교되는 인물입니다. 다윗이 밑바닥에서 시작해 최정상에 오른 자수성가형 인물이라면, 솔로몬은 태어날 때 금수저를 입에 물고 나온 왕자입니다. 솔로몬은 덕분에 많은 것들을 누렸지만, 이 중에 스스로 획득하거나 성취한 것은 없습니다. 솔로몬은 나중에 왕이 되고 엄청난 권력을 차지하는데, 스스로 이를 지켜 낼 힘이 없었습니다. 그래서 하나의 묘책을 실행하는데, 바로 이방의 공주들과 결혼하는 것입니다. 다윗이 평생 전쟁을 치른 전사라면 솔로몬은 이름 자체가 '샬롬', 즉 평화입니다.

그래서 싸움을 하지 않습니다. 대신 자신이 차지한 큰 권력을 유지하기 위해 이스라엘에 대적이 될 만한 이방 나라들과 통혼합니다. 이방 공주가 이스라엘 왕비가 되면 공주만 오겠습니까? 공주를 보필하기 위해 이방의 신하들과 궁녀들도 옵니다. 솔로몬은 자기 아내가 된 이방 공주를 위해서 무엇을 합니까? 그들의 신앙생활을 보장하기 위해서 예루살렘에 이방의 신전들을 건축해 줍니다. 솔로몬은 야훼 하나님을 위한 성전을 건축한 것으로 유명하지만, 다른 이방 신들을 위한 신전도 수십 개 지었습니다. 바알과 아세라와 그모스와 밀곰과 다곤 등 무수한 신들을 위한 신전을 지었는데, 그 많은 신전 가운데 하나가 야훼 하나님을 위한 성전이었습니다. 솔로몬이 이방 공주를 아내로 맞이하면서 자연스럽게 이방 사람들이 이스라엘 공동체 안으로 유입되었고, 이방 종교도 침투했습니다. 이들의 종교 생활을 보장하기 위해서 예루살렘에 이방 신전들이 세워진 것입니다. 즉 이스라엘 역사에서 이방 우상들이 합법적으로 이스라엘에 자리 잡은 때가 솔로몬 시대입니다.

한국 교인들은 대부분 솔로몬을 긍정적으로 생각합니다. 솔로몬 하면 그의 지혜를 떠올립니다. 그래서 '솔로몬 논술학원' 같은 이름을 짓습니다. 부모들도 자녀를 위해 기도하면서 솔로몬처럼 지혜를 가진 아이가 되게 해 달라고 합니다. 이때 부모들이 생각하는 지혜는 문제를 잘 푸는, 지식을 많이 축적하는 그런 종류의 지혜일 것입니다. 솔로몬이 구했던 지혜는 그런 것이 아닙니다. '듣는 마음'이었습니다. 하나님의 음성과 백성의 음성을 들을 수 있는 마음이 솔로몬이 구한 지혜였습니다. 열왕기상 3장까지 솔로몬은 훌륭합니다. 4장부터 솔로몬의 몰락이 시작됩니다.

솔로몬의 몰락

솔로몬은 초지일관하지 못한 왕입니다. 처음은 좋았지만 마지막이 좋지 못했던 기드온 사사와 비슷합니다. 기드온도 처음은 좋았지만 나중에 이스라엘 백성을 우상숭배에 빠뜨린 장본인입니다.

> 신명기 17:16-17 그는 병마를 많이 두지 말 것이요 병마를 많이 얻으려고 그 백성을 애굽으로 돌아가게 하지 말 것이니 이는 여호와께서 너희에게 이르시기를 너희가 이 후에는 그 길로 다시 돌아가지 말 것이라 하셨음이며 그에게 아내를 많이 두어 그의 마음이 미혹되게 하지 말 것이며 자기를 위하여 은금을 많이 쌓지 말 것이니라.

신명기는 왕이 해서는 안 될 세 가지 규례를 당부합니다. 이것을 모두 어긴 왕이 솔로몬입니다. 이스라엘 왕은 첫째, 말을 사기 위해서 애굽에 내려가면 안 됩니다. 그런데 솔로몬은 애굽 왕 바로의 사위였을 뿐 아니라, 애굽으로부터 많은 말을 사서 북쪽의 아람이나 헷에 팔았습니다. 말은 고대 근동에서 제일가는 무기입니다. 그러니까 솔로몬은 무기 중개업을 한 것입니다.

둘째, 이스라엘 왕은 은, 금을 많이 축적해서는 안 됩니다. 하지만 솔로몬은 어마어마한 부를 축적했습니다.

셋째, 이스라엘 왕은 아내를 많이 두어서는 안 됩니다. 솔로몬의 아내와 첩은 수백 명에 이르렀습니다. 왕이 해서는 안 되는 일을 모두 한 왕이 솔로몬입니다.

솔로몬의 많은 잘못들 가운데 가장 큰 잘못은 토목공사입니다. 솔로몬이 통치하는 40년 동안 이스라엘은 끊임없이 대규모 토목공사를 벌입니다. 수십 개의 신전과 화려한 왕의 궁전을 지어야 했기 때문입니다. 또 국고성, 병거성, 마병성도 지었습니다. 이스라엘 땅 전체가 군사 요새처럼 변했습니다. 이스라엘이 전쟁에서 이기고 지는 것은 하나님께 달린 일입니다. 여호와의 전쟁입니다. 그런데 하나님을 믿지 못해 전국을 군사 요새로 만들었습니다. 군사와 병력을 의지하고, 요새를 의지하고, 애굽에서 사들인 무기에 의지했습니다. 솔로몬은 하나님의 도우심보다 눈에 보이는 듬직한 것들에 더 마음을 빼앗겼습니다.

토목공사의 부작용

솔로몬은 40년 통치 내내 대규모 토목공사를 벌이면서 백성을 강제 노역에 동원했습니다. 정당한 노동의 대가를 주지도 않았습니다. 그래서 백성 사이에 솔로몬에 대한 불만이 고조됐습니다. 당시 이스라엘 백성 대다수는 농사에 종사했습니다. 농사는 타이밍 싸움입니다. 땅을 갈아야 할 때 갈고, 씨를 뿌려야 할 때 뿌리고, 수확해야 할 때 거두어야 합니다. 지금 수확을 해야 하는데 한 달을 미루면 농사는 망칩니다. 이런 농부들을 솔로몬은 시시때때로 차출해서 강제 노역을 시켰으니 불만이 커진 것입니다.

고고학자들이 가나안 땅을 발굴해서 밝혀낸 사실이 있습니다. 솔로몬이 통치한 때가 주전 10세기인데, 그때만 해도 이스라엘의 가옥 형태는 비슷했습니다. 그런데 9세기, 8세기가 되면 부유한 사람들의 가옥과 가난한 사람들의 가옥이 차이가 나기 시작합니다. 주전 10세기까지만 해도 이스라엘 공동체에 심각한 빈부 차이가 존재하지 않았는데, 솔로몬 이후 양극화가 심화된 것입니다. 왜 그랬을까요? 솔로몬 통치 40년 내내 왕궁과 신전과 국고성과 병거성과 마병성을 짓느라 사람들이 강제 동원됐습니다. 농사를 지어야 할 사람들이 차출되느라 제때 씨를 뿌리지 못하고 제때 수확하지 못했습니다. 농사를 망친 것입니다. 그래도 먹고는 살아야 하니까, 돈 있는 사람들에게 땅이나 집을 담보로 돈을 빌립니다. 간신히 입에 풀칠은 하게 됐지만 정해진 기한에 빌린 것을 갚아야 합니다. 그런데 또 부역에 차출됩니다. 다음 농사도 망합니다. 이제는 담보로 걸었던 땅과 집을 뺏깁니다. 그래도 먹고는 살아야 하니까 이번엔 자기 몸을 담보로 잡고 또 돈을 빌립니다. 또 갚지 못하면 담보로 걸었던 몸이 구속되어 노예로 전락하는 것입니다.

여호수아서의 시작 부분에 가나안 땅에 입성하는 이스라엘의 지파별, 가문별, 가족별 규모가 기록돼 있습니다. 하나님은 이들의 인구수대로 땅을 균등하게 배분해 주셨습니다. 그리고 지계표를 움직이지 말라고 하셨습니다. 엄청나게 부유한 삶은 아니더라도 각자 자급자족하며 살 정도는 되었습니다. 그런데 솔로몬 시대 강제 노역으로 농사를 망치고, 먹고살기 위해 땅과 집을 담보로 내걸었다가 빼앗기고, 자신의 몸도 인신 구속되는 일이 발생했습니다. 솔로몬 시대 하나님께 부여받은 땅을 빼앗긴 자들이 늘어났습니다. 빈부의 양극화가 시작됐습니다.

훗날 주전 8세기 예언자 아모스와 호세아는 부자들이 흥청망청 쾌락을 즐기는 데 정신이 팔려 있고 가난한 자들은 먹을 것이 없어 빈궁한 삶에 허덕인다고 지적합니다. 이런 불의가 솔로몬 시대부터 발생한 것입니다. 강제 노역 때문에 이스라엘 백성의 삶의 토대가 붕괴된 것입니다.

솔로몬은 가나안 땅에 등장한 또 하나의 바로였습니다. 이스라엘이 어떻게 출애굽했습니까? 바로에게 강제 노역을 당하다가 이스라엘의 울부짖음을 들으신 하나님이 그들을 구원해 주셨습니다. 그래서 가나안 땅에 왔는데, 이번엔 솔로몬이 이스라엘 백성을 노예로 삼았습니다. 솔로몬 말기에 하닷, 르손, 여로보암 같은 사람들이 차례로 반란을 일으킵니다. 마침내 솔로몬이 죽고 그의 아들 르호보암이 왕이 되자 국민 대표단이 르호보암과 협상을 시도합니다.

열왕기상 12:4   왕의 아버지가 우리의 멍에를 무겁게 하였으나 왕은 이제 왕의 아버지가 우리에게 시킨 고역과 메운 무거운 멍에를 가볍게 하소서. 그리하시면 우리가 왕을 섬기겠나이다.

아버지처럼 백성을 괴롭힐 것인지, 백성을 사랑할 것인지 가부를 알려 달라고 합니다. 르호보암은 3일간 말미를 청합니다. 나이 지긋한 솔로몬의 신하들은 아버지처럼 하지 말고 백성을 사랑하라고 조언합니다. 르호보암과 같이 자란 친구들은 더 강력한 힘으로 눌러 버려야 한다고 조언합니다. 안타깝게도 르호보암은 친구들의 조언을 들었습니다. 그래서 3일 후 국민 대표단과 만나 자신은 아버지보다 더 강력하게 백성을 다스리겠다고 선언합니다.

이에 열 지파와 일부 베냐민 지파가 르호보암의 통치를 거부하고 북이스라엘을 세웁니다. 솔로몬의 유업이 남유다와 북이스라엘로 분열을 가져왔습니다. 남유다라는 이름에서 알 수 있듯 남쪽은 유다 지파만 남았습니다. 북쪽은 열 지파와 일부 베냐민이 함께했습니다. 규모에서 비교가 안 됩니다. 나라가 쪼개졌는데, 대등한 분단도 아니고 한 지파만 제외하고 나머지 지파 전부가 돌아선 것입니다. 사태가 이 지경이 된 것은 유다 지파에 대한 다른 지파들의 감정이 좋지 않기 때문일 수도 있습니다.

솔로몬은 유다 지파에게 많은 특혜를 주었습니다. 행정구역을 나누면서 유다 지파의 땅은 열외로 해 주었습니다. 전통적인 지파들의 경계를 허물어 버리면서 유다 지파만 지켜 주었습니다. 또 모든 지파가 1년에 한 달씩 왕실의 소모품을 만들어 바쳐야 했는데, 유다 지파만 제외시킵니다. 일종의 세금 면제 혜택이었습니다. 유다 지파가 르호보암에게 반기를 들지 않은 것을 보면 유다 지파는 강제 노역에서도 면제됐을 가능성이 높습니다. 국가 재정이 바닥났을 때는 북이스라엘 땅을 매각하기도 했습니다. 이런 식으로 차별을 받은 열 지파와 베냐민 지파는 솔로몬에 대한 불만 때문에, 르호보암의 통치를 받는 대신 남유다를 떠나 자신들만의 공동체를 세우게 된 것입니다.

솔로몬의 성전 건축

솔로몬은 성전을 건축했습니다. 그전에는 성막이 있었습니다. 성막은 이동식 성소, 성전은 고정식 성소라는 차이가 있습니다. 성막은 하나님이 그의 백성이 있는 곳에 함께하심을 상징합니다. 그런데 성전이 만들어지고 나서 새로운 주장이 일어납니다. 성전은 하나님의 집이니까 하나님을 만나기 위해서는 성전에 가야 한다는 것입니다. 나아가 성전이 아닌 곳에서는 하나님을 만날 수 없다는 주장도 생겨납니다. 즉 성전이 서자 이스라엘 공동체 안에서 이원론적인 신앙이 강화됐습니다. 사람들은 하나님이 성전에 계시다면서, 하나님의 활동 공간을 성전이라는 좁은 공간 안에 제한시켜 버립니다. 좋게 말하면 하나님을 그 안에 모시는 것이고, 나쁘게 말하면 하나님을 그 안에 가둔 것입니다.

하나님이 성전 안에 가두어질 수 있는 분입니까? 하나님은 성전보다 훨씬 크신 분입니다. 그러나 성전이 세워지자, 하나님을 만나려면 성전에 가야 하고, 성전이 아닌 곳에서는 하나님을 만날 수 없다는 이원론적인 신앙이 자리 잡게 됩니다.

창세기 28:12　꿈에 본즉 사닥다리가 땅 위에 서 있는데 그 꼭대기가 하늘에 닿았고 또 본즉 하나님의 사자들이 그 위에서 오르락내리락하고.

야곱은 밧단아람으로 도망칠 때 루스라는 곳에서 하룻밤 노숙을 합니다. 자다가 눈을 떠 보니까 땅과 하늘을 연결하는 사닥다리에서 천사가 오르락내리락합니다. 야곱이 잠에서 깬 후에 여기 하나님이 계신데 알지 못했다고 말합니다. 그리고 그곳을 '하나님의 집'이라는 뜻에서 '벧엘'이라고 명명합니다. 이게 원래 이스라엘 공동체가 가진 신앙입니다. 특정한 장소만 하나님의 집이 아닙니다. 특정한 장소를 가야만 하나님을 만날 수 있는 게 아닙니다. 하나님은 그의 백성이 있는 모든 곳에 함께 계십니다. 하나님은 그의 백성을 찾아오십니다. 우리가 깨어 있다면 우리를 심방 오시는 하나님을 언제 어디서나 만날 수 있습니다. 이게 원래 이스라엘 공동체의 신앙인데, 솔로몬이 성전을 만들고 나서는 고정 건물인 성전 안에만 하나님이 계신 것처럼 생각했습니다.

열왕기상 8:27   하나님이 참으로 땅에 거하시리이까. 하늘과 하늘들의 하늘이라도 주를 용납하지 못하겠거든 하물며 내가 건축한 이 성전이오리이까.

성전을 직접 지은 솔로몬조차 성전에 하나님을 모실 수 없다고 여겼습니다. 솔로몬은 하나님은 하늘에 계신다고 고백합니다. 솔로몬이 간절히 구한 것은 하늘에 계신 하나님의 이름만이라도 이 성전에 있게 해 달라는 것이었습니다. 솔로몬은 성전에 하나님을 모시고 있다고 말한 적이 없습니다. 하늘과 하늘들의 하늘도 하나님을 모실 수 없는데, 인간이 건축한 작은 건물에 하나님을 모시는 건 불가능합니다. 솔로몬조차 이렇게 고백했지만, 막상 성전이 완공되자 이스라엘 공동체 안에서 성전을 절대화하는 신학적 사고가 유행합니다. 이런 사고방식이 스데반도 순교로 이끌었습니다.

사도행전 7:47-48   솔로몬이 그를 위하여 집을 지었느니라. 그러나 지극히 높으신 이는 손으로 지은 곳에 계시지 아니하시나니.

하나님이 성전에 계시지 않다고 말했기 때문에 스데반은 성전에 대한 참람한 말을 했다며 돌에 맞아 죽었습니다. 그런데 솔로몬도 같은 이야기를 했습니다. 성전에 하나님을 모실 수 없다고 했기 때문입니다. 스데반은 솔로몬과 같은 말을 했을 뿐인데 죽임을 당했습니다. 무슨 차이입니까? 천 년의 세월이 지나면서 이스라엘 공동체 안에 이원론적인 신앙이 강화된 것입니다. 원래 이스라엘이 알고 있던 하나님은 그의 백성이 있는 어디서나 만날 수 있는 분이었는데, 성전이 세워진 이후 이원론적인 신앙이 힘을 얻었습니다. 성전은 하나님의 집이고 성전에 가야만 하나님을 만날 수 있다는 사고방식이 이스라엘 공동체 안에서 강화되었기에, 솔로몬과 같은 이야기를 했는데도 스데반은 순교를 당합니다.

오늘날 우리도 마찬가지입니다. 교회 안에만 하나님이 계신 것이 아닙니다. 하나님을 만나기 위해서 교회에 가야만 하는 것이 아닙니다. 교회에서도 하나님과 신앙의 지체들을 만날 수 있지만 일상의 삶에서도 동행하시는 하나님을 만날 수 있습니다. 하나님의 활동 공간, 하나님과 만남의 공간을 제한하지 말고 우리가 살아가는 모든 삶의 시공간

속에서 하나님과 신실하게 동행하는 주의 백성이 되어야 합니다.

스바 여왕

한편 스바 여왕이 솔로몬의 명성을 듣고 찾아옵니다.

> **열왕기상 10:13** 솔로몬왕이 왕의 규례대로 스바의 여왕에게 물건을 준 것
> 외에 또 그의 소원대로 구하는 것을 주니 이에 그가 그의
> 신하들과 함께 본국으로 돌아갔더라.

솔로몬은 스바 여왕이 원하는 모든 것을 내주는데, 랍비들은 스바 여왕이 원했던 게 무엇일까 다양한 의견들을 내놓았습니다. 그중에 이런 주장이 있습니다. 스바 여왕이 원했던 것은 지혜의 왕 솔로몬의 아이를 갖는 것이었습니다. 스바 여왕은 자기 나라로 돌아갈 즈음 솔로몬의 아이를 잉태할 수 있었습니다. 자기 나라로 돌아가 아이를 낳았는데, 이름이 메넬리크Menelik입니다. 메넬리크는 나이가 들면서 자신에게 아버지가 없다는 사실을 알아챕니다. 어느 날 어머니 스바 여왕에게 아버지가 없는 이유를 물었습니다. 스바 여왕은 이스라엘을 다스리는 솔로몬왕이 아버지라고 말해 줍니다. 그래서 메넬리크는 아버지를 만나기 위해 이스라엘로 왔습니다. 아버지와의 만남을 통하여 메넬리크도 야훼 신앙을 갖게 됩니다. 솔로몬은 자기 나라로 돌아가는 메넬리크에게 언약궤를 주었다고 합니다. 이스라엘은 전략적 요충지에

자리 잡고 있어서 항상 전쟁의 위험 속에 있었고, 그래서 솔로몬은 언약궤가 어떻게 될지 몰라 불안했던 것입니다. 메넬리크는 언약궤를 받아서 자기 나라로 가져왔습니다. 언약궤를 어느 산엔가 보관하고 아무도 출입할 수 없는 신성 구역으로 선포해 사람들의 출입을 막았다고 합니다. 메넬리크는 왕이 되자 솔로몬에게 배웠던 야훼 신앙을 모든 백성에게 전파했고, 그때부터 에티오피아 사람은 유대교 신앙을 가지게 되었다고 합니다. 이것이 에티오피아의 메넬리크 전설입니다. 그냥 막연하게 나온 이야기가 아니라 실제 에티오피아의 많은 사람들이 유대교 신앙을 갖게 됐습니다.

사도행전 8장에서 빌립 집사는 예루살렘 성전에 와서 제사를 지내고 돌아가는 에티오피아 여왕의 신하를 만납니다. 에티오피아의 고위 관료가 어떻게 야훼 하나님을 알았겠습니까? 그때 이 신하가 이사야서를 읽고 있었는데 무슨 뜻인지는 몰랐습니다. 빌립 집사가 설명을 해 주었고, 그는 결국 빌립을 통해 세례를 받습니다. 에티오피아 최초의 기독교인이라 할 수 있습니다. 에티오피아는 아르메니아에 이어 세계에서 두 번째로 기독교를 국교로 선포한 나라입니다. 로마가 기독교를 국교로 선포하기 전에 일어난 일입니다. 아프리카에 있는 나라가 어떻게 야훼 하나님을 믿게 되었을까요? 어떻게 기독교 신앙을 접하게 되었을까요? 메넬리크 전설과 사도행전 8장이 답이 될 수 있겠습니다.

엘리야의 전쟁

갈멜산에서는 야훼가 진짜 신인지 바알이 진짜 신인지를 두고 경쟁이 붙었습니다. 엘리야가 구경 나온 이스라엘 백성에게 묻습니다.

> 열왕기상 18:21　너희가 어느 때까지 둘 사이에서 머뭇머뭇하려느냐. 여호와가 만일 하나님이면 그를 따르고 바알이 만일 하나님이면 그를 따를지니라 하니 백성이 말 한마디도 대답하지 아니하는지라.

언제까지 그렇게 머뭇머뭇할 거냐, 어서 빨리 마음을 정하라는 것입니다. 그런데 이게 무슨 말입니까? "여호와가 만일 하나님이면 그를 따르고 바알이 만일 하나님이면 그를 따를지니라." 우리에게 '여호와'와 '하나님'은 같은 분입니다. 그런데 엘리야는 "여호와가 만일 하나님이면 그를 따르라"고 합니다. 여기에서 여호와는 이스라엘이 언약을 체결한 그분을 말합니다. 하나님의 이름이 여호와입니다. 히브리어로 '야훼*Yahweh*'라고 이해하는 단어를 우리말 번역이 일반적으로 '여호와'로 옮깁니다. '엘*el*', 또는 '엘로힘*elohim*'이라는 단어는 일반적으로 '하나님'으로 번역됩니다. 엘은 원래 가나안 사람들이 생각했던 최고신의 이름입니다. 여기서 문제가 생깁니다. '엘'과 '엘로힘'은 원래 하나님에게만 사용되는 단어가 아닙니다. 최고신을 가리킵니다. 예를 들어, 모압 사람들에게 '엘'은 그모스입니다. 블레셋 사람에게 '엘'은 다곤입니다. 이스라엘 사람에게 '엘'은 야훼입니다. '엘', '엘로힘'이라는 단어는 '신', 혹은 '최고신'으로 번역해야 합니다. 그러니까 이 구절은 "만일 여호와가 진짜 신이라면 여호와를 따르고 바알이 진짜 신이라면 바알을 따르라"고 번역해야 맞습니다.

엘리야의 말에서 당시 이스라엘 공동체 안에 세 부류의 종교인들이 있었음을 알 수 있습니다. 첫째, 야훼 하나님만 믿는 사람들입니다. 둘째, 바알만 믿는 사람들입니다. 셋째, 대다수 이스라엘 백성으로 그 중간에서 야훼 하나님도 믿지만 바알도 숭배하는 사람들입니다. 이런 사람들이 우상숭배자입니다. 그래서 엘리야는 언제까지 야훼와 바알 사이에서 왔다 갔다 머뭇머뭇할 거냐고 책망합니다. 이스라엘 공동체의 일반적인 신앙 지형도가 이런 상태였습니다. 하나님만 믿는 사람은 소수였고, 아예 하나님을 저버리고 다른 신만 믿는 사람도 소수였습니다. 대다수 이스라엘 백성은 야훼 하나님을 믿기는 하지만 하나님만 믿지 못하고 하나님과 다른 신을 겸하여 섬겼습니다. 이처럼 여러 신을 겸하여 섬기는 것도 우상숭배입니다.

왕조의 분열

솔로몬이 죽은 후 통일 이스라엘은 남유다와 북이스라엘로 분열됐습니다. 북이스라엘은 210년 동안 존속했고, 남유다는 350년 동안 존속했습니다. 북이스라엘의 210년 동안 19명의 왕이 등장합니다. 한 명당 평균 11년 정도 통치합니다. 남유다의 350년 동안 20명의 왕이 등장합니다. 한 명당 평균 17년 정도 다스렸습니다. 북이스라엘은 8명의 왕이 암살당하고, 남유다는 4명의 왕이 암살당합니다. 남유다는 아달랴라는 오므리의 딸을 제외하고는 전부 다윗의 후손들이 왕으로 다스렸습니다.

북이스라엘은 8명이나 암살을 당하고 평균 통치 기간이 11년밖에 안 된다는 것을 통해 알 수 있듯이 정국이 매우 불안정했습니다. 북이스라엘이 남유다에 비해 정국이 불안정한 이유가 있을까요? 남유다와 북이스라엘이 분열될 때 남유다는 유다 지파와 일부 베냐민 지파가, 북이스라엘은 열 지파와 일부 베냐민 지파가 합류했습니다. 북이스라엘에 모여든 열 지파는 어떤 심정이었을까요? 자기 지파에서 왕이 배출되면 좋겠다고 생각했을 것입니다. 그래서 다른 지파 왕이 아무리 통치를 잘해도 박수를 치거나 지지하지 않았습니다. 지금의 다른 지파 왕이 백성의 지지를 받게 되면 계속해서 그의 후손이 왕권을 독점할 수 있기 때문입니다. 그래서 다른 지파 사람들은 왕이 아무리 통치를 잘해도 공격을 했습니다. 현왕을 끌어내리고 차기 왕으로 누구를 세울 것이냐 각축전을 벌이기 위해서입니다. 그래서 북이스라엘은 언제나 정국이 불안정했습니다. 그에 비해 남유다는 항상 유다 지파 사람만 왕이 되었습니다. 다윗의 후손이 계속 다스리면서 평균 통치 기간도 17년이나 됐습니다. 북이스라엘에 비해 안정적이었습니다.

이스라엘은 솔로몬이 죽은 다음 르호보암 때 분열됐습니다. 남유다의 왕은 르호보암, 북이스라엘의 왕은 여로보암이 됐습니다. 남과 북의 관계는 조금씩 바뀌었습니다. 원래 하나였던 이스라엘이 남유다와 북이스라엘로 나뉘었으니, 처음에는 서로를 원수처럼 여기고 싸웠습니다. 왕조가 분열된 직후에는 계속 전쟁이 벌어졌습니다. 남북 경쟁을 한 것입니다. 시간이 지날수록 전쟁은 남유다에게 불리했습니다. 남유다는 북이스라엘에 비해 영토, 인구, 경제력에서 전부 상대가 안 됐기 때문입니다. 처음 남북 대립 때만 해도 남쪽에 다윗과 솔로몬 시대의 정규군이 남아 있어서 해 볼 만했지만, 시간이 지날수록 북이스라엘의 압도적인 인구를 당해 낼 수 없었습니다. 남북 경쟁 끝에 결국 남유다가 북이스라엘에게 종속됩니다. 남유다가 북이스라엘에게 무릎을 꿇었습니다. 그러자 겉으로는 남북 화해 시대가 펼쳐집니다. 좋게 말해서 화해 시대지만, 실상은 한쪽이 다른 쪽에게 종속된 것입니다. 이 시대를 대표하는 왕이 남유다 여호사밧입니다. 그때 북이스라엘 왕은 아합입니다. 남쪽의 여호사밧왕은 북쪽의 아합왕에게 완전히 끌려 다닙니다. 아합이 원하는 대로 여호사밧은 할 수밖에 없었습니다. 그러다가 북이스라엘에 예후라는 사람이 나타나 오므리 왕조를 몰아내고 권력을 쥐게 됩니다. 오므리 집안에 아달랴라는 딸이 있었는데, 남유다 왕자와 결혼합니다. 북이스라엘에서 예후가 왕이 될 때 남유다에서 아달랴가 다스렸습니다. 아달랴 입장에서 예후는 자기 집안의 원수입니다. 그래서 아달랴와 예후 때부터 남북 관계가 단절됩니다.

주전 722년 북이스라엘이 앗시리아에 의해 패망하면서 자연스럽게 남유다만 남게 됩니다. 이때 남유다의 왕은 히스기야였습니다. 많은 북이스라엘 사람들이 남유다로 피난을 내려옵니다. 고고학자들의 발굴에 따르면, 히스기야가 통치할 때 유다 영토가 4배나 확장됩니다. 많은 북이스라엘 사람들이 남유다로 내려오면서 남북 통일 시대가 됩니다. 이처럼 남유다와 북이스라엘은 분열된 다음, 여러 번 관계 변화를 겪습니다. 남북 전쟁, 남북 화해, 남북 단절, 남북 통일을 통과합니다.

역대기

구약에서 역사서는 두 개인데, 하나는 신명기 역사서이고 또 하나는 역대기 역사서입니다. 두 개의 역사서가 필요한 이유는 역사서를 쓴 목적과 관점이 다르기 때문입니다. 신명기 역사서는 이스라엘이 바벨론에 포로로 끌려갔을 때, 즉 하나님이 심판의 매를 드신 상황에서 쓰였습니다. 무엇을 해명하고자 한 것입니까? 하나님의 언약 백성 이스라엘이 하나님께 심판의 매를 맞을 수밖에 없는 이유를 설명하고자 했습니다. 그래서 신명기 역사서에는 하나님께 심판받을 수밖에 없었던 이스라엘의 죄가 많이 열거되어 있습니다.

역대기는 바빌로니아에서 포로 생활하던 자들이 페르시아 왕 고레스의 칙령 덕분에 가나안 땅으로 다시 돌아온 이후에 쓰였습니다. 가나안으로 귀환하면서 이들은 실패했던 조상들의 전철을 본받지 말자고 결단했습니다. 하나님이 기대하시는 아름답고 멋진 이스라엘을 건설하자고 다짐하면서 과거 이스라엘 역사 가운데 그들이 본받을 만한 아름다운 모습을 취사선택해서 이스라엘 역사로 재기술했습니다. 즉 신명기 역사서는 과거 반성이 목적이고, 역대기 역사서는 미래 건설이 목적입니다.

역대기의 강조점

역대기가 쓰일 때는 바빌로니아에서 포로 생활하던 자들이 고레스 칙령을 받고 가나안 땅으로 돌아온 이후입니다. 페르시아는 이스라엘이 새로운 왕을 세우는 것은 허용하지 않았습니다. 왕을 중심으로 관료들이 나라를 다스리는 시대는 다시 올 수 없었습니다. 페르시아가 인정한 체제는 왕이 아니라 제사장들이 다스리는 일종의 신정 체제입니다. 제사장이 민족의 지도자가 됐을 때 역대기가 쓰인 것입니다. 그래서 역대기에는 '성전'이 강조됩니다. 옛날에는 다윗 왕조를 통해서 하나님이 온 우주 만물을 통치하셨지만 지금은 성전을 통해서 통치하신다고 보았습니다. 누구를 통해서 행하십니까? 제사장입니다. 이것을 강조하는 것이 역대기입니다. 그래서 역대기에서는 다섯 가지가 강조되는데, 성전, 성전에서 거행되는 제의, 성전 제의를 집례하는 제사장과 레위인, 성전이 위치한 예루살렘, 예루살렘에 거주하는 유다 지파입니다. 이 다섯 가지가 역대기가 강조하는 핵심이기도 합니다.

역대기와 그 이후 에스라, 느헤미야서를 이해하는 데 중요한 배경이 있습니다. 누가 포로로 끌려갔느냐는 것입니다. 북이스라엘과 남유다가 각각 멸망하고 많은 사람들이 포로로 사로잡혔습니다. 특히 남유다는 바빌로니아에 침략을 여러 번 당했는데, 네 번이나 포로로 잡혀가기를 반복했습니다. 끌려간 사람들은 왕족이나 귀족, 제사장 가족이나 전문 기술을 가진 사람들이었습니다. 이렇게 지체 높은 사람들은 땅을 가지고 있었습니다. 바빌로니아는 이들이 포로로 잡혀가자 그 땅을 가난한 사람들에게 나누어 주었습니다. 몇 십 년이 지나 포로로 잡혀갔던 사람들이 다시 이 땅으로 돌아오게 됐습니다. 과거 이들이 소유했던 땅의 소유권 문제가 불거집니다. 이것이 신학 논쟁으로 번집니다. 땅은 하나님이 기뻐하시는 참된 이스라엘에게 속해야 합니다. 이 땅에 계속 머무르고 있던 사람들과 포로 생활에서 돌아온 사람들 중에 누가 참된 이스라엘입니까? 두 무리 사이에 충돌이 일어납니다.

포로로 잡혔다 돌아온 사람들은 자신들이 이스라엘 공동체의 죄를 짊어졌다고 주장합니다. 자신들은 하나님의 심판의 매를 맞으면서 갱신과 정화를 했고, 바빌로니아 땅에 계속 머물러 있지 않고 제2의 출애굽을 감행했다고 강조합니다. 남유다 사람들이 바빌로니아에서 머문 지역이 마침 니푸르Nippur입니다. 니푸르 지역은 아브라함이 원래 살았던 갈대아 우르 바로 옆입니다. 아브라함이 갈대아 우르에 살다가 하나님의 명령을 받고 떠나 하란을 거쳐 가나안 땅에 정착한 것처럼, 바빌로니아에 포로로 잡혀간 사람들도 기꺼이 길을 나서 고향 땅으로 돌아왔다는 것입니다. 페르시아 왕 고레스가 자기 나라로 돌아가도 좋다고 했을 때 이들은 기꺼이 바빌로니아에서 스스로 일군 기득권을 포기하고 길을 나섰습니다. 아브라함의 여정을 따라 가나안 땅으로 돌아온 것입니다.

가나안 땅에 계속 머물렀던 사람들은 이렇게 말합니다. "너희가 심판의 매를 맞은 것은 너희가 잘못해서 그런 것이다", "우리는 심판의 매를 맞지 않았고 한 번도 약속의 땅 가나안을 벗어나지 않았다", "너희는 오랜 세월 바빌로니아라는 부정한 이방인의 땅에 있었다." 이들에게는 자신들이 약속의 땅을 지킨 사람들이라는 자부심이 있었습니다.

포로기는 끝났지만 가나안 땅에 머문 사람들과 돌아온 사람들은 하나가 되지 못했습니다. 이들이 갈등하고 분열하게 된 가장 중요한 이유가 땅에 대한 소유권 분쟁입니다. 가나안 땅에 계속 머문 사람 가운데 상당수가 원래 땅이 없는 사람들이었습니다. 그런데 왕족이나 귀족이나 제사장이나 전문 기술자들이 바빌로니아에 포로로 끌려가면서 원래 이들의 소유였던 땅을 물려받은 것입니다. 바빌로니아는 왜 이런 조치를 했을까요? 그들이라도 농사를 지어야 세금을 걷을 수 있기 때문입니다. 그래서 원래 땅이 없던 밑바닥 인생들에게는 남유다가 멸망하고 바빌로니아가 이스라엘을 다스리는 것도 나쁘지 않았습니다. 어떻게 보면 바빌로니아 덕분에 자기 땅이 생겼습니다. 그러니 포로로 끌려간 사람들이 다시 돌아와서 문제가 생긴 것입니다.

포로에서 돌아온 사람들은 요구했습니다. "너희들이 경작하고 있는 땅은 원래 우리 조상 땅이니 다시 돌려달라"고 합니다. 이 말을 듣고 순순히 땅을 돌려주는 사람이 있을까요? 아닙니다. "너희 땅이라는 증거 있어? 우리가 수십 년 동안 농사 지은 땅이야"라고 반박할 겁니다. 이런 갈등 상황에서 '누가 진짜 하나님이 기뻐하시는 이스라엘이냐'라는 신학적인 논쟁도 벌어집니다. 바빌로니아 포로 생활에서 돌아온 사람들은 환영을 받지 못했습니다. 그런 각축장에서 역대기, 에스라, 느헤미야가 기록된 것입니다.

바빌로니아 포로 생활

남유다가 멸망하고 바빌로니아에 포로로 끌려간 사람들은 니푸르라는 동네에 모여 유대인 공동체를 형성했습니다. 포로라고 해서 죄수복을 입고 포승줄에 묶여 살지 않았습니다. 원래 살고 있던 조상들의 땅에서 원치 않지만 뿌리가 뽑혔을 뿐, 니푸르라는 곳에서 나름대로 자기들이 원하는 삶을 살 수 있었습니다. 상당수의 사람들이 니푸르에서 자수성가를 합니다. 이것을 알 수 있는 증거물이 주전 5세기 페르시아에서 기록된 무라슈murashu 문서입니다. 이 문서는 채권자들이 누군가에게 얼마를 받아야 한다고 써 놓은 장부입니다. 채권자 이름이 있고 그 옆에 채무자 이름과 금액이 적혀 있는데, 채권자 이름 가운데 상당수가 유대식입니다. 무엇을 알 수 있습니까? 바빌로니아 포로로 끌려간 지 수십 년 만에 남에게 돈을 빌려 줄 수 있는 경제력을 갖춘 유대인이 많았다는 것입니다.

그래서 페르시아 왕 고레스가 자기 땅으로 돌아가도 좋다고 했을 때, 돌아오지 않은 사람도 있었습니다. 누가 돌아오지 않았을까요? 그때는 오늘날처럼 금융이 발달하지 않았습니다. 소달구지에 싣고 올 수 있는 게 자기 재산의 전부입니다. 바빌로니아 땅에서 많은 것을 새로 일군 기득권자들은 돌아오지 않았습니다. 그 땅에서 일군 것들을 포기할 수가 없었던 것입니다. 많은 사람들이 돌아오지 않았습니다. 에스라서에는 돌아온 사람들이 42,360명이라고 기록돼 있는데, 이 숫자는 1-3차 귀환을 전부 합친 숫자일 것입니다. 백 년에 걸쳐 바빌로니아 땅에서 가나안 땅으로 돌아온 전체 인구수가 42,360명입니다. 많은 사람들이 돌아오지 않았습니다. 이때 돌아오지 않은 사람들을 '디아스포라 유대인'이라 부릅니다. 혈통은 유대인이지만 조상들의 땅에 살지 않는 일종의 교포들입니다.

그렇다면 이들이 돌아오지 않은 이유는 뭘까요? 신학이 변한 것이 가장 큰 이유입니다. 무슨 말입니까? 원래 이스라엘 백성은 유일신 하나님을 믿는다고 하면서도 다신교적인 이해를 갖고 있었습니다. 하나님은 가나안 땅을 다스리는 신이라는 이해가 많았습니다. 그래서 가나안 땅을 벗어나면 하나님과의 만남이 불가능하다고 생각했습니다. 그런데 에스겔은 그발 강가에서 하나님이 불 병거를 타고 심방 오시는 장면을 봅니다. 이 사건을 통해 백성이 어디에 있든 하나님은 그의 백성을 찾아오시는 것을 깨달았습니다. 이방 땅에서도 하나님과 만남이 가능하다는 것을 알고 회당을 세운 것입니다. 이런 신학적인 인식의 전환이 있었기에 바빌로니아에서도 살 만하다고 여겼습니다. 그렇지 않다면 목숨을 걸고 가나안 땅으로 돌아오려고 했을 것입니다. 가나안 땅에서도, 이방 땅에서도 하나님을 만날 수 있다는 신학적 인식이 가능했기 때문에 많은 사람들이 바빌로니아에 주저앉았습니다.

그 외에도 돌아오지 않은 이유는 크게 세 가지가 있습니다. 첫째, 돌아가게 되면 바빌로니아 땅에서 일군 모든 기득권을 포기해야 합니다. 이런 경제적인 손실을 감수하면서까지 돌아오고 싶지 않았습니다. 둘째, 니푸르에서 가나안까지 약 1,300킬로미터입니다. 에스라, 느헤미야의 고백에 따르면, 하나님의 특별하신 도우심 덕분에 일찍 도착했다고 하는데 그 기간이 네 달입니다. 1,300킬로미터를 걸어야 하고, 그 여정 내내 강도와 짐승의 공격이 있었습니다. 출발한다고 안전하게 도착한다는 보장이 없었던 것입니다. 진짜 목숨을 걸고 오는 것입니다. 그래서 많은 이들이 돌아오지 않았습니다. 셋째, 바빌로니아에 있는 것들을 포기하고 목숨을 걸고 돌아간다고 해도 가나안 땅의 사람들이 이들을 환영하지 않는다는 것입니다. 조상의 땅으로 돌아오면 그 땅을 차지한 사람들과 소유권 분쟁을 해야 합니다. 그래서 돌아오지 않는 길을 택한 사람들이 많았습니다.

성전의 강조

이런 모든 어려움에도 불구하고 돌아온 사람들은 대단한 사람들입니다. 바빌로니아에서 일군 기득권을 포기하고 목숨을 걸고 길을 나서서 아무도 환영해 주지 않는 곳에 무사히 도착한 것입니다. 이 모든 어려움에도 불구하고 돌아온 것입니다. 이들은 어떤 결단으로 돌아왔을까요? 조상들의 실패를 재현하지 말자, 조상들은 실패했지만 우리는 하나님이 원하시는 멋지고 아름다운 이스라엘 공동체를 세워 나가자는 마음이었습니다.

페르시아는 돌아온 사람들에게 다윗 같은 왕은 세울 수 없다고 분명히 못 박았습니다. 이스라엘은 이전 같은 정치 공동체는 될 수 없었던 것입니다. 왕 같은 정치 지도자를 세우면 이 사람 주변으로 사람들이 모이면서 결국 페르시아의 식민 지배로부터 해방될 길을 모의할 게 아닙니까? 그래서 페르시아는 왕이나 정치 지도자는 불허하고 대신 제사장을 중심으로 한 종교인들에게 이스라엘을 다스리게 했습니다.

제사장이 이스라엘 백성을 다스릴 때 중요한 역할을 담당하는 것이 성전입니다. 그래서 역대기는 성전을 중시합니다. 과거에는 하나님이 다윗 왕조를 통해서 우주 만물을 통치하셨지만, 이제는 성전을 통해서 세계 통치를 이어 가신다고 믿었습니다. 그래서 이스라엘은 성전을 사랑하고, 성전을 통한 하나님의 통치를 기대해야 한다고 믿었습니다.

역대기가 가장 이상적으로 생각하는 두 왕이 다윗과 솔로몬입니다. 다윗은 성전 건축과 관련해 모든 것을 준비한 인물이기 때문입니다. 성전은 솔로몬이 지었지만 이 모든 것을 준비한 사람은 다윗입니다. 다윗은 성전 건축할 재료를 준비하고, 노동력을 확보하고, 설계도를 준비하고, 성전 건축 후 어떻게 운영할지 매뉴얼까지 마련합니다. 다윗이 성전 건축의 준비자입니다. 솔로몬은 다윗이 준비한 모든 것을 가지고 성전 건축을 완성했습니다. 그래서 열왕기와 달리 역대기에서는 다윗과 솔로몬이 가장 이상적인 왕입니다. 성전을 정화한 히스기야와 요시야도 역대기에서 이상적인 왕으로 묘사됩니다.

토라의 집대성

역대기에 중요한 동사가 있습니다. '묻다'라는 동사입니다. 히브리어로 '다라쉬darash'입니다. 사울은 하나님께 심판을 받았지만 다윗은 사랑을 받았습니다. 왜 그랬을까요? 사울은 하나님께 묻지 않았지만 다윗은 중요한 순간마다 하나님께 물었기 때문입니다. 하나님께 묻지 않은 사울은 심판을 받았고, 끊임없이 하나님께 물었던 다윗은 하나님께 사랑을 받았습니다. 신앙인은 인생의 매 순간마다 하나님의 뜻을 묻고 하나님의 말씀을 따라 인생의 걸음을 내딛는 자입니다. '다라쉬'가 역대기에서 중요한 이유는 무엇일까요?

남유다가 멸망하고 나서 바빌로니아에 포로로 끌려간 사람들이 신학적인 각성을 합니다. 심판의 이유가 자신들이 하나님과의 언약을 저버린 결과였다는 각성입니다. 고대 근동 사회에서 두 민족이 전쟁을 한다면 누가 이긴다고 기대할까요? 군사력이 강한 나라일까요? 아닙니다. 고대 근동 사회에서는 민족과 민족의 전쟁은 그 민족 수호신들

간의 전쟁이었습니다. 그러니까 더 강력한 신을 믿는 민족이 이긴다고 생각했습니다. 예를 들어 이스라엘 신은 야훼이고 바빌로니아의 신은 마르둑입니다. 이스라엘과 바빌로니아의 전쟁은 야훼와 마르둑의 전쟁이었던 것입니다. 그런데 남유다가 처참하게 패배했습니다. 당연히 고대 근동의 인식 속에서 마르둑이 야훼보다 강력한 게 됩니다. 이스라엘도 이 때문에 힘들어했습니다. 정말로 야훼보다 마르둑이 강력한 신인가, 우리도 마르둑을 믿어야 할까, 고민했습니다.

그러다가 이스라엘이 정신을 차립니다. 이스라엘은 출애굽하고 나서 시내산에서 하나님과 언약을 체결했습니다. 언약은 생명을 담보로 하는 약속입니다. 서로가 목숨을 걸고 쌍방에게 약속을 하는 것입니다. 이스라엘은 하나님께 하나님만 믿고 섬기겠다고 약속했습니다. 언약에 따르면, 하나님만 믿고 섬기겠다고 약속한 이스라엘이 그 약속을 지키지 않으면 심판을 받게 됩니다. 그런데 하나님만 믿고 섬기겠다고 결단한 이스라엘이 그러지 못했을 때, 하나님은 심판하시는 대신 그들의 죄를 대신해 짐승을 제물로 바칠 수 있는 제사 제도를 허용해 주셨습니다. 제사 제도 자체가 하나님의 은총의 선물입니다. 그런데 이후에는 제사를 아무리 드려도 소용이 없었습니다. 이스라엘은 하나님을 제대로 믿을 마음이 없었습니다. 하나님이 많은 예언자를 보내셔서 이스라엘에게 돌아오라고 촉구하셨지만, 이스라엘은 하나님께 돌아오지 않았습니다. 그래서 하나님이 바빌로니아라는 막대기를 사용하셔서 친히 이스라엘을 치셨습니다. 이스라엘은 처음에는 하나님이 자신들을 버렸다고 생각했습니다. 혹은 마르둑이 하나님보다 강력한 신이라고 생각했습니다. 그런데 뒤늦게 언약이라는 단어를 기억해 내고, 그들이 하나님과 시내산에서 체결한 언약을 깨뜨렸기 때문에 하나님의 심판을 받았음을 깨달았습니다.

하나님의 심판을 받고 있는 이스라엘이 회복되기 위해서는 뭘 해야 합니까? 언약으로 돌아가야 합니다. 그들이 언약으로 돌아간다면 하나님이 다시 그들을 싸매어 주시고 용서하실 것입니다. 그래서 바빌로니아에서 하나님의 언약으로 돌아가자는 운동이 펼쳐집니다. 언약으로 돌아간다는 것은 하나님만 믿고 섬긴다는 것입니다. 이를 위해 선행돼야 할 것이 있습니다. 하나님이 원하시는 바가 무엇인지 제대로 아는 것입니다. 그래서 바빌로니아 포로기 때 그동안 구전으로, 파편으로 전해지던 하나님 말씀들을 집대성하기 시작합니다. 많은 신학자들이 토라가 바빌로니아 포로기 때 집대성됐다는 데 동의합니다. 이 시기는 역사적 유대교가 탄생하는 시점이기도 합니다. 역사적 유대교는 율법을 가르치고 배우는 것을 특징으로 합니다. 하나님이 그들을 저버리신 것이 아니라 그들이 하나님을 저버렸음을 깨닫고, 다시 하나님께만 순종하는 백성이 되겠다고 결심했기 때문에, 하나님의 뜻을 배우고 아는 것이 중요했습니다. 그래서 율법이 집대성되고 이스라엘 공동체 안에서 율법을 가르치고 배우는 교육이 강조된 것입니다.

에스라, 느헤미야

에스라서와 느헤미야서를 보통 '개혁과 부흥의 교과서'라고 부릅니다. 주전 539년 페르시아 왕 고레스가 칙령을 내립니다. 그의 제국 백성은 누구나 고향으로 돌아가 섬기고자 하는 신을 위해 일하라는 내용이었습니다. 유대인도 주전 538년 시온으로 1차 귀환을 합니다. 이때 오는 사람들이 스룹바벨, 세스바살, 학개, 스가랴입니다. 주전 458년 페르시아에서 에스라가 사람들을 데리고 시온으로 귀환합니다. 2차 귀환입니다. 주전 445년 페르시아의 술 맡은 관원장이었던 느헤미야가 시온으로 귀환합니다. 3차 귀환입니다. 백 년에 걸친 세 번의 귀환을 통해서 총 42,360명이 예루살렘으로 돌아왔다고 성경은 증거합니다.

포로로 잡혀간 사람들이 고레스왕의 칙령을 듣고 전부 돌아왔을까요? 그렇지 않습니다. 대표적인 인물이 모르드개와 에스더입니다. 그들은 시온으로 돌아오지 않은 사람들의 후손입니다. 에스라, 느헤미야의 조상도 페르시아 왕 고레스의 칙령 때 시온으로 귀환하지 않았습니다. 계속 페르시아에 머물렀기 때문에 페르시아의 고위 직책에 오를 수 있었을 것입니다. 앞에서 언급했지만, 이들이 고향으로 돌아오지 않은 이유는 대략 세 가지입니다. 돌아오려면 바빌로니아에서 일군 모든 기득권을 포기해야 합니다. 일단 떠났다 해도 안전하게 도착한다는 보장이 없습니다. 도상에서 강도떼와 짐승 떼의 공격을 감수해야 합니다. 도착했다 해도 가나안 땅을 지키고 있는 본토인들이 환영하지 않을 것입니다. 이런 불리함을 감수하면서도 시온으로 돌아온 이유는 하나님의 약속의 땅 가나안에서 실패한 조상들과 달리 새로운 이스라엘을 건설하겠다고 결단했기 때문입니다.

에스라의 사명

에스라, 느헤미야는 페르시아 정부의 결정으로 이스라엘 땅에 파송됩니다. 이들은 이스라엘 신앙 공동체를 재건하는 일에 열과 성을 다했습니다. 시온으로 돌아온 사람들이 성전과 성벽을 재건하고 말씀으로 이스라엘 공동체를 재건하는 과정을 다루는 책이 에스라서와 느헤미야서입니다.

에스라, 느헤미야가 돌아왔을 때, 예루살렘의 종교 권력자들과 사마리아 정치 권력자들이 통혼을 통해 한쪽은 사회·경제적 신분 상승을, 다른 한쪽은 예루살렘 성전에 있는 재정에 눈독을 들이고 있었습니다. 이것을 에스라, 느헤미야가 단호하게 끊어 냅니다. 이방인과의 통혼이 야기하는 부정적인 현상들을 제거하기 위해 이방 여인과 그 사이에서 태어난 혼혈 자녀들을 이방으로 돌려보내게 합니다. 이를 계기로 대대적인 회개 운동이 펼쳐집니다. 이것이 지나쳐 순수 신앙이 가능하려면 순수 혈통이 되어야 한다는 이데올로기까지 강조됐습니다.

당시의 국제 정세를 알려 주는 기록도 있습니다.

> 에스라 5:13　바벨론 왕 고레스 원년에 고레스왕이 조서를 내려 하나님의 이 성전을 다시 건축하게 하고.

바빌로니아 왕 고레스 원년에 고레스왕이 조서를 내렸습니다. 고레스는 원래 페르시아 왕인데 왜 바빌로니아 왕이라고 되어 있을까요? 앗시리아를 무찌른 것이 바빌로니아고, 바빌로니아를 무찌른 것이 페르시아입니다. 페르시아 왕은 바빌로니아를 없애 버리고 그 자리에 페르시아 왕권을 선포하는 대신, 자신이 바빌로니아의 왕이 되는 길을 택했습니다. 그래야 바빌로니아의 백성과 바빌로니아를 지지하는 사람들이 고레스에 대한 반발을 누그러뜨리고 왕으로 받아들일 수 있기 때문입니다. 이전 제국은 무너졌지만 자신이 이전 제국의 계승자라는 의미에서 바빌로니아 왕이라고 칭했습니다.

> **에스라 7:25-26** 에스라여 너는 네 손에 있는 네 하나님의 지혜를 따라 네 하나님의 율법을 아는 자를 법관과 재판관을 삼아 강 건너편 모든 백성을 재판하게 하고 그중 알지 못하는 자는 너희가 가르치라. 무릇 네 하나님의 명령과 왕의 명령을 준행하지 아니하는 자는 속히 그 죄를 정하여 혹 죽이거나 귀양 보내거나 가산을 몰수하거나 옥에 가둘지니라 하였더라.

아닥사스다왕은 에스라를 파견하면서 전권을 줄 테니 하나님의 지혜에 따라 바르게 재판하라고 당부합니다. 이 내용만 보면 아닥사스다왕이 야훼 하나님을 믿는 사람처럼 보입니다. 페르시아 제국 전체를 하나님 믿는 나라로 만들려는 겁니까? 아닙니다. 아닥사스다가 말하는 하나님은 야훼 하나님이 아니라 페르시아가 믿는 일반 신입니다. 자기들의 신, 페르시아의 법을 가르치고, 그 법을 따르지 않는 사람들은 처벌하라고 한 것입니다. 그렇다면 에스라가 페르시아 법에 정통한 사람이라는 것을 알 수 있습니다. 물론 에스라는 하나님의 법에 대해서도 너무나 잘 알고 있었습니다. 아닥사스다왕은 에스라를 시온으로 파송하면서 이스라엘 땅에서 페르시아 법을 잘 가르치기를 기대했습니다. 하지만 에스라는 이스라엘 땅에 와서 이스라엘을 야훼 하나님의 말씀에 근거한 신앙 공동체로 만들기 위해서 애를 쓴 것입니다.

느헤미야의 섬김

총 12년 동안 총독으로 봉직한 느헤미야는 이런 고백을 합니다.

> 느헤미야 5:15 나보다 먼저 있었던 총독들은 백성에게서, 양식과 포도주와 또 은 사십 세겔을 그들에게서 빼앗았고 또한 그들의 종자들도 백성을 압제하였으나 나는 하나님을 경외하므로 이같이 행하지 아니하고.

오늘날 한국 교회 신앙인들이 느헤미야의 결기와 기백을 본받아야 한다고 생각합니다. 사회마다 오랜 시간 굳어진 관행이라는 것이 있습니다. 예전 사람들은 이런 식으로 했다는 말을 자주 합니다. 느헤미야 이전의 모든 총독들은 뇌물을 받았습니다. 권력으로 사람들을 압제했습니다. 그런데 느헤미야는 하나님을 경외하기 때문에 그렇게 행하지 않았습니다. 하나님을 경외함으로 다르게 살아가는 것이 거룩입니다. 오늘날 한국 교회가 본받아야 할 자세라고 생각합니다.

> 느헤미야 13:28 대제사장 엘리아십의 손자 요야다의 아들 하나가 호론 사

람 산발랏의 사위가 되었으므로 내가 쫓아내어 나를 떠나
게 하였느니라.

산발랏은 사마리아 정치 권력자입니다. 예루살렘 종교 권력자의 아들을 사위로 맞아들여 예루살렘 성전 안 십일조를 모아 놓는 곳에 사무실을 차렸습니다. 왜 하필 성전 십일조 창고에 사무실을 두겠습니까? 백성이 바친 십일조에 손을 대기 위해서입니다. 성전 십일조를 자기 마음대로 사용하려고 한 것입니다. 이것을 느헤미야가 단죄합니다. 이것을 막은 것입니다. 훗날 산발랏은 자신의 유대인 사위를 아예 사마리아로 데려갑니다. 사마리아에 성전을 따로 짓습니다. 이것이 그리심산 성전입니다. 사마리아에 성전을 짓고 사마리아와 갈릴리 사람들에게 그리심산에서 예배드리게 합니다. 예루살렘 성전에 있는 돈을 빼앗는 데서 그치지 않고 성전 돈을 자기 돈처럼 마음껏 주물렀습니다. 이렇게 해서 이스라엘 안에 성전이 두 개가 됐습니다.

요한복음 4:20   우리 조상들은 이 산에서 예배하였는데 당신들의 말은 예
배할 곳이 예루살렘에 있다 하더이다.

수가성에서 예수님을 만난 사마리아 여인이 던진 질문입니다. 예배를 예루살렘 성전에서 드려야 합니까, 아니면 우리 사마리아 사람들처럼 그리심산에서 드려야 합니까? 여기서 말하는 그리심산 성전은 산발랏이 주전 400년에 세운 성전입니다.

에스더

에스더서는 포로처럼 살아가는 소수민족에게 사랑받는 본문입니다. 유대인들은 '메길라*megilah*'라는 다섯 두루마리를 중요하게 생각하는데, 우리로 치면 추석, 설날 같은 중요한 절기에 이스라엘 공동체 전체가 함께 읽는 성경 본문입니다. 유월절에 읽는 아가, 칠칠절에 읽는 룻기, 성전 멸망일에 읽는 예레미야 애가, 초막절에 읽는 전도서, 부림절에 읽는 에스더입니다.

아가서	……	유월절
룻기	……	칠칠절/오순절
예레미야 애가	……	아브*Ab*월 9일(예루살렘 성전 파괴일)
전도서	……	장막절/초막절
에스더	……	부림절

에스더서에는 하나님의 율법에 나오지 않는 절기가 있는데, 바로 부림절입니다. 에스더서는 부림절이 어떻게 탄생했는지 설명해 주는 책입니다.

아말렉의 왕 아각의 후손에 하만이라는 사람이 있었습니다. 하만이 페르시아 왕에게 엄청난 뇌물을 바치고 꼬드겨서 페르시아 제국 안에 거하는 모든 유대인을 학살하려는 계획을 세웁니다.

에스더 4:14   이때에 네가 만일 잠잠하여 말이 없으면 유다인은 다른 데로 말미암아 놓임과 구원을 얻으려니와 너와 네 아버지 집

은 멸망하리라. 네가 왕후의 자리를 얻은 것이 이때를 위함
이 아닌지 누가 알겠느냐 하니.

에스더는 못 본 척 뒤로 물러나 있을 수도 있었습니다. 충분히 두려
운 일이었기 때문입니다. 하지만 용기를 냅니다. '죽으면 죽으리라'는
결단을 통해서 이스라엘 백성을 살려 냅니다. 결국 하만의 음모를 깨
뜨리고 에스더와 모르드개는 이스라엘 백성에게 구원을 가져옵니다.
유대인이 음모로부터 구원받은 이야기는 유난히 죽을 위기에 자주 처
했던 유대인 역사에서 남다른 의미를 갖게 됐습니다. 오늘날 부림절에
유대인은 특히 즐거워하며 많은 활동들을 펼칩니다. 우리도 마찬가지
로 곤고하고 힘든 삶의 여정 속에서 하나님의 특별하신 은총의 손길을
경험했다면, 그날을 수렁에서 구원받은 날, 부림절로 기념하며 지킬
수 있습니다.

4부 시가서

시가는 무엇인가

시가서는 욥기부터 아가서까지 5권의 책입니다. 주로 운문으로 되어 있습니다. 시가서를 읽으면서 가장 많이 하는 질문이 있습니다. 시가서에 기록된 내용이 실제 역사 안에서 일어난 사건인지, 아니면 신앙인들에게 교훈을 주기 위해서 창작된 '문학작품'인지 묻는 것입니다.

성경, 계시의 책

성경은 일차적으로 역사책은 아닙니다. 또 과학책도 아닙니다. 성경의 가장 중요한 특징은 '계시啓示의 책'이라는 점입니다. 계시는 그동안 숨겨져 있던 하나님의 뜻이 밝히 드러나는 것입니다. 하나님은 하늘에 계시고 인간은 땅에 있습니다. 하나님은 창조자이고 인간은 피조물입니다. 이것을 하나님과 인간의 질적 차이라고 합니다. 질적으로 차이가 나는 하나님과 인간이 만남을 갖기 위해서는 두 가지 방법이 있습니다. 하나님이 인간에게로 자신을 낮춰 주시든가, 인간이 하나님이 계신 곳으로 올라가서 하나님을 만나든가, 둘 중 하나입니다. 그런데 인간이 하나님이 계신 곳으로 올라가기는 불가능합니다. 인간에게는 그럴 능력이 없습니다. 결국 하나님과 인간이 만나기 위해서는 사실상 하나님이 인간에게로 자기를 낮추시는 방법밖에 없습니다. 대신 하나님의 계시가 성립되기 위해서는 두 가지 조건이 충족돼야 합니다. 첫째는 하나님이 선제적으로 자기를 보여 주시는 것이고, 둘째, 하나님이 선제적으로 자신을 보여 주실 때 우리가 이해할 수 있어야 한다는 것입니다.

하나님이 자기의 뜻을 알려 주지 않는 이상 우리는 하나님에 대해서 알 길이 없습니다. 또 하나님이 자신을 선제적으로 보여 주실 때 그것이 우리의 이해 범주를 넘어선다면 역시 불가능합니다. 예를 들어 하나님이 한국 사람들에게 매일 자신을 드러내 주시긴 하는데, 계속 라틴어로 말씀하신다고 생각해 봅시다. 하나님이 매일 우리에게 나타나셔서 자신을 드러내시는 것은 아주 감사한 일이지만, 그것이 라틴어라면 한국 사람은 하나님의 뜻을 전혀 알 수 없습니다. 하나님의 뜻이 밝히 드러나기 위해서는 인간이 이해할 수 있는 언어와 개념과 세계관으로 알려져야 합니다.

그런 점에서 성경이 '계시의 책'임을 이해할 필요가 있습니다. 성경은 하나님이 어떤 분인지, 하나님의 뜻이 무엇인지 우리에게 밝히 알려 주는 계시의 책입니다. 그런데 계시는 하나로 획일화되지 않고, 다양한 도구와 수단으로 드러나게 되어 있습니다.

먼저 하나님은 자신을 계시하실 때 출애굽 같은 사건으로 자신을 나타내실 수 있습니다. 홍해를 건너는 것 같은 사건으로, 십계명과 율법의 내용으로, 때로는 찬양으로, 때로는 예언자의 선포로, 신약성경처럼 다양한 편지로 하나님의 뜻을 보여 주십니다. 이런 다양한 계시의 방법 중에 문학작품도 있습니다. 문학은 흔히 허구, 지어낸 이야기로, 그 이야기를 통해 전달하려는 교훈이나 감동이 무엇인지가 가장 중요합니다.

예를 들어 누가복음 10장에 선한 사마리아인의 이야기가 나옵니다. 선한 사마리아인의 이야기가 실제 있었던 사건이어야만 의미를 갖는 건 아닙니다. 실제 이런 일이 일어났든 아니면 교훈을 전달하기 위해 만들어진 이야기이든 중요한 것은 이 이야기가 말하고 있는 이웃 사랑입니다. 누가복음 15장에 나오는 돌아온 탕자의 이야기도 마찬가지입니다. 그 사건이 실제 있었던 이야기인지, 어떤 교훈을 전달하기 위해서 만들어진 이야기인지 중요하지 않습니다. 집 나간 탕자를 기다리는 아버지처럼, 하나님이 여전히 흑암의 권세 가운데 있는 우리가 돌아오기를 애타게 기다리고 계시고, 만약 돌아오는 자들이 있다면 언제든 두 팔 벌려 환영해 주신다는 것이 돌아온 탕자 이야기의 핵심입니다.

구약에 기록되어 있는 모든 이야기가 실제 역사적으로 일어난 사건이라는 전제는 맞지 않을 수도 있습니다. 성경은 역사를 기록하려는 목적의 책이 아니기 때문입니다. 여호수아서부터 에스더서까지 역사서는 역사적인 사실에서 출발했습니다. 다만 이런 역사적인 사실 역시 그 사건 자체를 묘사하기 위해서가 아니라 그 사건을 통해 드러난 하나님의 뜻을 계시하기 위해 사용된 도구일 뿐입니다.

하늘에서 땅을 향하지 않아도

유대인들은 성경을 세 개의 장르로 구분한다고 앞서 이야기했습니다. 토라, 예언서, 성문서입니다. 그리고 이것은 성막의 구조와 비슷하다고 했습니다. 하나님 말씀은 모두 거룩한 말씀이지만, 하나님이 임재하시는 거룩한 성막에서 가장 거룩한 장소는 지성소, 다음으로 거룩한 장소는 성소, 다음으로 거룩한 장소는 뜰로 구분한 것과 같습니다. 유대인은 가장 거룩한 말씀을 앞부분에 배치했기 때문에, 토라가 제일 앞부분에 나옵니다.

창세기부터 신명기까지 토라가 정경이 된 것은 주전 400년경입니다. 예언서가 정경으로 확정이 된 것은 주전 200년경입니다. 그런데 성문서가 최종 정경으로 확정된 것은 주후 90년입니다. 예수님의 공생애 사역은 주후 20년대 말, 30년경입니다. 예수님은 부활하시기 직전 제자들에게 이런 말씀을 하십니다.

> 누가복음 24:44 또 이르시되 내가 너희와 함께 있을 때에 너희에게 말한 바 곧 모세의 율법과 선지자의 글과 시편에 나를 가리켜 기록된 모든 것이 이루어져야 하리라 한 말이 이것이라 하시고.

'모세의 율법'이 토라이고, '선지자의 글'이 예언서이고, '시편'이 성문서의 대표입니다. 부활하신 예수님이 제자들을 만나셔서 유대인들이 하나님의 말씀으로 읽고 있는 모세의 율법과 선지자의 글 다음에 시편을 언급하셨습니다. 다시 말해 주후 20년대 말과 30년대 초에 유대인들이 하나님의 말씀으로 읽고 있는 성경에 시편이 포함돼 있었다는 것입니다. 성문서가 하나님의 정경 말씀으로 최종 확정된 것이 주후 90년이지만, 이미 주후 20년대 말 유대 공동체 안에서 시편은 정경 Canon의 권위를 획득하고 있었습니다. 또 성문서 가운데 가장 먼저 정경적 권위를 획득한 본문이 바로 시편이었습니다.

성경이 하나님의 말씀이라고 할 때 성경의 '방향성'은 크게 세 가지가 있습니다. 토라와 예언서는 하늘에 계신 하나님이 모세나 예언자라는 중간 매개자를 통해서 이 땅에 있는 당신의 백성에게 주셨습니다. 토라와 예언서의 방향성은 하늘에 계신 하나님이 땅에 있는 당신의 백성에게로 향한 것입니다. 그래서 토라와 예언서에 나와 있는 말씀을 하나님의 말씀으로 받아들이는 것은 전혀 어렵지 않습니다. 하나님이 당신의 백성에게 직접 또는 간접적으로 주셨기 때문입니다.

그런데 시편의 방향성은 어떻습니까? 하늘에 계신 하나님이 이 땅에 있는 당신의 백성에게 주신 말씀이 아닙니다. 시편은 정반대로 이 땅에 있는 백성이 하늘에 계신 하나님께 올려 드린 찬양, 간구, 탄식입니다. 즉 율법과 예언서가 하늘에서 땅으로 향한다면, 시편은 땅으로부터 하늘로 향하고 있는 것입니다. 방향성이 전혀 다른 데도 우리는 시편 역시 하나님의 말씀이라고 말합니다. 하나님이 선포하신 것도 아니고, 인간이 하나님께 올려 드린 탄식과 간구와 찬양인데, 이것도 하나님의 말씀으로 받아들이는 것입니다. 인간이 하나님께 토해 낸, 인간이 하나님께 올려 드린 것을 하나님이 경청하고 열납하신다면, 그것도 하나님의 말씀입니다.

그럼 잠언, 전도서, 아가 같은 지혜문학의 방향성은 어떻게 됩니까?

인간으로부터 인간에게로 전달된 것입니다. 그런데 우리는 이것을 하나님의 말씀이라고 고백합니다. 신약성경에서는 서신서가 그렇습니다. 바울이 로마 교회에 보낸 편지는 어떻습니까? 하늘에서 땅으로 떨어진 말씀도 아니고, 땅에 있는 사람들이 하나님께 올려 드린 인간의 말도 아닙니다. 모든 서신서는 인간으로부터 인간에게로 전달된 것입니다. 어떻게 지혜문학과 서신서가 하나님의 말씀이 될 수 있습니까? 인간이 인간에게 보낸 것, 인간이 인간에게 건넨 말과 글 속에 하나님의 뜻이 담겨 있다고 믿는 것입니다. 그 안에 하나님의 뜻이 담겨 있는 인간의 말과 인간의 글도 우리는 하나님의 말씀으로 받아들이는 것입니다.

지혜문학의 특징

지혜문학은 잠언, 전도서, 아가서입니다. 지혜문학은 구속사 신학보다는 창조 신학에 관심을 갖고 있습니다. 예컨대 교회 안에 있는 사람들끼리 소통하는 언어 대신, 교회 바깥에 신앙이 없는 이들과 접촉하고 소통하는 데 필요한 내용이 담겨 있습니다.

잠언에는 인생을 어떻게 살아갈지, 어떤 사람을 친구로 사귈지, 물질을 어떻게 사용할지, 인간에게 허락된 성을 어떻게 바라볼지 등 인생을 살아가면서 고민하는 많은 주제들이 담겨 있습니다. 교회는 2천 년에 걸쳐 구속사 신학에 관해서는 많이 강조했지만 상대적으로 창조 신학에 대한 관심은 적었습니다. 구속사 신학과 창조 신학을 함께 강조함으로써 하나님의 통치 영역이 교회나 신앙인에게만 제한되지 않도록 해야 합니다.

또 잠언은 참된 지혜가 무엇인지 가르쳐 주는 본문입니다. 세상이 말하는 지혜와 성경이 말하는 지혜는 중요한 차이가 있습니다. 인생의 난관을 돌파해 나가는 해결책이나 성공으로 이끄는 삶의 기술 같은 것들을 세상의 지혜라고 한다면, 성경이 말하는 지혜는 여호와를 경외함에서 출발합니다.

잠언, 전도서, 아가서는 솔로몬 3부작이라고도 합니다. 그런데 잠언이나 아가서는 "솔로몬의 잠언" 또는 "솔로몬의 아가"라고 명시되어 있지만, 전도서에는 솔로몬이라는 이름이 나오지 않습니다. "다윗의 아들"이라는 표현은 반드시 솔로몬만이 아니라 왕가의 후손이거나 심지어 다윗의 통치를 받는 백성을 의미할 수도 있습니다. 전도서는 저자가 누구인지를 명확하게 규정하기 어렵다는 점에서 어려운 본문입니다. 또 전도서는 잠언과는 조금 다른 성격의 지혜를 드러내는데 이를 '사색적 지혜'라고 합니다. 잠언이 인과응보에 근거해서 말하는 실천적 지혜라면 욥기나 전도서는 이 인과응보에 대해 문제 제기를 하는데, 이것이 사색적 지혜입니다.

잠언과 전도서는 모두 난해한 본문입니다. 잠언은 짧은 지혜의 말씀이 나오게 된 배경이나 사건을 정확히 알 수 없는 상태에서 함부로 말씀을 적용하면 위험하기 때문입니다. 전도서는 비판하는 내용에 인용 표시가 없다 보니까 이것이 인용을 한 것인지 아니면 전도자의 실제 주장인지 파악하는 데 어려움이 있습니다. 그래서 헤브라이즘에 대한 공부를 따로 해야 합니다.

아가서는 가장 아름다운 노래로서, 하나님이 인간에게 결혼 관계 안에서 허락하신 성에 대한 찬미입니다. 한 남성과 한 여성의 뜨거운 사랑 이야기로 노골적인 육체에 대한 묘사가 많이 나옵니다. 그래서 오랫동안 풍유적으로 해석해 왔는데 큰 틀에서는 설명할 수 있지만 등장인물들이 누구를 가리키는지 명확하지 않아 역시 해석에 어려움이 따릅니다.

욥기

욥기에는 족장 시대와 연관된 내용들이 많이 들어 있습니다. 욥은 흔히 동방에서 가장 큰 자, 가장 복을 많이 받은 자라고 하는데, 욥이 받은 복의 내용은 많은 자녀, 많은 가축 같은 것입니다. 이런 것들은 전형적으로 족장 시대의 복입니다. 또 욥기 말미에 보면 욥이 모든 시험을 통과하고 난 이후에 140년을 더 살았다는 내용이 나옵니다. 그럼 욥이 전체 몇 년을 산 것입니까?

족장 시대 이삭은 40세 정도에 결혼을 했습니다. 욥이 고난을 받을 때 당시 자녀가 10명이었으니까, 결혼하고 대략 20년이 지났을 때입니다. 욥은 60세쯤 재산도 다 잃고 자녀들도 다 죽임을 당하고 온몸에 악창이 나는 질병을 얻은 것입니다. 그 후 회복되어 140년을 더 살았다면 욥의 향년은 200살 정도입니다. 아브라함이 175세, 이삭이 180세에 죽었으니 족장 시대에 어울리는 향년입니다. 그래서 욥기 본문 배경을 족장 시대 기록으로 보는 견해가 우세합니다.

욥기의 기록 연대

성경 본문의 기록 연대와 관련해서 크게 세 가지를 기억할 필요가 있습니다. 먼저 본문이 말하고 있는 시대적인 배경으로서 시점, 다음으로 본문이 기록된 시점, 끝으로 본문이 하나님의 영감을 받아 최종적으로 정경으로 확정된 시점입니다. 창세기부터 요한계시록까지 66권의 본문 가운데 위의 세 가지 시점이 모두 동일한 책은 한 권도 없습니다. 즉 욥기의 배경이 족장 시대라고 해도 욥기는 족장 시대에 쓰인 것이 아닙니다. 구약의 언어는 히브리어인데, 족장 시대였던 주전 20세기에서 18세기에는 히브리어라는 문자가 존재하지 않았습니다. 욥기는 족장 시대의 히브리어로 기록될 수 없다는 게 명백히 추론 가능한 사실입니다.

성경 본문의 시대 추정과 관련해서 가장 흔히 사용되는 방법은 본문 안에 기록된 단어들이 특정 시대에 집중적으로 사용됐는지 여부를 검토하는 것입니다. 예를 들어 우리나라에서 세종대왕과 집현전 학자들이 한글을 창제하는 과정이 묘사된 기록을 발견했다고 가정해 봅시다. 한글이 만들어진 것이 주후 1443년이니까, 이 문서가 15세기 조선 시대 기록된 문서라고 생각하기 쉽습니다. 그런데 내용 속에 집현전 학자들이 만들어 온 초안을 보고 세종대왕이 "대박 잘 만들었어, 헐!" 이렇게 말했다고 합시다. '대박'이나 '헐' 같은 단어는 현대의 신조어 아닙니까? 21세기 대한민국에서 만들어진 단어들입니다. 문서 속에 들어 있는 단어들이 21세기에 처음으로 사용된 신조어라면 이 문서 역시 21세기 이전에 기록될 수 없는 것입니다.

> 욥기 1:17　　그가 아직 말하는 동안에 또 한 사람이 와서 아뢰되 갈대아 사람이 세 무리를 지어 갑자기 낙타에게 달려들어 그것을 빼앗으며 칼로 종들을 죽였나이다. 나만 홀로 피하였으므로 주인께 아뢰러 왔나이다.

여기 "갈대아 사람"이라는 표현이 나옵니다. 갈대아 사람은 주전 626년 나보폴라살이 창건한 신 바빌로니아 제국의 사람들입니다. "갈대아 사람"이라는 단어를 통해서 이 문서가 주전 626년 이전에는 기록될 수 없다고 추정할 수 있습니다. 또 욥기 안에는 페르시아 시대 때 만들어진 신조어들이 많이 기록되어 있습니다. 그래서 많은 학자들은 욥기가 적어도 페르시아 시대 이후에 기록됐으리라 추측합니다. 본문의 사건이 일어난 배경은 족장 시대지만 욥기 본문이 기록된 시점은 페르시아 시대이고, 하나님의 영감을 받은 정경으로 인정된 시점은 주후 90년입니다.

창세기부터 요한계시록까지 66권 전부 본문의 (1) 배경 시점, (2) 기록 시점, (3) 정경 확정 시점이 모두 다릅니다. 그런데 이 세 시점의 간격이 가장 큰 본문이 바로 욥기입니다. 즉 욥기 본문의 배경은 주전 20세기부터 18세기 사이 족장 시대이고, 기록된 시점은 주전 5세기나 4세기의 페르시아 시대이고, 정경으로 확정된 것은 주후 90년입니다.

본문 배경 시점과 기록 시점이 거의 같은 성경 본문도 있을까요? 서신서가 그렇습니다. 바울의 편지는 기록되자마자 회중들에게 전달됐기 때문에 시간 차가 없는 편입니다. 그런데 바울의 편지가 정경으로 확정된 것은 주후 397년입니다. 배경과 기록 시점에 비해 정경 확정 시점은 꽤 시간이 흐른 뒤입니다.

마태, 마가, 누가, 요한, 네 복음서는 어떻습니까? 예수님의 공생애를 다루고 있으므로 복음서 본문의 배경은 주후 20년대 말입니다. 복음서가 기록된 시점은 마가복음이 주후 70년, 마태복음과 누가복음이 주후 80년, 요한복음이 주후 90년입니다. 그리고 네 복음서가 정경으로 최종 확정된 것은 주후 397년입니다.

모든 성경은 본문의 배경 시점, 기록 시점, 정경 확정 시점에서 시간적인 간격이 있습니다. 욥기는 이 시점들의 시간 차가 가장 크다는 특징이 있습니다.

패러다임의 충돌

욥기의 대부분 내용은 논쟁입니다. 욥이 세 친구와 벌이는 논쟁과 토론이 중심 내용입니다. 욥의 세 친구가 누구입니까?

욥기 15:10   우리 중에는 머리가 흰 사람도 있고 연로한 사람도 있고 네
아버지보다 나이가 많은 사람도 있느니라.

'세 친구'라고 부르긴 하지만 이들은 사실상 욥의 아버지 연배입니다. 벌써 머리도 희어졌고 연로하며 욥보다 훨씬 연장자입니다. 전대미문의 비극을 당한 욥을 위로하러 연장자들이 왜 욥과 논쟁을 하게 됐겠습니까? 연배가 다른 그들의 패러다임이 충돌하기 때문입니다. 패러다임란 대부분의 사람들이 가지고 있는 공통적인 견해를 말합니다. 욥의 고난을 둘러싸고 욥과 친구들은 패러다임 충돌을 겪고 있습니다. 의견의 충돌이고 '세계관의 충돌'입니다. 바빌로니아 1세대와 바빌로니아 2, 3세대의 세계관이 충돌했습니다. 이방 제국의 압제에 승승장구하던 자들과 이방 제국의 압제 가운데 고난받았던 사람들 사이에 충돌이 일어났습니다. 이 충돌은 단순히 개인적인 의견 차이가 아닙니다. 이스라엘 역사 속에서 반복된 전통적인 신학적 견해의 대립이었습니다.

이스라엘 역사는 끊임없이 제국의 지배를 받았습니다. 그 과정에서 이스라엘이 전통적으로 붙잡고 있던 신학이 있었습니다. 그 신학은 세상에서 일어나는 온갖 사건들을 설명해 낼 수 있는 가장 중요한 해석의 틀이었습니다. 그것이 '신명기 신학'입니다. 특히 신명기 28장에 나와 있는 내용을 가리킵니다.

신명기 28:15   네가 만일 네 하나님 여호와의 말씀을 순종하지 아니하여 내가 오늘 네게 명령하는 그의 모든 명령과 규례를 지켜 행하지 아니하면 이 모든 저주가 네게 임하며 네게 이를 것이니.

하나님께 순종하면 복을 받고 하나님께 불순종하면 벌을 받는다는 것입니다. 전형적인 신명기 신학은 단순히 말해서 인과응보입니다. 뿌린 대로 거둔다는 것입니다. 순종의 씨앗을 뿌렸다면 복이라는 열매를 거둘 것이고, 불순종이라는 씨앗을 뿌렸다면 심판과 저주라는 열매를 거두게 되어 있습니다. 이것이 이스라엘 백성이 인간 사회에서 일어나고 있는 모든 사건을 해석하는 가장 중요한 잣대였습니다. 주전 586년 남유다가 바빌로니아에 의해 멸망합니다. 그리고 남유다의 엘리트들은 바빌로니아에 포로로 끌려갔습니다. 바빌로니아에 포로로 끌려간 1세대들은 자신들에게 일어났던 사건들을 신명기 신학의 관점으로 해석했습니다. 우리가 하나님의 율법에 순종하지 않고 하나님과의 언약 관계를 깨뜨렸기 때문에, 또 하나님의 백성답게 살지 않았기 때문에 하나님이 우리에게 바빌로니아 포로 생활이라는 심판과 저주를 행하셨다고 믿었습니다. 뿌린 대로 거두듯이, 하나님께 불순종했기 때문에 하나님께 심판의 매를 맞고 있다고 바빌로니아 포로 1세대들은 인정했습니다.

그런데 1세대들의 후손들은 태어났을 때부터 약속의 땅이 아닌 이방 땅에 있었습니다. 태어나자마자 포로로서 고된 삶을 시작한 것입니다. 이들은 전통적인 신명기 신학을 수용할 수 없었습니다. 잘못한 것도 없는데 포로로 태어났기 때문입니다. 잘못한 것은 부모들인데, 왜 자신들이 이유 없는 고난을 짊어져야 합니까. 그래서 바빌로니아 포로 2, 3세대들은 신명기 신학을 수용할 수 없었습니다. 이것은 이방 제국의 압제 가운데에서 의로운 고난을 받았던 이들에게서도 나왔던 문제 제기입니다. 이스라엘이 평안할 때는 하나님께 순종하는 자들이 이스라엘 공동체 안에서 박수와 존경을 받았습니다. 그런데 이방 제국이 쳐들어오면 그들과 손잡은 사람들이 승승장구합니다. 이방 제국에 대해 문제 제기를 하면 고난을 받습니다. 재산을 빼앗기고, 감옥에 갇히고, 심지어 목숨을 빼앗기기도 합니다. 느부갓네살 같은 사람이 신상을 만들어서 모두 절하라고 명령할 때, 끝까지 하나님께만 머리를 숙이겠다며 느부갓네살의 신상에 절하지 않은 사람은 죽어야 했습니다. 하나님만 순종한 사람들이 현실 세계에서 복을 받는 게 아니라 고난을 받았습니다. 의인들은 고난을 받고, 불의한 자들이 승승장구합니다. '신명기 신학'이 적용되지 않는 현실입니다.

욥기에서 욥의 친구들이 가지고 있는 전형적인 사고방식이 '신명기 신학'입니다. 인과응보입니다. '뿌린 대로 거둔다'입니다. '하나님께 순종하면 복을 받고 하나님께 불순종하면 심판을 받는다'입니다. 지금 욥이 처한 현실이 어떻습니까? 재산을 다 잃고 자녀들을 모두 잃고 온몸에 악창이 나서 기와로 자기 몸을 긁는 형편입니다. 이런 현실은 하나님께 심판을 당하는 형국입니다. 그래서 하나님의 심판을 받고 있는 것으로 보아 하나님께 불순종한 게 있으니, 지금의 비참한 상황에서 하루빨리 벗어나기 위해서라도 회개해야 한다는 주장입니다. 전형적인 인과응보, 명백한 신명기 신학입니다. 신명기 신학을 강조하는 사람들은 자신이 복을 받은 이유, 현실에서 성공하고 승리한 이유를 하나님께 순종했기 때문이라고 주장합니다.

여기 동의할 수 없는 사람들이 애초에 고난을 짊어지고 태어난 사람들입니다. 이방 제국의 압제 가운데에서 하나님께만 순종하다가 도리어 고난을 받은 의인들은 신명기 신학이나 인과응보를 수용할 수 없습니다. 바로 욥이 전형적인 인과응보 신학을 수용하지 못한 사람입니다.

인과응보의 매력

대개 현실에서 성공한 사람들이 가장 좋아하는 논리가 인과응보입니다. 인과응보는 과거를 근거로 삼아 현재를 판단하는 법이지만, 실제로는 현재에서 과거로 역주행해 적용되는 경향이 있습니다. 인과응보는 뿌린 대로 거둔다는 논리이므로 과거에 무엇을 뿌렸느냐가 중요한 법입니다. 정말 그렇습니까? 현실 세계에서 인과응보가 적용될 때는 현실에 존재하는 모습이 기준이 되어 과거에 행위를 역추적하게 됩니다. 어떤 사람의 삶을 24시간 내내 추적하며 그의 존재를 온전히 다 알 수는 없습니다. 공개적인 자리에서 하는 행동과 홀로 있을 때 모습이 똑같은지 어떻게 알겠습니까? 어떤 사람을 10년 동안 알았다고 해도 10년 내내, 24시간 내내 그 사람을 살펴본 것도 아니지 않습니까? 누군가에 대해서 그를 정확히 알고 있다고 말하기는 참 조심스럽습니다. 그런데 인과응보를 적용할 때는 그 사람이 처해 있는 현실을 가지고 쉽게 판단합니다. 성공했거나 승리했거나 현재 승승장구한다면 그 사람이 하나님께 복을 받았다고 쉽게 진단합니다. 인과응보의 논리로 그가 복을 받게 된 원인을 분석합니다. 이 사람은 교회에 충성을 많이 했다, 예배를 잘 드렸다, 매일 큐티를 했다, 새벽 기도 안 빠졌다는 식으로 하나님께 복을 받게 된 이유를 역추적하는 것입니다. 성공한 사람들이 인과응보라는 논리를 좋아할 수밖에 없는 이유는, 인과응보가 자기의 성공을 신앙적으로 정당화할 가장 강력한 논리이기 때문입니다. 반대로 어떤 사람이 가난해졌거나 육신에 병이 들었거나 힘겨운 인생의 먹구름을 통과하고 있다면 사람들은 또 인과응보를 기준으로 분석합니다. 왜 이런 곤고한 현실이 닥치게 되었을까, 왜 이렇게 힘들고 어려운 삶을 살게 되었을까, 지금 이 사람은 하나님께 매를 맞고 있구나, 심판을 받고 있구나 진단하고 그 이유가 하나님께 순종하지 않았기 때문이라고 규정합니다. 이런 식으로 사람들이 처한 현실을 근거로 과거를 함부로 진단하기 쉬운 것이 인과응보의 논리입니다.

그래서 사실 인과응보를 아무 때나 적용하지 않도록 조심해야 합니다. 이스라엘이 오랜 세월 사람들에게 일어나는 사건을 해석하는 가장 중요한 잣대가 인과응보였습니다. 결국 뿌린 대로 거두고, 순종한 사람은 복을 받고 불순종한 사람은 심판을 받는다는 주장을 근거로 인간사에서 일어나는 사건들을 해석했습니다. 그런데 어떤 일이 벌어졌습니까? 이스라엘이 이방 제국에 의해 멸망했습니다. 이방 제국의 왕이 금 신상을 만들고 거기에 절하라고 명령을 내렸습니다. 이때 하나님께만 무릎을 꿇겠다며 절하지 않은 사람들이 있었습니다.

대표적인 사람들이 다니엘과 세 친구입니다. 그들은 하나님께만 순종했습니다. 그런데 그들을 기다리는 것은 복이 아니라 풀무불이었습니다. 하나님께 기도했다는 이유로 다니엘은 사자 굴에 던져졌습니다. 다니엘은 다행히 구원을 받았습니다. 하지만 훨씬 많은 사람들이 하나님께만 순종하다가 순교를 당했습니다. 그들이 순교당한 것이 하나님의 심판입니까? 일찍 죽었으니까 그들은 하나님께 버림받은 것입니까? 그들이 하나님께 버림받은 이유가 하나님께 불순종했기 때문입니까? 결코 그렇지 않습니다. 인과응보라는 논리 하나로 인간 사회에서 일어나는 모든 일을 설명할 수 없습니다. '인과응보 논리 하나로 인간 사회에서 일어나는 모든 일을 진단하지 말라'는 것이 욥기가 전달하려는 가장 강력한 메시지입니다.

욥기에 대한 오해

인간 사회에서 일어나는 모든 고난이 다 죄의 열매는 아닙니다. 어떤 사람이 힘겨운 삶을 통과하는 것은 그가 죄를 범했기 때문만은 아닙니다. 인간이 고난을 받는 이유는 매우 다양합니다. 어떤 고난은 개인이 짊어져야 합니다. 자기가 감당해야 될 자기 잘못의 열매일 수 있습니다. 너무 게으르고 나태하게 산 사람이 열심히 살지 못해서 가난해질 수 있습니다. 너무나 방탕하게 살았던 사람이 여러 가지 질병으로 고통받을 수 있습니다. 자기 잘못으로 짊어지게 되는 고난이 분명히 있지만, 모든 고난이 자기 잘못의 열매는 아닙니다. 다른 불의한 사람 때문에 내가 고난을 짊어질 수도 있습니다. 유대인이 엄청난 죄를 범했기 때문에 히틀러에게 600만 명이나 학살된 것입니까? 그렇지 않습니다. 불의한 독재자가 등장하면 정의를 외치는 사람들이 피해를 입습니다. 거짓이 충만한 사회에서는 진실을 말했다는 이유만으로 피해를 입습니다. 그가 고난을 받는다 해도 자기 죄 때문이 아니라 불의한 자들 때문에 고난을 대신 짊어진 것입니다. 구약에 나오는 많은 예언자들은 타인을 위해서 목소리를 높였다가 고난을 받았습니다. 이스라엘은 오랜 세월 인과응보라는 논리 하나로 인간 사회에서 일어나는 모든 현실을 해석하고 진단했지만, 인과응보만으로 인간 사회에 일어나는 모든 것을 진단하고 해석할 수는 없습니다.

한편 욥기에는 한국의 그리스도인들이 가장 좋아하는 말씀이 들어 있습니다.

> 욥기 8:7   네 시작은 미약하였으나 네 나중은 심히 창대하리라.

보통 지인이 개업하면 이 말씀 액자를 많이 선물합니다. 이 구절은 하나님의 말씀이 아닙니다. 의로운 자 욥의 말도 아닙니다. 욥과 대립한 수아 사람 빌닷의 말입니다. 하나님은 욥의 친구들이 옳지 않다고 말씀하셨습니다.

> 욥기 42:7   여호와께서 욥에게 이 말씀을 하신 후에 여호와께서 데만 사람 엘리바스에게 이르시되 내가 너와 네 두 친구에게 노하나니 이는 너희가 나를 가리켜 말한 것이 내 종 욥의 말 같이 옳지 못함이니라.

한국 교회 성도들은 "의를 위하여 핍박을 받는 자는 복이 있나니" 같은 말씀은 좋아하지 않습니다. "먼저 그 나라와 의를 구하라" 같은 말씀도 좋아하지 않습니다. 한국 교인들이 가장 좋아하는 말씀은 욥기 8장 7절 같은 구절입니다. 말씀을 좋아하는 것 자체는 문제가 아닙니다. 그런데 말씀의 본래 의미를 모르고 자기가 원하는 대로 해석한다는 게 문제입니다.

수아 사람 빌닷은 "네 시작은 미약하다"고 말합니다. 미약하다는 것은 욥이 처한 지금의 현실을 가리킵니다. 욥이 지금 처한 현실이 얼마나 비참합니까. 자녀들은 다 죽었고 재산도 모두 잃고, 몸은 병들었습니다. 너무나 비참한 지금 욥의 상황을 "네 시작이 미약하다"고 말하고 있습니다. "네 나중은 창대해질 수 있다"고 말하지만 중간에 전제가 있습니다. '네가 회개하면'입니다. 네가 지금은 너무나 비참한 상황에 있지만 회개하기만 하면 다시 회복하고 창대해질 수 있다는 게 수아 사람 빌닷의 주장입니다. 전형적인 인과응보의 견해입니다. 하지만 이것은 틀린 말입니다. 욥은 하나님께 죄를 범하거나 불순종해서 벌을 받은 게 아닙니다. 수아 사람 빌닷의 말은 틀렸습니다. 잘못된 진단입니다. 따라서 전체 맥락과 상관없이 한 문장만 빼내서, 오늘 개업해 지금은 손님이 별로 없지만 나중에는 문전성시를 이룰 거라는 마음으로 걸어 둘 일이 아닙니다.

성경에는 하나님의 말씀만 기록되어 있는 것이 아닙니다. 하나님의 영감을 받은 말씀이 기록되어 있는 것이지, 하나님의 말씀만 기록된 것은 아닙니다. 그래서 마치 점을 치듯이 어차피 하나님의 말씀이니까 오늘 주시는 말씀을 열어 보자 하면서 아무 데나 펼쳐 읽어서는 안 됩니다. 성경에는 사탄의 말도 기록되어 있습니다. 사탄이 예수님께 돌을 떡 덩이로 만들라, 성전에서 뛰어내리라고 말했습니다. 이것은 사탄의 말이지 하나님 말씀이 아닙니다. 또 성경에는 하나님께 옳다 인정받지 못한 사람들의 말도 기록되어 있습니다. 그 대표적인 인물이 누구입니까? 욥의 세 친구입니다. 하나님은 그들의 말이 옳지 않다고 판정하셨습니다. 따라서 욥기를 읽을 때 이 평가를 중심으로 본문을 읽어야 합니다.

욥의 친구들이 한 말은 읽다 보면 절로 아멘이 나옵니다. 마치 목사님의 멋진 설교를 듣는 느낌입니다. 이렇게 주옥같은 말들이 왜 하나님께 옳다고 인정받지 못한 것입니까? 인과응보의 논리만을 가지고 욥이 처한 상황을 진단했기 때문입니다. 욥이 죄를 범해서 하나님께 심판을 받는 것이 아닌데 욥이 처한 현실을 죄에 대한 심판으로만 이해했습니다. 욥은 지금 설명할 수 없는 신비스러운 일 때문에 고난을 받고 있습니다. 자신의 죄로 인해 하나님께 심판을 받는 것이 아닙니다. 그런데 친구들은 욥이 처해 있는 현실을 보면서 인과응보의 논리로 하나님께 불순종했기 때문이라며 하루 빨리 이 비참한 현실로부터 빠져나오기 위해서 하나님께 용서를 빌고 회개를 하라고 주장합니다. 진단이 잘못됐으니 처방도 당연히 엉터리입니다. 그래서 욥의 친구들은 하나님께 옳다고 인정받지 못했습니다.

인과응보 논리의 충돌

욥과 세 친구가 패러다임의 충돌을 빚으며 논쟁과 토론을 벌일 때 흥미로운 현상이 나타납니다. 전체 세 번에 걸쳐 논쟁이 이어지는데 처음보다 두 번째 논쟁이, 두 번째보다 세 번째 논쟁이 훨씬 격화된다는 점입니다. 입장이 다른 사람들이 토론하게 되면 토론 시간이 길어질수록 의견 합의는커녕 쌍방이 더욱 고집스러워지는 경향이 있습니다. 토론하다가 각각 자기 입장을 철회하고 상대방의 주장을 받아들이는 경우를 본 적이 있습니까? 거의 없습니다. 처음 입장이 달랐던 사람들은 토론이 거듭될수록 더욱더 자신의 주장만 내세우는 법입니다. 그래서 백날 토론해 봤자 자기 입장만 밀어붙이는 이런 토론이 무슨 의미가 있는지 묻게 됩니다. 토론은 나와 입장이 다른 상대방을 설득하기 위해 하는 것이 아닙니다. 두 사람 사이에서 무엇이 진실인지 알고 싶어 하는 제3자, 즉 중간 지대에 있는 사람들을 위해서 하는 것입니다. 욥과 세 친구의 토론도 쌍방 합의는 되지 않습니다. 토론이 거듭되면 거듭될수록 서로의 주장을 더 고집스럽게 밀어붙일 뿐입니다. 대신 욥기의 독자들은 이 토론에서 제각각 깨달음을 얻게 됩니다.

첫 번째 토론에서 세 친구는 욥을 위로하려고 합니다. 그래서 욥에게 빨리 회개하라고 권유합니다. 욥의 비참한 현실이 쉽게 전환되기를 그들은 간절히 바랐습니다. 그런데 욥이 자기는 죄가 없다면서 회개를 거부합니다. 인과응보를 신봉하는 친구들의 입장에서는 욥이 처한 현실은 하나님께 죄를 범해서 받는 벌이라는 게 너무나 분명하기 때문에, 욥이 회개를 거부하자 친구들의 태도가 돌변합니다. 인과응보를 수용하지 않는 욥을 하나님을 거부하는 자처럼 낙인찍고 책망하고 정죄한 것입니다. 그래서 욥과 세 친구 사이의 논쟁은 더 격화됩니다. 욥은 인과응보의 논리로 자기가 처한 현실을 진단하기를 거부했지만, 친구들은 인과응보에 대한 거부를 하나님에 대한 거부로 인식한 것입니다.

누군가에게 충고하면서 상대방이 충고를 받아들이지 않는다고 마치 하나님의 뜻을 거부하는 것처럼 이해하면 안 됩니다. 인과응보 신학을 하나님과 동일시할 수 있습니까? 그렇지 않습니다. 많은 경우에는 인과응보로 현실을 설명할 수 있겠지만 인과응보만 가지고 설명할 수 없는 인간의 신비스러운 현실들이 많이 있습니다. 어떻게 인과응보 논리를 하나님과 동일시할 수 있습니까. 신앙생활에서 기억해야 할 점은 하나님과 어떤 것도 동일시해서는 안 된다는 사실입니다. 하나님 앞에서 모든 것을 상대화해야 합니다. 하나님과 동일시하는 바로 그것이 우상입니다.

예언자들이 시대마다 이스라엘 백성의 죄를 책망하고 회개를 요청할 때 이스라엘 백성이 돌이키지 않은 이유가 무엇입니까? 지금의 죄된 삶을 지속하면 예루살렘이 멸망한다고 예언자가 소리를 높여도 이스라엘 백성은 콧방귀를 뀌었습니다. 왜냐하면 그 당시 이스라엘 백성은 시온 신학, 왕정 신학, 성전 신학을 믿었기 때문입니다. 성전 신학이 무엇입니까? 성전을 하나님과 동일시하는 것입니다. 성전은 하나님의 집입니다. 하나님의 집이 무너진다는 것은 하나님이 무너지는 것과 똑같습니다. 하나님이 무너질 수 있습니까? 결코 무너질 수 없습니다. 따라서 하나님의 집인 성전도 무너질 수 없습니다. 이것이 성전 신학입니다. 시온 신학은 무엇입니까? 시온은 예루살렘의 별칭입니다. 시온 신학은 곧 예루살렘 신학입니다. 예루살렘은 어디입니까? 하나님의 도성입니다. 하나님의 도성이 무너진다는 것은 하나님이 무너지시는 것과 똑같다는 논리입니다. 하나님이 무너질 수 있습니까? 결코 무너질 수 없습니다. 따라서 예루살렘도 절대 무너지지 않는다는 것이 시온 신학입니다. 다윗 왕조는 하나님의 지상 대리자입니다. 하나님은 다윗 왕조를 통해서 이 땅에서 당신의 통치를 행하고 계십니다. 다윗 왕조가 무너진다는 것은 하나님의 통치가 끝장난다는 것과 똑같은 말입니다. 하나님의 세계 통치가 끝장날 수 있습니까? 결코 끝장날 수 없습니다. 따라서 다윗의 통치는 끝장나지 않고 다윗 왕조는 결코 무너지지 않는다는 것이 왕정 신학입니다. 당시 이스라엘 백성은 성전과 하나님을, 예루살렘과 하나님을, 다윗 왕조와 하나님을 동일시했습니다. 이것이 사실은 우상숭배입니다. 하나님 아닌 것을 하나님 자리에 올려놓는 것이 바로 우상숭배입니다.

우리가 존경하는 무엇이든 그것을 하나님의 자리에 올려놓아서는 안 됩니다. 루터와 칼뱅을 포함한 그 어떤 위대한 신학자도 하나님의 자리에 올려놓아서는 안 됩니다. 칼뱅도 인간적인 한계가 있습니다. 그의 주장에도 잘못된 것이 있습니다. 마치 칼뱅의 주장에 반대하는 것을 하나님을 반대하는 것처럼 이해하면 안 됩니다. 어떤 것도 하나님의 자리에 올라가 하나님과 동일시되어서는 안 됩니다. 그것이 바로 우상숭배입니다.

고난받는 의인

욥기는 역사적 중간기에 의인들의 고난이 있을 수 있음을 알려 줍니다. 기독교 신학은 시간을 삼등분하는데, 태초의 창조와 마지막 종말 사이에 역사적 중간기가 있다고 봅니다. 그런데 태초의 창조와 마지막 종말은 하나님이 전능하심을 유감없이 발휘하시는 시간입니다. 그런데 역사적 중간기에는 하나님이 자신의 전능하신 능력을 발휘하는 대신, 하나님의 형상대로 지음받은 백성을 통해 창조한 이 땅을 다스리십니다. 창세기 1장 28절의 문화명령을 통해 하나님은 자신의 형상대로 지음받은 인간에게 이 땅을 하나님의 마음으로 잘 돌보고 다스리고 지키라고 명하십니다. 마태복음 5장 13-16절에서는 세상의 소금과 빛이 되라고 선언하십니다. 그 말씀은 하나님의 백성이 하나님의 마음으로 하나님의 손과 발이 되어서 하나님의 피조 세계를 잘 돌보라는 기대를 품고 있습니다. 역사적 중간기에 일어나는 일입니다. 따라서 이때 하나님의 백성이 깨어 있지 못하면 역사적 중간기는 마치 하나님이 존재하지 않는 것처럼 느껴질 수도 있습니다. 하나님의 백성이 깨어 있지 못하고 악인들이 득세하면 의인들이 도리어 고난을 받습니다. 이것이 바로 역사적 중간기에 일어나는 일입니다. 우리는 지금 역사적 중간기를 살고 있습니다. 하나님이 존재하지 않는 것처럼, 사탄이 이 땅을 지배하는 것처럼 보이는 역사적 중간기에 살고 있습니다. 거짓이 충만하고, 악이 득세하고, 불의가 판을 칩니다. 이때는 정의로운 사람, 진실한 사람, 거룩하게 살고 싶은 사람, 하나님께만 순종하려는 사람들이 악인들이 지배하는 현실 세계에서 고난받을 수 있습니다. 이런 현실을 신명기 신학만 가지고 진단할 수 있겠습니까? 고난받는 사람에게 하나님께 불순종했기 때문에 고난을 받는 것이라고 단언할 수 있겠습니까? 세상에서 승승장구한다고 그것이 하나님께 순종했기 때문에 받은 복이라고 말하는 것이 옳은 일입니까? 그렇지 않다는 것을 보여 주는 것이 바로 욥기입니다.

하나님이 당신의 백성을 통해서 이 땅을 다스리기로 작정하신 역사적 중간기에는, 하나님의 백성이 깨어 있지 못한 직무 유기 때문에 마치 하나님이 존재하지 않는 것 같고 사탄이 이 땅을 지배하는 것같이 현실이 왜곡됩니다. 불의와 거짓이 판치고 악인들이 득세하는 역사적 중간기에는 하나님께만 순종하려는 정직하고 진실한 의인들이 악인들이 득세하는 현실로 인해 고난과 핍박을 받게 됩니다. 이것을 신명기 신학이라는 하나의 잣대만 가지고 진단하게 되면 도리어 세상과 손잡은 사람들이 승승장구하는 데 협조하는 것입니다. 욥기는 사람들이 처한 고난의 현실에서 신명기 신학이라는 하나의 잣대만 가지고 판단하지 말라고 경고하는 책입니다. 우리에게 필요한 것은 고난받는 자들과 함께 슬퍼하고 그들을 위로하는 것입니다. 분석과 판단과 규정은 나중 일입니다.

시편

시편은 구약 시대의 '찬양 모음집'입니다. 시편이라는 이름 때문에 시편을 시집, 즉 시 모음으로 이해하는 경우가 많은데, 일차적으로는 시편은 찬양입니다. 우리나라 고려 시대 시조는 당대의 시면서 동시에 대중가요였습니다. 근대 이전에는 시와 노래가 구분되지 않았습니다. 시가 곧 노래입니다. 지금이야 시는 시고, 노래는 노래지만 고려 시대만 해도 시가 곧 당대의 가장 대표적인 대중음악이었습니다. 마찬가지로, 시편의 시들은 우선 성전과 지방 성소에서 불리던 찬양이었습니다. 성전과 지방 성소에서 불리는 찬양을 바빌로니아 포로기 이후 수집했다고 봅니다. 그렇게 수집된 시들 가운데 150편이 최종적으로 선택된 것입니다. 그런 점에서 시편의 시들은 전부 하나님께 올려 드렸던 찬양이라고 볼 수 있습니다.

오늘날 교회에서 말하는 찬양의 가장 중요한 특징은 곡조가 있는 기도라는 것입니다. 찬양을 한 문장으로 정의한다면 '곡조가 있는 기도'입니다. 우리가 하나님께 올려 드리는 기도에다 곡을 붙인 게 찬양이라는 뜻입니다. 시편이 오랜 세월 사람들에게 사랑받았던 가장 중요한 이유가 바로 이 때문일 것입니다.

구체적 정황 속 찬양과 탄식

시편에는 다양한 저자들이 나옵니다. 이들이 하나님께 기도한 장본인들입니다. 시편이 사랑받는 가장 큰 이유는 시편의 저자, 즉 시인이 하나님께 토해 내는 기도가 나 자신의 기도로 다가온다는 것입니다. 많은 신앙인들이 가장 사랑하는 시편은 23편일 것입니다.

> 시편 23:4 　내가 사망의 음침한 골짜기로 다닐지라도 해를 두려워하지 않을 것은 주께서 나와 함께하심이라. 주의 지팡이와 막대기가 나를 안위하시나이다.

사망의 음침한 골짜기로 다닐지라도 두렵지 않다니 사람들 심장에 꽂히지 않을 수가 없습니다. 왜냐하면 누구나 인생의 여정에서 사망의 음침한 골짜기를 만나기 때문입니다. 너무나 공감이 되고, 나 자신의 노래로 다가오는 것입니다. 이처럼 시편이 오랜 세월 사랑받을 수 있었던 것은 시편의 시인들이 토로하는 찬양과 탄식과 기도가, 나의 노래, 나의 기도, 나의 찬양으로 공감을 받았기 때문입니다. 한국 교회가 얼마나 하나님께 찬양을 많이 합니까? 찬양 문화는 얼마나 발달돼 있습니까? 그런데 찬양이 곡조가 있는 기도인데도 우리의 기도와 찬양은 따로 움직이는 경우가 많습니다. 찬양과 기도 사이에 너무 괴리가 큰 것입니다.

성경 속 찬양의 중요한 특징은 그 찬양이 나오게 된 '구체적인 상황과 역사'입니다. 예를 들면 출애굽기 15장에 이스라엘 백성이 홍해를 건넌 다음 찬양이 나옵니다. 홍해를 마른땅처럼 걷게 해 주신 하나님의 구원 역사에 대한 감사 찬양입니다. 이 찬양이 나오게 된 배경이 바로 홍해 도하라는 구체적인 사건입니다. 사사기 5장에는 드보라와 바락의 찬양이 나옵니다. 이 찬양이 나오게 된 상황과 배경은 무엇입니까? 하나님이 이스라엘을 도우셔서 가나안 사람들을 이기게 하셨습니다. 그런 구체적인 사건을 배경으로 하나님에 대한 찬양이 나왔습니다.

시편도 이런 찬양이 불린 배경을 표제로 나타냅니다. 어쩌다가 이런 찬양이 만들어졌는지 찬양의 구체적인 배경 상황과 역사가 제시됩니다. 그런데 안타깝게도 오늘날 우리의 찬양에는 이 역사와 상황이 거의 빠져 있습니다. 곡조가 있는 기도가 바로 찬양인데, 하나님께 드리는 기도와 찬양 사이에 괴리가 있는 것 같습니다. 예를 들어, 요즘 대한민국 청년들의 가장 간절한 기도가 무엇입니까? 과도한 등록금 문제, 청년 취업 문제, 돈이 없어서 연애도 포기하고 결혼도 포기하고 집 사는 것도 포기하는 청년들이 얼마나 탄식이 나오겠습니까? 하나님께 기도하지 않습니까?

그런데 왜 청년 실업과 관련된 찬양이 없습니까? N포 세대와 관련된 탄식의 찬양은 왜 없습니까? 지금의 50대와 60대를 '낀 세대'라고 합니다. 위로는 80-90대 부모님을 모셔야 하고, 아래로는 30-40대 자녀들과 세대 간의 충돌과 갈등을 빚기 때문입니다. 50-60대 낀 세대들이 얼마나 탄식하고 있습니까? 그것 때문에 하나님께 눈물로 기도하고 있습니다. 그런데 이런 기도에 곡조가 붙은 찬양이 있습니까? 낀 세대의 탄식과 관련된 찬양은 별로 없습니다.

우리가 기도할 때는 하나님께 울부짖으며, 탄식을 쏟아 냅니다. 그런데 우리의 찬양은 대부분 이런 상황과 다소 유리된 아름다운 노래들입니다. 우리의 찬양과 기도 사이의 괴리를 좁힐 필요가 있습니다. 대한민국이 세계에서 유일한 분단국가 아닙니까? 여전히 전쟁을 종결짓지 못하고, 1950년부터 70년 이상 휴전 상태가 계속되고 있습니다. 이땅에 평화가 빨리 찾아와야 하지 않겠습니까? 이 분단이 하루빨리 극복돼야 하지 않겠습니까? 이런 민족의 분단 문제, 지역의 갈등 문제, 세대 간의 갈등 문제, 이런 걸로 하나님께 기도는 하고 있는데, 이런 기도에 어울리는 찬양은 없다는 것입니다. 구약성경 속 찬양처럼 우리도 구체적인 배경과 상황과 역사 속에서 찬양이 만들어지고, 현실과 유리된 아름다운 찬양만이 아니라 우리 세대의 진정한 문제들을 동감하며 부를 수 있는 찬양들이 만들어지면 좋겠습니다.

사실 시편 150편 가운데 찬양 자체의 시편은 그렇게 많지 않습니다. 최대 절반가량의 시편이 전부 탄식입니다. 탄식은 하나님께 털어놓는 영혼의 외침입니다. 그런 외침을 점잖은 찬양으로 끝낼 수 있습니까?

울부짖고, 눈물 흘리고, 절규하는 것입니다.

어떤 경우에 하나님께 찬양이 나옵니까? 어떤 경우에 하나님께 영광을 돌립니까? 하나님이 놀라운 구원의 역사를 행하실 때, 우리를 수렁으로부터 건져 주실 때 하나님을 찬양하고 영광을 돌립니다. 그런데 언제 탄식합니까? 언제 울부짖습니까? 하나님께 뭔가를 구했는데 하나님의 응답이 지연될 때, 하나님이 우리를 도와주시지 않을 때입니다. 그러니까 우리는 하나님의 구원 사역 앞에서 찬양을 하고, 하나님이 침묵하실 때 탄식을 합니다.

그런 점에서 시편은 참 정직합니다. 우리 인생에서 하나님의 구원 사역을 경험할 때가 많습니까, 아니면 하나님의 침묵을 경험할 때가 많습니까? 사실은 하나님의 침묵을 경험할 때가 굉장히 많습니다. 시편에 순수한 찬양과 순수한 영광을 표현하는 경우는 많지 않습니다. 대신 최대 절반까지 하나님의 침묵에 대해 탄식하고 울부짖고 있습니다.

시편의 구성

시편은 전체 150편이 다섯 권으로 묶여 있습니다. 시편이라는 한 범주 안에 1권, 2권, 3권, 4권, 5권이 하나로 결합되어 있습니다. 왜 시편은 세 권이나 일곱 권이 아니라 다섯 권으로 구성돼 있습니까? 토라와 관련 있습니다. 토라가 창세기부터 신명기까지 모두 다섯 권입니다. 토라가 다섯 권이기 때문에 시편도 다섯 권으로 구성돼 있습니다. 유대교는 창세기부터 신명기까지 토라를 매주 안식일마다 나눠서 읽는데, 이를 위해 다섯 권의 토라를 매주 읽기 적당한 분량으로 나눴습니다. 이를 '토라 포션Torah Portion' 혹은 '파라샤Paracha'라고 합니다. 지금은 1년에 나눠서 읽을 수 있도록 54개의 파라샤로 나누지만, 고대에는 3년에 걸쳐 읽도록 150여 개로 나누었다고 합니다.

유대인들은 성경 말씀을 들었습니다. 고대 사회에서 자기 능력으로 글을 읽을 수 있는 사람은 전체 인구의 10퍼센트도 되지 않았습니다. 글을 읽는다는 것은 엄청난 권력이었습니다. 또 성경 자체는 워낙 고가였기 때문에 개인이 소장할 수가 없었습니다. 개인이 하나님의 말씀을 접할 수 있는 유일한 시간이 안식일의 회당 예배였습니다. 랍비와 회당 지도자들이 읽어 주는 말씀을 듣는 것이 한 주간 말씀과 대면하는 유일한 시간입니다. 그래서 유대인들에게 암송 문화가 발달한 것입니다. 말씀이 낭독될 때 그 말씀을 놓치지 않고 암송했기 때문입니다. 또 암송한 말씀을 일주일 내내 되뇌며 일주일 내내 그 말씀과 함께한 것입니다.

그래서 안식일마다 랍비들이 토라를 150여 개로 나눠 읽어 주었습니다. 그러면 몇 년 정도 걸립니까? 3년 정도 걸립니다. 3년 주기로 안식일마다 토라의 한 부분씩 읽어 주었습니다. 이와 비슷한 숫자가 요한복음에 나옵니다.

> 요한복음 21:11 시몬 베드로가 올라가서 그물을 육지에 끌어올리니 가득히 찬 큰 물고기가 백쉰세 마리라. 이같이 많으나 그물이 찢어지지 아니하였더라.

베드로가 다시 어부 생활로 돌아가 그물을 바다에 던졌다가 153마리의 물고기를 거두어들였습니다. 유대교는 초대교회가 하나님이 주신 토라를 거부하고 새로운 종교 집단을 만들었다고 비난했습니다. 여기에 대한 초대교회의 응답이 베드로가 거두어들인 153마리의 물고기였습니다. 초대교회는 구약의 율법을 거부하거나 버리지 않았고 그것을 담고 있는 신앙 공동체란 뜻입니다.

율법은 하늘에 계신 하나님이 땅에 있는 사람들에게 선포해 주신 말씀이고, 이 하나님의 말씀에 대한 인간의 응답이 시편입니다. 회당에서 안식일마다 하늘에 계신 하나님이 땅에 있는 당신의 백성에게 주신 율법이 선포됐는데, 그 하나님의 말씀을 들은 인간의 응답이 시편입니다. 그래서 시편은 다섯 권인 토라에 대한 응답으로 다섯 권으로 구성돼 있습니다.

시편의 여러 저자들

시편의 중요한 특징은 저자들이 다양하다는 점입니다. 시편은 한 명이 아니라 여러 명이 썼고, 이들 저자들이 각 시편을 쓰게 된 시기도 다양합니다. 시기가 다양하기에 배경도 다양하고 내용도 다양합니다. 다른 성경 본문은 일반적으로 특정 인물에 의해서 특정 시점에 기록됐지만, 시편은 저자도 다양하고 시기도 다양하고 내용도 다양합니다. 150편의 시편 가운데 73편을 다윗이 썼다고 봅니다. 고라의 시도 있고, 아삽의 시도 있고, 솔로몬의 시도 있고, 심지어 모세의 시도 있습니다. 굉장히 다양한 저자의 시편을 모아 놓은 것입니다. 이 저자들이 살았던 시기 역시 다양합니다. 내용을 살펴보면 어떤 시편은 하나님께 간구하고, 어떤 시편은 하나님의 구원 역사를 찬양하고, 어떤 시편은 하나님의 침묵에 대해 탄식하며 울부짖습니다. 어떤 시편은 이스라엘 백성이 경험했던 역사를 기술하고, 어떤 시편은 이스라엘 백성의 신앙고백을 다룹니다. 또 지혜에 대한 찬미나, 왕을 위한 노래도 있습니다. 시편은 어떤 내용이라고 어느 하나로 규정할 수 없습니다.

　시편의 특이점으로 표제를 들 수 있습니다. 시편 51편을 보겠습니다. 시편은 우리말 번역 성경과 히브리어 성경의 절 구분이 다릅니다. 우리말 번역 성경은 표제가 시편 본문과 별개인데 히브리어 성경은 표제가 1절입니다.

> **시편 51편 표제** 다윗의 시, 인도자를 따라 부르는 노래, 다윗이 밧세바와 동침한 후 선지자 나단이 그에게 왔을 때

　보통 시편에서는 "다윗의 시"나 "모세의 시"로 표제가 되어 있습니다. 저자를 소개하는 것입니다. 히브리어 성경의 시편은 이 부분이 1절입니다. 표제에서 이 시편을 어떻게 불러야 하는지 소개하기도 합니다. 이 시편은 "인도자를 따라 부르는 노래"라고 되어 있습니다. 시편 51편은 이 시가 만들어진 배경까지 소개합니다. "다윗이 밧세바와 동침한 후에 선지자 나단이 그에게 왔을 때" 만들어진 시편이라고 합니다. 시편의 저자, 시편을 노래하는 방법, 시편이 만들어진 역사적 배경까지 언급하는 특이한 표제라고 할 수 있습니다. 히브리어 성경은

이 표제 부분이 1-2절입니다. 우리말 성경의 1절은 히브리어 성경으로 3절입니다.

시편에는 표제가 있는 것들도 있고 표제가 없는 것들도 있습니다. 그런데 전체 150편 시편 가운데 73편이 '다윗의 시'라고 되어 있습니다. 그렇다고 해서 다윗이 73편을 모두 창작했다고 생각할 필요는 없습니다. 시편 30편의 표제는 이렇게 되어 있습니다.

시편 30편 표제 다윗의 시, 곧 성전 낙성가

이 표제에서 이상한 점이 발견됩니다. 무엇입니까? 다윗이 어떻게 성전 낙성가를 지을 수 있습니까? 역대기에 따르면 다윗은 성전을 짓고 싶은 간절한 열망이 있어서, 성전 건축과 관련된 거의 모든 것들을 다 준비했습니다. 성전 건축에 필요한 재료도 준비하고, 필요한 노동력과 자금도 준비하고, 성전에 대한 설계도도 준비하고, 심지어 성전이 건축되고 나면 어떻게 운영할지에 대한 매뉴얼까지 준비했습니다. 역대기에 따르면, 성전 건축 준비는 다윗이 거의 완료했고 솔로몬은 성전 건축을 집행만 했습니다. 그래서 역대기에서 가장 중요한 신앙의 인물이 다윗과 솔로몬입니다. 역대기는 성전을 강조하는 책이기 때문에, 다윗과 솔로몬을 가장 이상적인 신앙인으로 기술한 것입니다. 성전 건축과 관련된 모든 것을 다윗이 준비했지만 다윗이 정작 성전을 짓지 못했습니다. 성전을 건축한 사람은 솔로몬입니다. 열왕기상 8장에 성전을 봉헌할 때 솔로몬이 한 기도와 찬양도 있습니다.

그런데 시편 30편은 "다윗의 시, 성전 낙성가"라고 합니다. 성전이 봉헌될 때는 이미 다윗은 죽고 난 다음인데, 어떻게 성전 낙성가를 다윗이 지을 수 있습니까? 물론 이에 대해 성전 건축과 관련된 모든 것을 준비한 다윗이 성전 낙성식에서 이런 노래를 부르라고 노래까지 미리 만들었을 수도 있습니다. 하지만 히브리어는 다른 단서를 제공해 줍니다.

"다윗의 시"에서 '의'에 해당하는 히브리어가 '르 le'라는 전치사입니다. 영어로는 세 가지 의미가 가능합니다. 첫째 'of'입니다. '르 다비드'는 '다비드의 시편'이라는 뜻입니다. 둘째 'to'의 의미입니다. '다윗에게 헌정된, 다윗에게 바쳐진, 다윗에게 속한' 시편이라는 의미입니다. 셋째 'for'의 의미입니다. '다윗을 주인공으로 한' 시편이라는 의미입니다. 그래서 우리는 히브리어 '르 다비드le David'를 '다윗의 시'라고 옮길 때 다윗이 창작했다는 뜻만 있는 것이 아니라는 사실을 기억해야 합니다. 정말 다윗이 지었을 수도 있고of, 다윗에게 헌정되고 바쳐졌을 수도 있고to, 다윗을 주인공으로 한for 시편일 수도 있습니다.

유대인들은 뭐든 그게 무엇인지 모를 때 대표하는 한 사람에게 권위를 돌리는 경향이 있습니다. 창작자가 누구인지 모르는 멋진 찬양이 있다면 찬양의 대표자인 다윗으로 간주합니다. 마찬가지로 지혜의 말씀이 어디서 나왔는지 알 수 없다면, 모든 지혜를 대표하는 솔로몬에게 귀속시킵니다. 토라는 모세에게, 예언의 말씀은 엘리아에게 돌립니다. '르 다비드'는 찬양의 주인을 알 길이 없을 때 찬양의 대표자인 다윗에게 헌정한다는 의미입니다.

모세의 찬양, 모세의 노래인 시편 90편을 보십시오.

시편 90편 표제 하나님의 사람 모세의 기도

이 표제 때문에 우리는 90편을 모세가 지은 시라고 생각합니다. 시편 90편에서 가장 잘 알려진 말씀이 이 구절입니다.

시편 90:10 우리의 연수가 칠십이요 강건하면 팔십이라도 그 연수의 자랑은 수고와 슬픔뿐이요 신속히 가니 우리가 날아가나이다.

이 노래가 만들어졌을 때 보통 사람들이 한 70년의 수명을 살았고 강건한 사람은 80년을 살았다는 것을 알 수 있습니다. 이것을 진짜 모세가 지었다고 보기는 어렵습니다. 민수기 20장에서 모세의 누이 미리암이 1월에 죽고, 모세의 형인 아론은 5월에 죽습니다. 모세는 11월에, 모압 평야에서 출애굽 2세대에게 유언적 설교인 신명기를 선포하고 나서 죽습니다. 미리암, 아론, 모세 세 남매가 같은 해에 하나님의 부름을 받은 것입니다. 미리암은 보통 모세보다 5살 정도는 많다고 봅니다. 아론은 모세와 세 살 차이였습니다. 그런데 세 사람 모두 같은 해에 하나님의 부르심을 받았습니다. 그때 모세의 나이가 120세입니다. 미리암은 적어도 125세, 아론은 123세에 사망했습니다.

만약 모세가 시편 90편을 지었다면 뭐라고 했어야 합니까? '우리의 연수가 백이십 년이고 강건하면 백삼십 년'이라고 말해야 합니다. 다시 말해 모세 시대와 비교했을 때 한 세대 이상 수명 차이가 존재하기 때문에 시편 90편의 저자는 모세일 수 없습니다. '모세의 기도'에서

'르 모세le Moshe'는 모세가 지었다는 의미이기도 하지만 모세에게 바쳐졌다는 뜻이거나 모세를 주인공으로 한 기도라는 뜻일 수 있습니다.

복 있는 자의 비결

시편의 핵심은 1편에 있습니다. '의인의 길'과 '악인의 길'이 있습니다. 시편의 중요한 특징이 이와 같은 이분법입니다. 하나님 앞에서 인간이 선택할 수 있는 두 길이 있는데 의인의 길과 악인의 길입니다. 중간 지대는 존재하지 않습니다. 하나님이 기뻐하시는 의인의 길로 걸어가라고 촉구하는 것이 시편입니다.

> 시편 1:1-2　　복 있는 사람은 악인들의 꾀를 따르지 아니하며 죄인들의 길에 서지 아니하며 오만한 자들의 자리에 앉지 아니하고 오직 여호와의 율법을 즐거워하여 그의 율법을 주야로 묵상하는도다.

1절은 복 있는 사람의 특징을 말해 줍니다. 악인의 꾀, 죄인의 길을 좇지 않고, 오만한 자의 자리에 앉지 않습니다. 그렇다면 복 있는 사람은 어떤 삶을 살고 있습니까? 그에 대한 대답이 2절입니다. 오히려 복 있는 사람은 여호와의 율법을 즐거워하고 그 율법을 주야로 묵상하는 자입니다.

악인과 죄인은 비슷한 뜻입니다. 남이 어떻게 되든 말든 혼자 잘 살려는 사람입니다. 꾀는 그런 악인이 좋게 여기는 사고방식입니다. 길은 죄인이 살아가는 삶의 방식과 문화입니다. 그러니까 복 있는 사람은 남이 어떻게 되든 말든 혼자만 잘 살려는 사람이 추구하는 사고방식을 따르지 않습니다. 또 공동체가 어떻게 되든 말든 혼자 잘 살려는 사람의 라이프 스타일에 동화되지 않습니다.

복 있는 사람이 오만한 자의 자리에 앉지 않는다는 것은 무엇입니까? 오만한 사람은 하나님 나라의 가치를 비웃고 조롱하는 사람입니다. 하나님 나라의 가치는 정직, 진실, 거룩, 이웃에 대한 사랑과 자비 등입니다. 오만한 사람은 정직이 밥 먹여 주냐, 진실이 돈이 되냐 하면서 하나님 나라의 가치를 비웃고 조롱합니다. 복 있는 사람은 하나님 나라의 가치를 비웃고 조롱하는 자들과 친구가 되지 않습니다.

복 있는 사람은 악인과 죄인과 오만한 자의 주장보다 여호와의 말씀에 귀를 기울입니다. 하나님의 말씀을 즐거워하고 주야로 그 말씀을 묵상하기 때문에 복 있는 사람은 세상에 동화되지 않고 신실하게 하나님과 동행할 수 있습니다. 말씀을 사랑하는 것이 세상에 동화되지 않는 길입니다. 이렇게 말씀 사랑으로 시작해서 신앙인이 살아내야 할 삶의 모습들을 제시하는 것이 전체 시편입니다. 의인의 길과 죄인의 길을 구분하면서 신실하게 의인의 길을 걸어가라고 촉구하는 것입니다. 시편을 읽으면서 시편 내용이 우리 자신의 이야기로 읽히고, 시편이 말하는 의인의 길을 신실하게 걸어가야겠다라고 다짐과 결단을 할 수 있다면 시편을 읽는 중요한 목적을 이루었다고 할 수 있습니다.

　　잠언과 전도서와 아가서는 지혜문학이라고 하는데, 일반적으로 한 국 교회에 사랑받는 본문으로 여겨지지는 않습니다. 보통 부모들이 자 녀가 어렸을 때 잠언을 읽으면 지혜가 생기기를 기대하고, 자녀들을 지혜롭게 키우기 위해서 잠언 31장을 하루에 한 장씩 읽으라고 권면 하는 경우가 있습니다. 하지만 일반 교회에서 잠언, 전도서, 아가서를 설교하는 교회는 그렇게 많지 않습니다. 지혜문학은 한국 교회가 관심 가지는 일반적인 주제를 담고 있지 않기 때문입니다.

　　예를 들어 한국 교회는 개인의 구원에 관심이 많습니다. 구원에 관 심이 많다 보니까 기독론에 관심이 많습니다. 예수 그리스도의 대속 의 죽음으로 말미암아 구원을 받았기 때문에, 예수님이 어떤 사역을 하셨고, 예수님이 누구인가에 관심이 많습니다. 또 교회 성장에 관심 이 많습니다. 교회가 성장하려면 신앙인들이 열심히 전도해야 합니 다. 그래서 사도행전을 열심히 강조합니다. 로마서도 강조합니다. 그 런데 지혜문학에는 교회를 성장시키는 데 도움이 될 만한 내용이 거 의 없습니다.

잠언의 언어와 주제

　　잠언은 히브리어로 '마샬Mashal'입니다. '경구'라는 의미가 있습니 다. 그래서 인생의 지혜를 짧고 비유적인 문장 안에 담아내는 특징이 있습니다. 한자로 잠언은 '바늘로 찌른다'는 뜻입니다. 전체 잠언에는 일곱 개의 표제가 있습니다. 시편처럼 잠언도 한 사람에 의해 쓰인 게 아니라 다양한 저자가 있었습니다. 일곱 개 표제 가운데 세 개가 솔로몬입니다(1:1, 10:1, 25:1). 지혜 있는 자들(22:17, 24:23), 아굴(30:1), 르무엘 왕의 어머니(31:1)가 잠언의 저자입니다.

❶ 잠언 1:1   다윗의 아들 이스라엘 왕 솔로몬의 잠언이라.

❷ 잠언 10:1   솔로몬의 잠언이라.

❸ 잠언 25:1   이것도 솔로몬의 잠언이요 유다 왕 히스기야의 신하들이 편집한 것이니라.

❹ 잠언 22:17   너는 귀를 기울여 지혜 있는 자의 말씀을 들으며 내 지식에 마음을 둘지어다.

❺ 잠언 24:23   이것도 지혜로운 자들의 말씀이라.

❻ 잠언 30:1   이 말씀은 야게의 아들 아굴의 잠언이니 그가 이디엘 곧 이디엘과 우갈에게 이른 것이니라.

❼ 잠언 31:1   르무엘왕이 말씀한 바 곧 그의 어머니가 그를 훈계한 잠언이라.

잠언에는 우리가 어떻게 구원받는지, 어떻게 하나님의 백성이 되는지, 교회를 어떻게 성장시킬 수 있는지를 다루는 내용은 없습니다. 대신 교회 바깥에 있는 비신자들도 공감할 만한 주제들을 다루고 있습니다. 비신앙인들과 함께 소통할 수 있고 실제 삶과 연관된 일반 은총의 주제들이 많다는 뜻입니다. 예를 들면 어떤 사람과 친구가 되어야 되는가, 조심해야 될 사람은 누구인가, 물질은 어떻게 소비해야 하는가 등의 주제입니다. 이런 주제들은 비신자들과 소통할 수 있기 때문에 비종교적인 언어로 제시됐다고 말합니다. 비종교적 언어란 하나님이나 신학이나 교회와 관련해 설명할 필요가 없는 언어라는 뜻입니다. 비신앙인도 거부감 없이 들을 수 있는 비종교적인 언어로 신학적인 메시지를 선포하는 것이 바로 지혜문학이고, 잠언입니다.

오늘날 한국 교회는 한국 사회로부터 철저히 단절되어 있습니다. 한국 사회는 한국 교회가 하는 말에 귀 기울이지 않습니다. 교회가 하는 말을 신뢰하지 않습니다. 일단 사용하는 용어 자체부터 굉장히 종교적입니다. 은혜, 헌신, 지체 등은 기독교인끼리만 알아들을 수 있는 단어들입니다. 그래서 세상 사람들은 기독교 신앙에 관련된 이야기를 나눌 때 마치 딴 세상처럼 느끼게 됩니다. 신앙인에게 익숙한 종교적인 언어로만 접근하면 세상 사람들은 그다지 환영하지 않습니다. 오늘날 필요한 능력은 세상에 있는 사람들과 이야기를 나눌 수 있는 비결입니다. 그런 점에서 우리가 도움을 기대할 수 있는 본문이 지혜문학입니다. 비종교적인 언어로 신학적인 메시지를 담아내는 법을 잘 보여 주기 때문입니다. 그래서 잠언, 전도서, 아가서가 다루는 주제들을 잘 살펴보고 이를 통해 비신앙인들과 소통하는 노력을 기울여 보면 좋겠습니다.

잠언을 비롯한 지혜문학은 일반 은총을 강조하는 본문인데, 지난 세월 교회가 강조했던 신학은 주로 구속사였습니다. 신학을 크게 두 개로 나누면, 하나가 구속사 신학이고 다른 하나가 창조 신학입니다. 물론 하나님 나라 신학, 언약 신학 등 다양한 신학적 관점도 있지만 큰

두 개의 흐름은 구속사 신학과 창조 신학입니다. 교회는 구속사 신학에 중점을 두고 있습니다. 신앙 중심적인 관점입니다.

예를 들어 창세기에서 하나님은 신앙인들만의 아버지가 아니라 세계 만민의 아버지이시고 천하 만물의 창조주이십니다. 하나님의 통치 범위, 하나님의 관심 범위를 교회만으로 제한할 수 없는 것입니다. 그래서 오늘날 우리가 주목하는 것이 창조 신학입니다.

그럼 구속사 신학과 창조 신학은 어떤 차이가 있습니까? 구속사 신학은 여전히 흑암의 권세 가운데에서 하나님 아닌 것을 붙잡으면서 살아가는 사람들을 바라볼 때 하나님이 가장 마음 아파하실 거라고 여깁니다. 그래서 하나님이 가장 기뻐하시는 일, 즉 흑암의 권세 아래에서 우상을 섬기는 자들이 하나님을 만나고 하나님을 믿는 백성이 되도록 교회와 신앙인들이 전도와 선교에 열심을 다해야 한다는 것입니다. 이것이 구속사 신학입니다. 교회는 지난 2천 년 역사 속에서 이 구속사 신학을 강조하고 실천해 왔습니다.

그런데 하나님은 이것만 아파하시는 게 아닙니다. 예수를 믿지 않던 사람이 예수를 믿게 되는 것만 기뻐하시지도 않습니다. 성경은 하나님의 관심이 매우 포괄적이라는 것을 보여 줍니다. 하나님은 교회만의 하나님이 아니라 온 우주 만물의 하나님이십니다. 교회만을 창조하신 것이 아니라 온 우주 만물을 창조하셨습니다. 신앙인들만 창조하신 것이 아니라 이 땅의 비신앙인조차 하나님이 창조하신 하나님의 피조물입니다. 신앙이 없는 사람들조차도 하나님과 무관한 존재가 아니라 하나님과 본질적인 관계를 맺고 있다고 할 수 있습니다. 어떤 관계입니까? 하나님은 창조자이고, 그들은 피조물입니다. 이들이 이 땅에 생겨나게 된 가장 중요한 이유와 근거가 하나님이 그들을 창조하셨기 때문입니다. 그래서 그들이 인정하지 않고 그들이 고백하지 않는다고 하더라도 하나님과 무관하게 이 땅에 태어난 생명은 단 한 명도 없습니다. 모든 사람은 다 하나님과 본질적인 관계를 맺고 있습니다. 신앙인들은 하나님과 이중 관계를 맺고 있는 셈입니다. 창조주와의 본질적인 관계에 더해 하나님과 언약 관계까지 맺고 있기 때문입니다.

이것이 창조 신학입니다. 하나님이 이 땅을 창조하셨습니다. 이 땅에 있는 뭇 생명을 창조하셨습니다. 하나님은 자기 형상대로 존귀하게 지음받았지만 이 땅에서 하나님의 형상다운 존귀한 삶을 누리지 못하는 사람들 때문에 마음 아파하고 안타까워하십니다. 존엄하게 태어났지만 비인간적인 상황에 처한 모두를 바라보시면서 하나님이 마음 아파하신다는 것입니다. 그래서 하나님은 그런 비인간적인 삶에 처해 있던 사람들이 다시 인간다운 존엄성을 회복하게 될 때 기뻐하십니다.

존엄하게 창조된 사람들이 비인간적인 삶으로 전락하는 데는 여러 가지 이유가 있습니다. 불의한 정치 지도자가 폭압적인 통치를 행할 때 인간성을 상실할 수 있고, 일용할 양식이 없어서 경제적으로 궁핍할 때도 인간의 존엄성은 사라집니다. 사회적인 소외, 왜곡된 전통, 관습 때문에도 비인간적인 삶을 경험할 수 있습니다. 그런데 비인간적인 삶에 처해 있던 이들이 하나님의 형상다운 존엄한 삶을 회복하게 될 때 하나님은 너무 기뻐하십니다. 그렇다면 우리는 무엇을 해야겠습니까? 하나님이 기뻐하시는 그 일을 해야 합니다. 이 땅에 인간으로 태어났지만 인간적인 삶을 누리지 못하고, 인간의 존엄성을 누리지 못하는 사람들을 찾아보고, 그들을 억압하는 것이 무엇이고, 그 억압으로부터 그들을 건져 낼 수 있는 길을 찾아내는 데 최선을 다해야 합니다. 이것을 그동안 교회는 '봉사'라고 표현했습니다. 즉 구속사 신학에서 행하는 일은 전도나 선교라는 단어를 쓰고, 창조 신학의 맥락에서 신앙인들이 행하는 일은 봉사라는 단어를 쓴 것입니다. 하나님의 형상대로 지음받았지만 인간의 존엄성을 누리지 못하고 비인간적인 삶에 처해 있는 사람들을 다시 존엄성을 누릴 수 있도록 회복시켜 주는 모든 활동이 봉사입니다. 창조 신학의 영역입니다.

> 요한복음 21:15 그들이 조반 먹은 후에 예수께서 시몬 베드로에게 이르시되 요한의 아들 시몬아 네가 이 사람들보다 나를 더 사랑하느냐 하시니 이르되 주님 그러하나이다 내가 주님을 사랑하는 줄 주님께서 아시나이다 이르시되 내 어린 양을 먹이라 하시고.

부활하신 예수님이 베드로에게 오셔서 "네가 나를 사랑하느냐"고 물으십니다. 베드로는 "사랑합니다"라고 대답합니다. 그러자 예수님은 "내 어린 양을 먹이라"고 하십니다. '내 양'은 주님의 양입니다. 하나님의 양을, 하나님의 백성된 이요 예수의 제자된 사람들을 신실하게 먹여야 되는 것입니다. '먹이다'라는 말은 구속사적인 맥락에서 해석할 수 있지만, 창조 신학의 맥락에서도 해석할 수 있습니다. 교회 바깥에 있는 사람들과 소통하며 일반 은총에 공감하는 것입니다. 어떻게 살아야 하는지, 누구와 친구가 되어야 하는지, 인간에게 허락하신 올바른 성을 어떻게 가꾸어 나갈지와 같은 것은 신앙이 없는 사람에게도 중요한 주제입니다. 교회 바깥에 있는 이들에게 우리가 관심을 가져야 하는 이유는 그들을 전도의 대상뿐만 아니라 섬겨야 할 봉사의 대상으로 바라보는 것입니다. 하나님의 형상대로 지음받았지만 하나님의 형상다움을 누리지 못하는 사람들을 어떻게 도울 수 있을까 하는 측면에서 고민하는 것입니다.

지혜문학에 대한 관심은 그동안 교회가 구속사 신학의 관점에서 열심을 다해 왔지만 창조 신학의 관점에서 놓친 부분을 회복한다는 뜻입니다. 하나님이 통치하시는 영역, 성령님이 활동하시는 범위를 교회 공동체 안으로만 제한하는 경향에서 벗어나, 구속사 신학을 뛰어넘어 창조 신학으로 향한다는 뜻입니다. 다시 말해 지혜문학은 신앙인들끼리만 소통하는 것을 뛰어넘어 비신앙인들과 비종교적인 언어로 신학적인 메시지를 전달하는 길입니다.

잠언의 지혜

잠언은 참 지혜가 무엇인지를 알려 주고 있습니다. 그런데 세상이 말하는 지혜와 성경이 말하는 지혜는 차이가 있습니다. 사람들은 보통 지혜롭기 위해서는 지식을 많이 축적해야 한다고 생각합니다. 부모는 자녀가 지식의 사람뿐 아니라 지혜의 사람이 되길 바라기 때문에, 지혜의 사람이 되기 위해서 다양한 학문을 잘 습득하는 것이 중요하다고 생각합니다. 지식을 하나하나 차곡차곡 축적하면 어느 순간 쌓인 지식이 인생의 문제를 돌파해 나갈 수 있는 지혜로 승화되는 것처럼 여기기 때문입니다.

　그런데 성경은 '여호와를 경외하는 것'이 지혜의 근본이라 합니다. 여호와를 경외하는 것이 지혜의 시작, 지혜의 출발점이라는 뜻입니다. 다시 말해서 지혜롭기 위해서는 얼마나 많은 지식을 축적하느냐가 아니라, 인생의 한 걸음을 내디딜 때마다 하나님을 경외하는 마음으로 살아가는 자세와 태도가 중요한 것입니다. 하나님을 경외하는 마음으로 사고하고 행동하는 것이 곧 지혜의 삶입니다. 얼마나 많이 공부했느냐가 아니라 하나님을 경외하는 마음으로 생각하고 행하는 것이 성경이 말하는 참된 지혜입니다.

　세상이 말하는 지혜는 성경이 말하는 지혜와 다릅니다. 세상이 말하는 지혜의 가장 중요한 특징은 자기 이익을 추구한다는 것입니다. 조금 넓혀서 자기가 속한 집단, 조직, 즉 자신과 자기 집단의 이익을 추구하는 것이 세상의 지혜입니다. 보통 인생에서 성공할 수 있는 방법, 지금의 난관을 뚫고 나갈 수 있는 해결책 같은 것들을 지혜라 합니다. 극단적으로 말해서 조폭들이 모인 모임 안에도 지혜로운 사람이 있을 수 있습니다. 조폭들의 세계에서 지혜로운 사람이 누구입니까? 사람들에게 해를 가하면서도 법망을 피해 갈 수 있는 아이디어를 잘 내는 사람입니다. 조폭 집단의 이익을 추구하는 지혜입니다. 이것을 성경이 지혜라고 인정하겠습니까? 전혀 그렇지 않습니다. 세상이 말하는 지혜의 대표적인 예가 이집트의 바로입니다.

　　출애굽기 1:10　　자, 우리가 그들에게 대하여 지혜롭게 하자. 두렵건대 그들
　　　　　　　　　　　이 더 많게 되면 전쟁이 일어날 때에 우리 대적과 합하여

우리와 싸우고 이 땅에서 나갈까 하노라 하고.

이집트의 바로는 히브리인들의 수가 점점 늘어나는 데 두려움을 느꼈습니다. 아무리 억압하고 착취해도 히브리인 인구가 계속 번성한다면, 이들이 나중에 이집트를 공격하는 이방 나라와 손을 잡고 협공할 수도 있다는 것입니다. 그래서 바로가 참모들을 불러 "지혜롭게 하자"고 합니다. 히브리인들을 노예로 계속 부려 먹으면서도 히브리인들이 대적과 손을 잡지 못하게 할 방법을 쥐어짜 낸 것입니다. 그렇게 해서 나온 아이디어가 무엇입니까? 히브리인들이 이집트의 대적과 손잡는 게 걱정이라면 한편이 되는 방법을 생각할 수도 있지 않습니까? 친구가 되면 공격할 일이 없을 것 아닙니까? 그런데 그러려면 히브리인들을 억압하거나 착취해서는 안 됩니다. 노예로 부려 먹으면 안 됩니다. 노예를 부리지 않으려면 그동안 자신들이 누려 왔던 많은 것들을 포기해야 합니다. 그래서 이건 제대로 된 아이디어가 될 수 없습니다.

세상이 말하는 지혜의 전형적인 특징은 현재 자신이 누리고 있는 것을 절대 포기하지 않으려 한다는 것입니다. 이익을 지키며 혹시라도 생길 수 있는 우려를 제거해 나가기 위해 머리를 쥐어짜는 것입니다. 히브리인들을 부려 먹으면서도 히브리인들이 이집트의 대적과 손을 잡지 못하게 만들 방법은 무엇입니까? 히브리인을 약하게 만들면 됩니다. 인구를 감소시키는 것입니다. 그래서 중노동을 시킵니다. 그런데 엄청난 중노동을 해도 히브리인들의 아이는 늘어만 갔습니다. 그러자 바로가 지혜를 짜냈습니다. 아이를 받는 산파에게 남자아이가 태어나면 죽이고 여자아이가 태어나면 살리라고 명한 것입니다. 산파를 통해서 유아 살해를 시도했습니다.

그러나 산파들이 하나님을 두려워하여 애굽 왕의 명령을
어기고 남자 아기들을 살린지라.

하지만 산파들은 하나님을 경외했습니다. 하나님을 두려워했습니다.
그래서 바로의 말과 하나님의 뜻이 다르지만, 하나님의 뜻에 순종하기
위해서 바로의 말을 듣지 않았습니다. 이것이 바로 성경이 말하는 참
지혜입니다. 여호와를 경외함으로, 산파들은 바로의 말을 듣지 않습니
다. 바로는 이번에도 실패하자, 아예 온 백성을 향해 남자아이가 태어나
면 죽여 버리라고 공개적으로 명합니다. 바로를 통해 악이 스스로 발전
해 나가는 모습도 볼 수 있습니다. 바로가 대표하는 세상의 지혜와 산
파가 대표하는 참된 지혜가 이 본문에서 충돌하고 있습니다.

세상이 말하는 지혜는 성공하기 위한 생의 기술, 난관을 뚫기 위한
해결책, 자신과 자기 집단의 이익을 추구하는 특징이 있습니다. 성경
이 말하는 지혜는 여호와를 경외하기 때문에 내딛기 시작한 인생의 발
걸음입니다. 여호와를 경외하는 참 지혜의 표본 같은 인물도 있습니
다. 바로 요셉입니다.

이 집에는 나보다 큰 이가 없으며 주인이 아무것도 내게 금
하지 아니하였어도 금한 것은 당신뿐이니 당신은 그의 아
내임이라. 그런즉 내가 어찌 이 큰 악을 행하여 하나님께
죄를 지으리이까.

요셉은 17살에 보디발의 집에 노예가 되었습니다. 하지만 성실하게 일해서 가정 총무가 되었습니다. 보디발의 신뢰를 받았습니다. 어느 날 보디발의 아내가 요셉을 유혹했습니다. 너만 입을 다물면 완전 범죄라고 유혹합니다. 요셉은 하나님이 지켜보고 계시다는 것을 알았습니다. 그래서 범죄할 수 없다고 선포합니다. 이것이 바로 성경이 말하는 참된 지혜입니다. 매 순간 하나님의 시선을 염두에 두는 것입니다. 매 순간 하나님 앞에서 '코람데오Coram Deo'의 삶을 살아 내는 것입니다. 보디발의 아내는 하나님의 시선을 의식하지 않았기 때문에 하나님이 보이지 않았습니다. 그런데 요셉은 하나님이 언제나 지켜보고 계신다는 것을 알았습니다. 하루하루 하나님을 경외하는 마음으로 살았기 때문입니다.

잠언은 여호와를 경외하는 것이 참된 지혜라고 선포합니다. 전부 31장인 잠언의 시작과 끝부분에서 여호와를 경외하는 것이 지혜라고 주장합니다.

잠언 1:7   여호와를 경외하는 것이 지식의 근본이거늘 미련한 자는 지혜와 훈계를 멸시하느니라.

여호와를 경외하는 것이 지식의 근본이며, 우리가 정말 알아야 할 지식의 출발점이라고 말하는 것입니다.

잠언 31:30   고운 것도 거짓되고 아름다운 것도 헛되나 오직 여호와를 경외하는 여자는 칭찬을 받을 것이라.

잠언이 강조하는 참된 지혜, 즉 여호와를 경외하는 것은 지혜문학의 공통적인 강조점입니다. 구약성경에서 지혜문학에 포함되는 책은 잠언, 전도서, 아가서, 욥기입니다. 아가서는 인간의 성이라는 독보적인 주제를 다루고 있지만, 잠언, 전도서, 욥기는 공통적으로 신명기 신학, 즉 인과응보를 다루고 있습니다. 이스라엘 백성이 인간 사회에서 일어나는 많은 사건들을 해석하는 중요한 해석의 틀, 혹은 신학적인 잣대는 신명기 신학으로, 쉽게 말해 뿌린 대로 거둔다는 것입니다. 하나님께 순종하면 복을 받고 하나님께 불순종하면 벌을 받는다는 주장입니다. 신명기 신학은 하나님을 믿는 백성끼리 모여 있을 때는 유효합니다.

하지만 세상은 믿는 사람들만 살아가는 곳이 아닙니다. 세상 사람들과 함께 살아가는 곳입니다. 이 땅은 하나님을 경외하기보다는 물질, 즉 맘몬을 따르고 인간의 이기심과 욕망을 추구하며 거짓과 불의가 판치기 좋은 곳입니다. 이런 세상에서 의롭고 정직하고 진실하게 살아가려는 사람들은 박수를 받는 것이 아니라 이들을 끌어내리려는 타락한 시대의 핍박을 받습니다. 그래서 타락한 시대의 전형적인 특징이 하향 평준화입니다. 10명 가운데 7-8명이 불의의 카르텔을 형성하면 의롭게 살려는 1-2명이 이상한 사람이 되어 공격받을 가능성이 훨씬 큽니다. 이스라엘에도 인과응보나 신명기 신학이 유효하고 적절할 때가 있었습니다. 하지만 이방 제국의 압제를 받게 되면서 신명기 신학을 대신해 의인의 고난이라는 새로운 문제가 주어졌습니다. 지혜문학 가운데 잠언은 인과응보 사상을 옹호하는 본문이고, 욥기와 전도서는 인과응보 사상에 문제 제기를 하는 본문입니다. 그래서 잠언은 실천적인 지혜, 욥기와 전도서는 사색적 지혜라고 부릅니다. 실천적인 지혜인 잠언은 인간의 성공과 행복을 담고 있습니다. 인간의 성공이나 행복에 대해서 조언하는 것이 잠언입니다. 인간의 성공과 행복에 대해 인과응보에 근거해서 조언하는 것입니다. 성실하게 살면 성공하고, 게으르면 가난해진다는 게 잠언의 결론입니다.

> 잠언 6:6 　게으른 자여 개미에게 가서 그가 하는 것을 보고 지혜를 얻으라.

게으른 사람은 개미가 얼마나 부지런한지 가서 보고 배워야 한다는 것입니다. 그러니까 게으르면 가난해질 수밖에 없으니, 부유해지고 싶다면 개미처럼 성실하고 근면하게 노력하라는 전형적인 인과응보 사상입니다. 인과응보에 근거해서 인생의 성공과 행복에 대해 조언하기 때문에 잠언은 지혜문학 중에서도 실천적 지혜입니다.

그런데 전도서와 욥기는 다릅니다. 이들은 사색적 지혜라고 부르는데, 지혜가 무엇인지 고민하게 만들기 때문입니다. 왜 우리에게 인생의 고난이 다가오는가, 이 삶을 살아야 될 이유가 무엇인가, 인생의 의미와 고난의 의의를 묻기 때문에 사색에 빠질 수밖에 없습니다. 그래서 전도서와 욥기는 순종한다고, 의롭게 산다고, 정직하게 산다고, 거룩하게 산다고 무조건 승승장구하는 게 아니라는 결론에 도달합니다. 성실하게 땀 흘려 노동했는데 불의한 권력자가 그것을 다 빼앗아 가기도 합니다. 성실하게 노동한다고 반드시 부자가 되지도 않고, 게으르다고 반드시 거지가 되지도 않더라는 것입니다. 그래서 욥기와 전도서는 전통적인 인과응보 사상에 대해서 문제 제기를 합니다.

잠언의 고립된 지혜

　잠언은 지혜가 무엇인지 알려 주는 교육의 책입니다. 특히 아버지가 아들에게, 부모가 자녀에게 인생을 어떻게 살아야 하는지, 누구와 친구가 되어야 되는지, 물질과 시간을 어떻게 사용해야 하는지 등의 인생의 지혜를 알려 주는 책입니다. 많은 학자들이 잠언을 당시 왕실에서 왕자들이나 귀족의 고위층 자녀들을 교육하는 데 사용했던 텍스트였을 것이라고 추측합니다. 그래서 잠언은 오늘날에도 어린 자녀들에게 인생을 어떻게 살아가야 될 것인지 중요한 방향을 심어 주는 교육의 책이 될 수 있습니다. 잠언 안에는 인생을 지혜롭게 살아가기 위한 격언들이 많이 모여 있습니다. 잠언의 문장들은 단순하면서도 깊은 공명을 일으킵니다. '참 좋다'는 생각이 듭니다.

　그런데 잠언을 해석하는 것은 쉽지가 않습니다. 잠언에 있는 말씀 가운데 문자적으로 실천할 때 문제가 될 수 있는 내용도 꽤 많이 있습니다. 성경에 있는 말씀을 문자 그대로 철저하게 신봉하고 순종해야 한다고 여기는 태도는 문제가 있습니다. 성경이 진리의 말씀이니까 문자 그대로 행하기만 하면 하나님이 불상사를 막아 주신다고 주장하는 분들이 있는데, 반드시 그런 것은 아닙니다. 특히 잠언에 나오는 말씀을 무조건적으로 적용하려다 보면 큰 문제가 벌어질 수도 있습니다.

　몇 년 전 미국에서 가정 폭력 문제로 가장 많은 신고가 접수되는 곳이 소위 바이블 벨트라는 남부의 주들이라는 발표가 있었습니다. 미국에서 선거 때마다 공화당을 지지하는, 주로 근본주의적인 기독교 신앙인들이 많이 사는 지역입니다. 근본주의적인 신앙인들은 성경의 말씀을 문자 그대로 따르는 경향이 있습니다. 그래서 잠언 말씀도 문자 그대로 실천합니다. 그 결과 미국 사회에서 가정 폭력, 체벌 문제로 가장 많은 문제가 일어나고 있다는 것입니다.

> 잠언 13:24   매를 아끼는 자는 그의 자식을 미워함이라. 자식을 사랑하는 자는 근실히 징계하느니라.

사자성어나 속담 관련 책에는 해당 표현이 생겨난 배경에 대한 설명이 있어야 의미를 제대로 파악할 수 있습니다. 잠언도 마찬가지입니다. 어떤 배경에서 이런 경구가 생겨났는지 설명이 필요합니다. 그런데 현재 우리 손에 있는 잠언은 이 경구들이 나오게 된 사건이나 배경은 빠져 있습니다. 그것까지 기술하게 되면 잠언 책의 분량이 너무나 늘어나기 때문입니다. 그래서 배경은 빼고 주옥같은 경구들만 나란히 배열해 놓았습니다. 잠언이 '자식에게 매를 아끼지 말라'고 하게 된 배경이 있었을 것입니다. 상상력을 발휘해 보자면, 부모가 문제를 일으키는 자녀 때문에 속을 썩이다 작정하고 징계했는데 그 진심이 통해서 결국 그 자녀가 돌이킨 경우가 있었을 것입니다. 그런 사건을 배경 삼아 매를 아끼지 않아야 자녀를 사랑하는 것이라는 경구가 만들어졌습니다. 그런데 이 경구를 모든 상황에 적용해도 되겠습니까? 자녀에게 매를 아끼면 안 된다고 날마다 자녀를 체벌하는 게 이 말씀에 제대로 순종하는 행위라고 말할 수 있습니까? 모든 아이가 부모의 체벌을 사랑으로 이해할 수는 없는 법입니다. 매를 들면 들수록 반항하고 더 삐뚤어지는 아이도 있을 수 있습니다. 낱낱의 경구가 어떤 사건과 배경 속에서 조형되었는지 알 수 없는데 낱개의 잠언구를 무조건적인 아멘으로 받아들이면 위험한 상황을 초래할 수 있습니다. 낱낱의 경구는 그 경구를 진실로 만들어 준 특별한 사건과 배경이 있었다고 이해하는 것이 옳습니다.

> 잠언 23:13-14　아이를 훈계하지 아니하려고 하지 말라. 채찍으로 그를 때릴지라도 그가 죽지 아니하리라. 네가 그를 채찍으로 때리면 그의 영혼을 스올에서 구원하리라.

이런 경구가 나오게 된 배경과 상황은 무엇입니까? 아이를 훈계하는 부모의 마음이 진심이라면 체벌의 진정성이 통하리라는 의미가 아니겠습니까? 그런 맥락이 있기 때문에 이 경구가 독특하게 지혜의 말씀으로 인정받은 것입니다. 그런데 이 말씀만을 모든 상황에 적용하게 되면 어떤 일이 벌어지겠습니까? "채찍으로 아이를 때릴지라도 죽지 않는다"에 아무 때나 아멘 해도 괜찮은 것입니까? 성경에 채찍으로 때려도 아이가 죽지 않는다고 했다면서 아이에게 채찍을 들면 큰일 납니다. 잠언 해석이 난해한 이유가 바로 이 때문입니다.

잠언은 인생을 가르치는 교육의 책이기 때문에, 특정한 사건과 배경 속에서 탄생한 경구들을 모아 놓았습니다. 모든 잠언에 경구를 탄생시킨 배경이 있었지만, 우리는 그것을 알 수 없습니다. 그런 경구를 모든 상황에 적용할 절대적 진리로 받아들일 수는 없습니다. 예컨대 자녀의 체벌 문제를 모든 상황 속에 적용하는 것은 옳지 않습니다. 잠언을 해석하는 데 이런 어려움이 따른다는 것을 인지하고, 경구의 말씀을 현실에 적용하는 데 주의해야 합니다.

잠언의 해석

사실 성경의 말씀은 절대적 진리라고 말하기가 어려운 부분이 있습니다. 여기서는 이렇게 말하고, 저기는 저렇게 말하고 있어서 얼핏 성경 스스로 모순이 있는 것 같습니다. 어떤 스님이 성경을 만 번 이상 읽었는데, 기독교 신앙이 허구로 가득하다는 것만 발견했다고 말하는 것을 들은 적이 있습니다. 이분이 성경에서 드러난 모순되는 부분을 나열했는데요. 예를 들어, 복음서에서 예수님이 예루살렘에 들어오실 때 나귀 한 마리에 탔다는 성경도 있고, 새끼 나귀를 탔다는 성경도 있다는 것입니다. 예수님이 부활하시고 여인들이 예수님을 만났다고도 하고, 이미 빈 무덤이라 아무도 예수님을 못 만났다고도 합니다. 예수님이 거라사 지방에서 만난 군대 귀신 들린 사람은 한 명으로 나오기도 하고, 두 명으로 나오기도 합니다. 왜 이렇게 일관성이 없는 겁니까? 이 스님은 성경을 열심히 읽고 그 안에 모순이 가득하다는 결론에 도달했습니다.

성경은 한 사람에 의해 동일한 시점에 기록된 말씀이 아닙니다. 성경은 40명 이상의 저자들에 의해서 1,600년이라는 시간적인 간격을 두고 기록됐습니다. 그리고 말씀을 받은 대상이 다양했습니다. 누구는 유대인을 대상으로 쓰기도 하고, 누구는 이방인을 대상으로 썼습니다. 모순이란 동일한 시점에 동일한 대상에게 어떤 때는 이렇게, 어떤 때는 저렇게 말하는 것입니다. 만약 말씀을 듣는 대상이 다르고 그 대상이 처해 있던 상황이 다르다면 강조를 위해서 말을 바꿀 수도 있지 않습니까? 예를 들어 어떤 사람이 너무 음식을 많이 먹어서 큰 질병에 걸렸다고 생각해 보십시오. 건강에 적신호가 켜진 것입니다. 그 사람의 건강이 걱정된다면 뭐라고 조언하겠습니까? "건강하려면 조금 먹어야 해. 음식은 절제해야지. 적게 먹어야 건강한 거야"라고 조언할 것입니다. 반대로 너무 음식을 먹지 않고 지나치게 다이어트해서 건강에 적신호가 켜진 사람이 있다면 뭐라고 조언하겠습니까? "건강하려면 많이 먹어야 해. 잘 먹어야 건강한 거야" 하지 않겠습니까? 성경도 특정 배경에서 특정한 사람을 대상으로 선포되었기 때문에, 그 배경과 대상에 따라 전달 방식이 다를 수 있습니다.

이런 맥락에서 잠언의 해석이 어렵다는 점을 이해할 수 있습니다. 사건과 배경을 잘 모르는 상황에서 경구라고 무조건적으로 모든 상황에 적용하는 것은 위험할 수 있습니다. 그래서 잠언을 제대로 이해하기란 쉽지 않은데, 학자들의 도움을 받거나 개인적인 해석에 대해 검증받을 필요가 있습니다. 잠언은 이렇듯 겸손한 마음으로 볼 필요가 있습니다.

전도서

잠언은 실천적 지혜이고 전도서는 사색적 지혜라고 할 수 있습니다.

실천적 지혜는 인생의 성공이나 행복에 대한 조언을 인과응보에 근거해서 제시하지만, 사색적 지혜는 인과응보로 설명할 수 없는 삶의 의미를 담고 있습니다.

'코헬렛'은 누구인가

전도서는 히브리어로 '코헬렛Kobelet'입니다. '코헬렛'은 '공동체의 지도자, 지혜 말씀에 대한 수집자, 편찬자, 선포자'를 가리킵니다. 공동체 안에 전해 내려오는 지혜를 수집하고 편집하고 선포하려면 공동체의 지도자였을 것입니다. 전도서는 바로 이 '코헬렛'이 쓴 책입니다.

전도서의 저자가 누구인지에 대해서는 학자들 사이에 논쟁이 많습니다. 한국 교회는 잠언과 전도서와 아가서를 솔로몬의 3부작으로 보는 편입니다. 그런데 잠언, 전도서, 아가서는 서두가 다릅니다. 잠언은 7개 표제 가운데 3개가 솔로몬의 표제입니다(잠언 1:1, 10:1, 25:1). "솔로몬의 잠언"이라고 말해 주고 있습니다. 아가서도 "솔로몬의 아가"라고 말합니다(아가 1:1).

전도서 1:1   다윗의 아들 예루살렘 왕 전도자의 말씀이라.

전도서의 저자는 전도자, 즉 '코헬렛'입니다. '전도자'를 수식하는 말이 '다윗의 아들', '예루살렘 왕'입니다. 다윗의 아들이면서 예루살렘 왕이라면 솔로몬이지 않습니까? 그래서 전도자, '코헬렛'이 솔로몬이라고 주장하고, 전도서를 잠언과 아가서와 함께 솔로몬의 3부작으로 여깁니다.

하지만 잠언과 아가서 때문에, 전도서의 저자가 솔로몬이 아닐 수도 있다는 의견이 나옵니다. 잠언과 아가서는 "솔로몬의 잠언", 혹은 "솔로몬의 아가"라고 하면서, 전도서는 '솔로몬'을 언급하지 않았기 때문입니다. 굳이 전도서가 솔로몬이라는 이름을 드러내지 않았는데도 전도서의 저자를 솔로몬으로 믿는 이유는, '전도자'를 수식하는 말 때문입니다. "다윗의 아들 예루살렘 왕"이 솔로몬을 가리킨다고 보는 것입니다. 다윗의 아들은 히브리어로 '벤 다비드'인데, 히브리어 '벤ben'은 우선적으로 '아들'을 뜻하지만, 아들 외에도 손자를 비롯한 후손을 가리킵니다. 그러니까 전도자는 다윗의 아들일 수도 있지만, 다윗의 손자들, 즉 예루살렘을 다스린 다윗 왕가의 왕들 중 한 명일 수 있습니다.

전도서 1:12 나 전도자는 예루살렘에서 이스라엘 왕이 되어.

전도서 1:16 내가 내 마음속으로 말하여 이르기를 보라, 내가 크게 되고 지혜를 더 많이 얻었으므로 나보다 먼저 예루살렘에 있던 모든 사람들보다 낫다 하였나니 내 마음이 지혜와 지식을 많이 만나 보았음이로다.

전도자는 역대 어떤 왕, 어떤 지도자보다 자신이 가장 지혜로운 사람이었다고 말합니다. 만약 솔로몬이 저자라면 솔로몬 이전에 역대 왕은 사울과 다윗밖에 없습니다. 비교할 만한 선대의 왕들이 너무 없는 것입니다. 다윗 왕가가 상당 기간 이어지고 난 다음, 많은 선대 왕들과 비교해 볼 때 전도자의 지혜가 돋보이는 시대라고 보는 것이 타당할 것입니다.

게다가 전도자는 당대 온갖 불의가 판치고 있다고 고발합니다. 재판관들이 공의로운 판결을 내리지 않는다고 합니다. 만약 솔로몬이 전도서의 저자인 '전도자'라면 이런 불의에 가장 큰 책임을 갖고 있는 사람이 자신에게 침을 뱉는 셈입니다.

전도서 3:16   또 내가 해 아래에서 보건대 재판하는 곳 거기에도 악이 있고 정의를 행하는 곳 거기에도 악이 있도다.

전도서 4:1   내가 다시 해 아래에서 행하는 모든 학대를 살펴 보았도다. 보라, 학대 받는 자들의 눈물이로다. 그들에게 위로자가 없도다. 그들을 학대하는 자들의 손에는 권세가 있으나 그들에게는 위로자가 없도다.

전도서 5:8   너는 어느 지방에서든지 빈민을 학대하는 것과 정의와 공의를 짓밟는 것을 볼지라도 그것을 이상히 여기지 말라. 높은 자는 더 높은 자가 감찰하고 또 그들보다 더 높은 자들도 있음이니라.

이런 구절들을 보면, 마치 제3자의 관점에서 불의한 재판관들에 의해 공의가 시행되지 않는 것을 비판하고 있습니다. 만약 솔로몬이 전도서의 저자라면 자기비판을 하는 게 타당합니다. 왕으로서 이스라엘의 공의를 제대로 세우지 못했고, 불의한 자들이 재판을 좌지우지하는 것을 제대로 제어하지 못했다고 자기반성해야 합니다. 이런 점을 고려해 봤을 때 전도서의 저자는 솔로몬으로 확정하는 대신 '코헬렛'으로 남겨 두는 편이 나을 것입니다. 정확히 누구인지 명시할 수 없지만 공동체의 지도자 중 한 사람으로, 공동체에 전해 내려오는 지혜의 말씀을 수집하고 편찬하고 이를 선포한 지도자인 것입니다.

'코헬렛'의 패러다임

전도서에 쓰인 단어들 중에는 프톨레마이오스 왕조 시대에 만들어진 신조어들이 있습니다. 프톨레마이오스는 알렉산드로스 대왕이 죽고 주전 4세기에 형성된 헬라 제국 중 하나입니다. 예루살렘에 2차 성전을 재건하고 간신히 정체성을 회복하고 있던 유다인들은 새로운 이방의 사상과 문화에 충격을 받았습니다. 헬레니즘의 물결이었습니다.

욥기가 인과응보의 신명기 신학을 기반으로 욥과 세 친구가 논쟁을 벌이는 내용이라면, 전도서는 헬레니즘 제국이 선전하는 새로운 신조들과 하나님 백성으로서 유다인이 지켜 온 고유의 가치관이 대립하는 내용입니다. 예를 들어 헬레니즘은 물질 번영과 물질 숭배에 절대적인 호감을 내세우고 있습니다. 전도서는 그 새로운 세계관에 맞서 투쟁하는 책입니다. 이방 사상에 대해 하나님의 말씀으로 반박하는 것입니다. 이런 세계관의 투쟁을 담고 있는 책인데 인용 부호가 없습니다. 인용 부호가 없기 때문에 이것이 헬레니즘 편에서 하는 주장인지, 아니면 헬레니즘을 반박하기 위한 주장인지 알기가 어렵습니다. 이것이 전도서의 난해함입니다.

> 전도서 3:21 인생들의 혼은 위로 올라가고 짐승의 혼은 아래 곧 땅으로 내려가는 줄을 누가 알랴.

'인생들의 혼'이라는 단어에 각주가 있습니다. '히브리어로 영'이라고 써 있다는 것입니다. '영'을 나타내는 히브리어가 '루아흐*Ruah*'입니다. 원래 '인간의 영'으로 번역되는 단어입니다. '하나님의 영'은 '루아흐 하엘로힘*Ruah baElohim*'입니다. 우리말 번역은 원래 '영'을 뜻하는 히브리어 '루아흐'를 '혼'으로 번역해 놓고 각주에서 원래 '영'이라고 설명한 것입니다.

왜 그랬을까요? 우리말 번역을 한 사람들은 인간에게는 '영'이라고 해도 되지만, 동물에게 '영'이라고 해서는 안 된다고 생각한 것입니다. 그래서 인간과 동물 모두에게 쓸 수 있는 '혼'으로 옮기고 인간은 '영'이라는 설명을 붙였습니다. 그러니까 인생들의 '영'은 위로 올라가고 짐승의 '혼'은 땅으로 내려가는 줄을 아무도 모른다는 것입니다. 이것은 헬레니즘의 사고입니다. 그런데 전도자가 이 말을 인용해서 헬레니즘에 동조하고 있는지, 아니면 헬레니즘에 반박하고 있는지 알 수가 없습니다. 그래서 전도서가 난해한 책입니다.

헬레니즘은 그리스 철학으로 단순하게 규정하면 '영육 이원론'입니다. '성속 이원론'이라고도 할 수 있습니다. 영의 일이 따로 있고 육의 일이 따로 있다고 봅니다. 거룩한 곳이 따로 있고 속된 곳이 따로 있다고 봅니다. 영역적으로 영과 육, 성과 속을 완전히 나누는 것이 헬레니즘입니다. 한국 교회는 헬레니즘적 이원론을 극복하지 못했다는 평가를 받습니다. 예를 들면, 교회 일은 영적인 일이고 세상 일은 육적인 일이라고 생각합니다. 목사의 사역은 성스러운 일이고 직장이나 사회생활은 세상적인 일이라고 봅니다. 헬레니즘 사고방식에 따르면 거룩한 곳에 있고 싶으면 교회에 있으면 됩니다. 영의 일, 하나님의 일을 하고 싶다면 목사로 안수받거나, 찬양과 기도와 예배를 쉬지 않으면 됩니다. 만약 그것이 피곤하면 거룩하다고 여겨지지 않는 세상적인 곳에서 즐기면 되는 것입니다. 이것이 헬레니즘적인 이원론입니다.

그러나 하나님은 영과 육을 그렇게 분리하지 않으십니다. 성전에서 예배드리는 것만이 하나님이 기뻐하시는 일이라고 말하지 않습니다. 이웃에게 사랑을 베푸는 것, 진실하고 정직하고 거룩하게 살아가는 일상 자체가 하나님께 드리는 예배요 하나님께 영광을 돌려 드리는 것입니다. 헬레니즘은 영역 자체로 거룩한 것과 속된 것을 구분하는데 헤브라이즘은 그렇지 않습니다. 잘 보십시오. 예배와 찬양과 기도는 하나님이 기뻐하시는 거룩한 하나님의 일이다, 영의 일이다, 성스러운 일이다, 항상 그렇다고 말하면 그것은 헬레니즘입니다. 헤브라이즘은 하나님의 백성이 예배와 찬양과 기도를 통해 하나님께 기쁨이 되고, 하나님께 영광을 돌리기 위해 부름받았다고 말합니다. 따라서 현실 속에서 우리는 부름받은 그대로 예배와 찬양과 기도가 하나님께 기쁨이 되고 하나님께 영광이 될 수 있도록 깨어 있어야 한다고 말합니다. 교회는 항상 거룩한 하나님의 집이라고 말한다면 헬레니즘입니다.

교회는 거룩한 하나님의 집으로 부름받았지만, 그 부르심을 현실 속에서 지켜 내기 위해 부단히 깨어 있어야 합니다. 그래서 부름받은 그대로 거룩한 하나님의 집이 될 수도 있지만, 하나님과 아무런 상관이 없는 강도들의 소굴로 추락할 수도 있습니다.

안수받은 목사가 항상 거룩한 신의 사람이라고 주장한다면 헬레니즘입니다. 목사로 안수를 받았다고 해서 항상 거룩한 사람입니까? 현실 세계에서 목사는 거룩한 하나님의 사람으로 부름받은 그대로 살아가기 위해 부단히 깨어 있어야 합니다. 그래서 부름받은 그대로 거룩한 하나님의 사람으로 살아가는 목사도 있지만, 하나님의 이름을 이용해서 자기의 이권과 욕심을 채우는 삯꾼으로 추락할 수도 있습니다.

헬레니즘은 영역적으로 성과 속, 영과 육을 구분하지만, 사실 모든 것은 경계 가운데 있습니다. 중요한 것은 하나님이 원하시는 모습을 이루기 위해서 매 순간 깨어 신실하게 살아가는 것입니다.

로마서 12:1 그러므로 형제들아 내가 하나님의 모든 자비하심으로 너희를 권하노니 너희 몸을 하나님이 기뻐하시는 거룩한 산 제물로 드리라. 이는 너희가 드릴 영적 예배니라.

헬레니즘에서 몸은 천한 것입니다. 그런데 바울은 그 천한 몸을 거룩한 산 제물로 바치라고 합니다. 무엇이 거룩한 것입니까?

레위기 19:2 너희는 거룩하라. 이는 나 여호와 너희 하나님이 거룩함이니라.

거룩은 시간 날 때마다 종교의식에 열심을 다하는 것이 아닙니다. 재판하는 사람이라면 그의 거룩은 공의로운 판결을 통해 나타나야 합니다. 장사하는 사람이라면 그의 거룩이 더 많은 이윤을 위해 저울추를 속이지 않는 것으로 나타나야 합니다. 다시 말해 일상의 삶 속에서 하나님이 기뻐하시는 거룩의 모습을 찾아가는 것입니다. 거룩한 삶을 신실하게 살아 내기 위해서 종교의식도 필요합니다. 우리가 주일에 모여서 함께 예배드리고, 구역 예배를 드리고, 성도의 교제를 하는 그 자체가 목적일 수 없습니다. 우리의 예배, 찬양, 기도, 성도의 교제는 마치 차량에 주유하는 것과 같습니다. 차에 기름을 넣는 목적이 무엇입니까? 주유하고 도로에 나가서 힘 있게 달리기 위해서입니다. 우리가 함께 모여 예배하고 성도의 교제를 하며 기도하고 찬양하는 것은, 세상 한복판에 나가서 하나님의 백성답게 신실하게 살아가기 위해서입니다.

영과 육을 이분법처럼 나누고 그때그때 편리한 대로 취하는 것은 거룩한 사람이 아닙니다. 모든 것이 경계 가운데 있기에 어떤 자세와 태도로 살아갈지 매 순간 선택하는 것이 하나님 백성의 삶입니다. 신앙인에게 가장 중요한 은사는 분별력입니다. 하나님이 진짜 원하시는 것을 분별하고, 하나님이 원래 원하시는 대로 신실하게 살아가기 위해 일상의 분투를 멈추지 않는 것이 신앙인들에게 요청되는 지혜입니다.

'코헬렛'의 지혜

전도서에는 '헛되다'는 말이 자주 등장합니다.

전도서 1:2   전도자가 이르되 헛되고 헛되며 헛되고 헛되니 모든 것이
            헛되도다.

무려 다섯 번이나 헛되다고 합니다. 이것 때문에 전도서를 읽는 게 망설여집니다. 성경을 읽고 인생이 허무해지면 어떻게 되는 겁니까? '헛되다'는 히브리어로 '헤벨bevel'입니다. 이 '헤벨'은 정확하게 하나의 의미로 규정하기 어려운 단어입니다. 우리말 성경은 '헛되다'라고 번역했지만, 무의미, 무익, 호흡, 불합리, 증기, 엷은 안개 등 다양한 의미로 해석할 수 있습니다. 내가 잡을 수 있을 것이라 생각했지만 쏜살같이 빠져나가는 것이기도 합니다. 붙잡을 수 없는 겁니다. 그리고 끝이 있는 겁니다. 한마디로 우리 인생에 대한 이야기입니다.

그래서 전도서가 말하는 가장 중요한 핵심은 언젠가 인생에 끝이 있음을 기억하라는 것입니다. 인생에 끝이 있음을 기억하게 되면 첫째, 오늘 자신에게 허락된 하나님의 은혜를 기쁨으로 향유할 수 있습니다. 이것을 라틴어로 '카르페 디엠Carpe diem'이라고 합니다. '오늘을 즐겨라', '오늘을 붙잡으라'는 뜻입니다. 오늘 하나님이 주신 은총과 선물을 마음껏 누리라는 뜻입니다. 다른 하나는 '메멘토 모리Memento mori'입니다. '죽음을 기억하라'는 것입니다. 언젠가 우리 삶에 끝이 있고 그 끝에는 하나님 앞에서 인생을 결산해야 될 때가 있습니다. 이 두

가지를 기억하는 것이 전도서가 말하는 지혜입니다.

오늘날 한국 사회의 행복은 유예적인 행복입니다. 성실하고 열심히 살아가고 있지만 오늘 당장 행복한 사람들이 많지 않습니다. 중고등학 생들은 행복을 대학 입학 이후로 미뤄 놓습니다. 대학에 입학하면 취 업 이후로 미뤄 놓습니다. 취업 이후에는 결혼 이후로 미루고, 결혼 이 후에는 노후로 행복을 유예시킵니다. 나이 들어 몸도 아프고 치아도 흔들거릴 때 무슨 행복을 누릴 수 있겠습니까? 하나님이 인생에 주신 은총과 선물들을 그때그때 누리는 대신, 다음으로 유예하면서 닥친 하 루를 고되고 힘들고 괴롭게 버티는 오늘날 한국 사회에 전도서는 분명 의미 있는 메시지를 던지고 있습니다. 인생은 붙잡을 수 없습니다. 쏜 살같이 지나가는 인생은 언젠가 끝이 있습니다. 하나님과의 최종 결산 이 있습니다. 그런 인생을 어떻게 살아야 하겠습니까? 오늘 하나님이 우리에게 허락하신 은총의 햇살을 마음껏 쬐며, 사랑하는 사람들과 마 음껏 교제를 나누고, '카르페 디엠'과 '메멘토 모리'를 상기하는 것이 전도서가 전하는 지혜의 메시지입니다.

아가서

아가는 히브리어로 '쉬르 하쉬림*Shir HaShirim*'입니다. '노래 중의 노 래', '가장 아름다운 노래'라는 뜻입니다. 그래서 한자로 아가雅歌, 즉 '가장 아름다운 노래'가 된 것입니다. 아가서 본문이 노래하는 것은 하나님이 인간에게 허락하신 인간의 성과 남녀 간의 사랑입니다. '진정한 사랑이 무엇인가'라는 주제와 함께 사랑에 대한 찬미와 교훈이 들어 있습니다. 아가서에는 적나라한 육체적인 묘사, 특히 여성의 신체에 대한 묘사가 있습니다. 유대교에서도 아주 어린아이들에게는 별로 권하지 않는 본문이 아가서라고 합니다.

사랑의 찬가

아가서는 지혜문학이고, 특별히 하나님이 인간에게 허락하신 일반 은총으로서의 선물, 특별히 남성과 여성에게 허락하신 성, 서로에 대한 사랑, 이성적인 사랑에 대해 말합니다. 특별히 아가서 안에서는 한 남성과 여성이 누리게 되는 육체적인 사랑 이야기가 전면에 흐르고 있습니다. 그래서 미성년자에게는 권하지 않고 성인들조차 적나라한 묘사 때문에 부담스럽게 느끼는 본문입니다. 옛날부터 문자 그대로 읽지 못하고 풍유적으로 알레고리컬하게 해석했던 대표적 본문이 아가서입니다.

유대인들에게 '오축五軸'이 있습니다. '다섯 두루마리Five Megillot'라는 뜻입니다. 이스라엘 백성의 중요한 절기에 공동체 앞에서 선포되는 말씀입니다. 우리로 치면 추석, 설날, 광복절 같은 날 공동체가 전체로 모여 '오축'의 말씀을 들었는데 아가서도 그 가운데 하나입니다. 아가서는 유월절에 낭독되는 본문입니다. 유월절이 이스라엘 공동체에 얼마나 중요한 절기입니까. 바로의 압제로 중노동에 시달리던 자들을 하나님이 구원해 주시고 언약을 체결해 하나님의 백성으로 삼은 원초적 사건이 유월절입니다. 그 유월절을 기념해 이스라엘 공동체 앞에서 낭독된 본문이 바로 아가서입니다. 그래서 아가서는 하나님과 이스라엘 백성 간의 뜨거운 사랑 이야기로 해석됩니다. 문자 그대로 읽게 되면 남녀 간의 뜨거운 사랑 이야기지만 하나님과 이스라엘의 관계로 비유하는 것입니다.

지혜문학은 일반적인 성경 본문과 다른 점이 있습니다. 구속사적인 사건의 해설이나 선포에는 관심이 없고, 비신앙인과 소통할 만한 보편적 주제, 즉 인생, 친구, 물질, 성 등을 다룹니다. 특히 아가서는 하나님이 인간에게 허락하신 성에 대한 이야기입니다. 문자 그대로 읽게 되면 너무나 노골적인 남녀 간의 사랑 이야기입니다.

교회사에서 풍유적인 해석으로 유명한 인물이 오리게네스입니다. 중세 시대에도 로마 가톨릭은 대부분 성경을 풍유적으로 해석했습니다. 풍유적이라는 것은 문자 그대로 읽어서는 안 된다는 것입니다. 문자라는 것은 심오한 상징과 비유를 담고 있고, 그런 상징과 비유는 보통 사람들은 알 수 없다고 보았습니다. 그러니까 그 문자가 담고 있는 심오한 상징과 비유를 알기 위해서는 권위 있는 사람으로부터 설명을 들어야 되는 것입니다. 그런데 중세 시대의 많은 사제들 가운데는 신부도 있고, 추기경도 있고, 교황도 있습니다. 문자가 말하는 심오한 상징과 비유가 무엇인지 누구의 의견을 들어야 합니까? 아마도 가장 신분이 높은 이의 해석에 가장 큰 권위를 부여할 것입니다. 다시 말해 풍유적 해석은 종교 지도자의 권위를 높일 수 있는 성경 해석 방법이었습니다. 일반 성도들은 문자로밖에 읽을 수 없고, 지도자들만 그 문자 안에 담겨 있는 심오한 상징과 비유를 읽어 낼 수 있기 때문에, 함부로 성경을 읽으려 하지 말고 지도자들을 통해서 말씀이 의미하는 바를 배우라며 풍유적 해석을 강조한 것입니다.

그런데 같은 교회 지도자라 하더라도 교회 안에서 위치에 따라 권위가 다를 수 있습니다. 일반 신부의 말보다는 추기경의 말이 더 권위 있고, 추기경의 말보다는 교황의 말이 더 권위 있습니다. 이 사람이 평소에 얼마나 성경을 열심히 연구했는가, 성경에 대한 해박한 이해를 갖고 있는가에 따라 권위가 생기는 것이 아니라, 교회 공동체 안에서 차지하고 있는 위치에 따라서 그의 해석에 권위가 부여되는 것입니다.

풍유적 해석으로 가장 대표적인 본문이 바로 누가복음 10장의 선한 사마리아인 이야기입니다. 한 사람이 예루살렘에서 여리고로 내려가다가 강도를 만나 거의 죽게 되었습니다. 사마리아 사람이 도와줘서 살아났습니다. 중세 로마 가톨릭에서는 이 본문을 문자 그대로 읽으면 안 된다고 주장했습니다. 예루살렘은 교회이고, 여리고는 세상이다. 신앙인이 교회 안에 머물러야 하는데 세상으로 내려가다가 강도를 만난 것이다. 이 강도가 누구냐, 사탄이다. 그래서 거의 죽게 된 그를 살려 준 사마리아 사람은 바로 예수 그리스도다.

이런 식의 성경 해석 방법이 풍유적 해석의 전형입니다. 문자 그대로 읽으면 안 되고, 문자 안에 있는 심오한 상징과 비유는 함부로 풀면 탈선하거나 이단이 될 수 있으므로, 권위 있는 사람을 통해서 제대로 된 해석을 들어야 한다는 것입니다. 또 권위 있는 사람은 교회 내에서 높은 지위에 있는 사람입니다. 교권의 정점에 있는 사람의 해석에 권위를 부여할 수밖에 없는 것이 풍유적 해석의 치명적인 문제점입니다.

유대인은 아가서의 남성이 하나님이고 여성은 이스라엘 공동체라고 보고, 아가서가 하나님과 이스라엘의 사랑 이야기라고 해석했습니다. 초대교회는 아가서의 남성이 예수 그리스도이고 여성은 그리스도의 신부인 교회라고 해석했습니다. 중세 시대 때 로마 가톨릭은 성경 해석의 가장 중요한 방법으로 풍유적인 해석을 사용했습니다. 그 결과 중세 수도사들이 가장 사랑했던 본문 가운데 하나가 아가서입니다. 아가서의 남성은 하나님이나 예수 그리스도이고, 아가서의 여성은 수도사 자신이라고 해석한 것입니다. 그래서 중세 시대 수도사들에게 가장 사랑받았던 본문이 아가서입니다

아가서의 주인공

그런데 아가서를 풍유적으로만 해석하면 문제가 발생할 수 있습니다. 풍유적인 해석이 필요한 심오한 비유와 상징을 담고 있다는 아가서 본문에는 주인공 외에도 다양한 인물들이 나옵니다. 남성과 여성의 사랑 이야기에서 주인공 남성은 하나님으로, 주인공 여성은 이스라엘로 해석하고 이들의 사랑 이야기를 전체 줄거리로 보는 것은 어렵지 않습니다.

그런데 보시면 아가서에는 예루살렘 여인들도 나오고 왕의 경호원들도 나오고 술람미 여인의 오빠들도 나옵니다. 주인공 여성이 이스라엘이라면 술람미 여인의 오빠들은 이스라엘의 오빠들입니까? 이런 문제점을 만나는 게 풍유적 해석법의 약점입니다. 큰 틀에서는 하나님과

백성의 사이라고 규정할 수 있지만 세부적인 것들을 설명하기에는 큰 난관이 따르는 것입니다.

그럼에도 풍유적 해석이 사랑받았던 이유는 아가서 자체가 남녀 간의 뜨거운 사랑 이야기이다 보니 풍유적 해석이 아니면, 아가서 자체가 마치 에로티시즘의 교과서처럼 돼 버리고 말기 때문입니다. 그래서 오랜 세월 풍유적으로 해석돼 온 본문이지만 아가서가 지혜문학이라는 사실을 꼭 기억할 필요가 있습니다. 지혜문학이라는 것은 전통적인 강조점보다는 비종교적인 언어로 신학적 메시지를 던지는 것이고, 교회 바깥에 있는 불신자들과도 소통할 수 있는 삶의 다양한 주제들을 다룹니다. 삶의 중요한 주제 가운데 하나가 성이 아닙니까. 그래서 하나님이 원하고 기대하시는 가장 아름다운 성에 대한 아가서의 교훈을 기억하면 좋겠습니다.

성에 대한 고찰

아가서는 성을 인간에게 허락된 선물로서 바라봅니다. 물론 선물이라고 하는 것은 결혼 관계라는 틀 안에서 누려야 됩니다. 사랑은 계약을 지키고자 하는 신실함입니다. 젊은 남녀가 결혼해서 가정을 꾸린다는 것은 엄청난 결단입니다. 결혼이라는 것은 배우자로 선택한 사람에게 평생 동안 배타적인 사랑을 쏟겠다는 다짐과 결단이기 때문입니다. 다르게 표현하면 인간 안에 있는 성적인 욕망을 절제하겠다는 뜻입니다. 다른 사람에게 한눈팔지 않겠다는 맹세입니다. 배우자와 약속한 언약의 신실함을 죽을 때까지 지켜 내겠다는 의지입니다. 따라서 인간이 결단할 수 있는 최고의 경지가 한 사람에게 평생 사랑을 배타적으로 쏟겠다는 결혼 서약이라고 할 수 있습니다.

하나님이 결혼이라는 관계 안에서 허락하신 선물로서 성도 굉장히 중요합니다. 인생의 배필, 짝을 어떻게 만날 것인가는 정말 중요한 과제라고 할 수 있습니다.

어떻게 읽어야 하나

아가서에는 몇 가지 특징이 있습니다. 아가서 1장부터 8장까지에는 다른 성경 본문과 구별되는 형식적인 차이점을 찾을 수 있습니다. 아가서와 다음에 나오는 이사야를 비교해 보십시오. 아가서와 이사야에 어떤 중요한 차이가 있습니까? 아가서는 단락에 소제목이 없습니다. 아가서 1-8장 전체에 소제목이 없습니다. 그런데 이사야 1장 2절 위에는 "여호와의 말씀"이라는 소제목이 있습니다.

소제목이 없다는 것은 어디부터 어디까지를 연결된 내용으로 봐야 할지 모호하다는 것입니다. 성경의 본문은 거의 모두 단락으로 나뉘어 있고, 그 단락에서 가장 중요한 내용을 소제목으로 뽑았습니다. 그런데 아가서는 어디부터 어디까지를 한 단락으로 보고 소제목을 붙여야 할지 애매모호하기 때문에 아예 소제목을 빼 버렸습니다. 그래서 아가서를 가장 잘 이해할 수 있는 방법은 아가서 내용을 드라마나 연극으로 이해하는 것입니다.

그런데 아가서가 하나의 연극 대본 같은 것이긴 한데 여기 등장하는 주인공이 두 명인지 세 명인지 정확히 말하기가 어렵습니다. 솔로몬왕과 술람미라는 시골 여인이 사랑에 빠졌는데, 술람미 여인에게는 원래 사랑했던 남자가 있었습니다. 솔로몬왕이 술람미 여인을 선택했기 때문에, 이 여인은 원래 남자와의 사랑을 이어 가지 못하게 된 것입니다. 당연히 여인은 남자를 잊지 못합니다. 그래서 두 남녀의 사랑 이야기가 솔로몬왕과 술람미 여인의 사랑인지, 술람미 여인과 원래 사랑했던 남자의 사랑인지조차 명확하게 규명할 수 없는 것이 아가서입니다.

아가서에 대한 주석서는 대개 이 부분부터 정리하고 시작됩니다. 즉 저자는 아가서를 솔로몬왕과 술람미 여인과의 사랑 이야기로 이해하는지, 아니면 솔로몬왕과 술람미 여인과 여인이 원래 사랑했던 남성의 삼각관계로 보는지 먼저 제시합니다. 후자의 경우라면 왕에 의해서 끊겨 버린 사랑을 잊지 못한 여인이 결국 왕을 거부하고 다시 과거의 남성과 결합하는 이야기로 해석하기도 합니다. 이 점 때문에 아가서 해석이 어렵습니다.

5부 예언서

예언이란 무엇인가

세상에서 말하는 예언과 성경이 말하는 예언은 의미가 다릅니다. 한때 노스트라다무스의 예언이 유행한 적이 있었습니다. 일반적으로 세상에서 말하는 예언은 먼 미래에 일어날 일을 미리 말하는 것입니다. 그래서 '미리 예豫' 자를 씁니다. '미리 이야기를 하는 사람'이라는 의미에서 예언자라고 부릅니다. 하지만 성경이 말하는 예언은 '미리'의 뜻보다는 '맡기다'의 의미입니다. 성경의 예언은 하나님이 맡겨 주신 말씀을 있는 그대로 선포하는 것이기 때문입니다.

성경에서 예언자라는 호칭을 제일 먼저 받은 사람은 아브라함입니다. 창세기 20장에 나옵니다. 그 후 예언자의 전형으로 볼 수 있는 인물은 모세입니다. 신명기에서 모세는 하나님과 이스라엘 백성 중간에 서서 하나님이 자신에게 맡겨 주신 말씀을 이스라엘 백성에게 선포합니다(신 5:5). 성경은 하나님이 맡겨 주신 말씀을 있는 그대로 선포하는 사람을 예언자로 이해했습니다.

하나님이 맡기신 말씀은 일차적으로 당대에 적용됩니다. 이것을 잘 기억해야 합니다. 세상에서 말하는 예언은 주로 먼 미래에 일어날 일이지만, 성경에 나오는 예언은 우선 당대와 관련된 일입니다. 구약은 미리 말했고 신약은 성취했다는 해석도 주의해야 합니다. 여기에도 단지 시간을 앞선 '미리 주어진 말씀'이 예언이라는 해석이 잠재돼 있기 때문입니다. 예언은 하나님이 맡겨 주신 말씀을 있는 그대로 선포한 것입니다. 하나님이 맡겨 주신 말씀 가운데 일부가 먼 미래의 일일 수는 있습니다. 그런데 대다수 하나님이 맡겨 주신 말씀은 말씀을 듣는 당대에 일차적 의미를 갖습니다.

예언서와 관련해 한국 교회는 예수님께 성취된 몇몇 구절만을 언급하는 경향이 있습니다. 대표적인 예가 이사야 본문입니다.

> 이사야 7:14 　그러므로 주께서 친히 징조를 너희에게 주실 것이라. 보라, 처녀가 잉태하여 아들을 낳을 것이요 그의 이름을 임마누엘이라 하리라.

이사야는 주전 8세기 인물입니다. 한국 교회는 이사야의 예언이 바로 예수님을 통해 성취됐다면서, 구약은 예언하고 신약은 성취하니 얼마나 놀랍냐고 주장합니다. 예수님이 태어나시기 700년 전에 이사야가 동정녀 탄생을 예언했고, 700년 후 마리아를 통해 동정녀 탄생 예언이 성취되었다는 것입니다. 그런데 예언은 하나님이 맡겨 주신 말씀을 있는 그대로 선포하는 것이기 때문에, 우선 예언의 말씀을 선포되는 당대에 적용해야 합니다. 처녀가 잉태하여 낳은 아들 이름이 '임마누엘'인 것으로 끝나면 안 됩니다. 이어지는 본문도 중요합니다.

이사야 7:15-16 그가 악을 버리며 선을 택할 줄 알 때가 오면 엉긴 젖과 꿀을 먹을 것이라. 대저 이 아이가 악을 버리고 선을 택할 줄 알기 전에 네가 미워하는 두 왕의 땅이 황폐하게 되리라.

두 본문을 연결해서 읽으면 먼저 처녀가 아이를 잉태해서 낳고 그 아이의 이름이 임마누엘이 되는데, 그렇게 태어난 아이가 성장해서 악을 버리고 선을 택할 줄 알기 전에 두 나라가 멸망한다는 것입니다. 아이가 선과 악을 선택할 줄 아는 나이는 몇 살일까요? 뭐가 옳은지, 그른지 판단할 수 있는 나이는 빠르면 3-4살, 늦어도 5살입니다. 최대한 5년이 지나기 전에 남유다를 못 살게 하는 두 나라의 땅이 황폐하게 될 것입니다. 여기서 두 나라도 당대의 상황을 반영해 남유다를 공격하는 아람과 북이스라엘로 봐야 합니다.

예언서에서 가장 중요한 것은 말씀이 선포되는 배경과 맥락을 아는 것입니다. 이사야 7장의 배경은 아람과 북이스라엘이 연합해 남유다를 공격하는 상황입니다. 그래서 남유다의 아하스왕과 모든 백성은 두려워 떨고 있었습니다. 이때 이사야를 통해 하나님은 두려워 떨지 말라고 징조를 보여 주셨습니다. 지금이야 아람과 북이스라엘이 힘을 모아 남유다를 공격하지만 5년 안에 두 나라 모두 망한다는 것입니다. 이 사실을 어떻게 확신합니까? 여인이 곧 임신해 아이를 낳을 텐데, 그 아이 이름은 임마누엘이고, 그 아이가 선악을 구분할 때쯤, 즉 길어야 4-5년 안에 이 일이 벌어진다는 것입니다.

한국 교회가 이 본문을 읽고 예수님의 탄생에 바로 적용하는 이유가 있습니다. 구약의 예언서와 신약의 복음서를 이해하는 전형적인 방식이 약속과 성취, 예언과 성취의 도식이기 때문입니다. 700년 전 이사야는 예수님의 탄생을 예언했고 700년 후 마리아를 통해 성취됐다는 게 한국 교회가 예언서를 이해하는 전형적인 방식입니다. 하지만 예언서는 전체 문맥 속에서 읽어야 합니다. 물론 예언의 말씀은 일차적으로 당대에 적용된 뒤 용도 폐기되지 않습니다. 동일한 상황과 맥락 속에 제이, 제삼의 적용도 가능합니다. 그래서 마태복음은 이사야서의 임마누엘 예언을 예수님 탄생에 적용한 것입니다.

예언과 묵시

예언자의 가장 중요한 역할은 하나님이 자신을 예언자로 부르셔서 말씀을 맡기고 파송하셨음을 깨닫고, 하나님 중심의 사역을 하는 것입니다. 하나님이 심판을 경고하라고 하시면 심판을 경고해야 합니다. 이스라엘 백성의 죄를 책망하라고 하시면 책망해야 합니다. 이게 참예언자의 모습입니다. 성경에는 거짓 예언자들이 많이 등장합니다. 이들의 특징은 파송자 중심, 하나님 중심의 사역이 아니라 소비자 중심의 사역입니다. 거짓 예언자들이 위기의 순간에도 평화를 외친 게 그 때문입니다. 백성은 심판의 소리를 듣고 싶어 하지 않기 때문입니다. 위기의 순간에 그래도 하나님이 구원해 주실 거라는 말을 듣고 싶어 하기 때문입니다. 이런 사람들의 마음을 이용해서 사람들에게 평화를 외치고 하나님의 심판을 부인하면서 뱃속을 채우는 게 거짓 예언자들이었습니다.

성경에 등장하는 대다수 예언자들은 당대에는 사람들에게 무시당하고 매 맞고 버림받고 감옥에 갇히고 목숨을 잃었습니다. 당연할 수 있습니다. 당대에 환호받았던 사람들은 심판이 임하지 않을 거라고 외친 거짓 예언자들이기 때문입니다. 사람들의 죄를 질타하고 심판을 경고했던 참 예언자들은 미움을 받았습니다. 그럼에도 불구하고 참 예언자들은 역사에서 승리했습니다. 당대에는 실패한 자들처럼 보이지만, 결국 하나님이 그들을 복권해 주셨습니다. 예언자들의 말처럼 실제로 심판이 일어나고 그들이 진정 하나님이 보내신 참 예언자라는 게 밝혀졌습니다. 이스라엘 백성은 이를 뒤늦게 깨닫게 됐습니다.

참 예언자들은 미움 받을 만했습니다. 하나님 중심의 사역을 했기 때문입니다. 하나님의 영으로, 하나님의 마음과 눈으로 사역했기 때문입니다. 대다수의 제사장들은 성전 중심의 사역을 합니다. 성전은 제사장들의 밥벌이 수단이었습니다. 하지만 예언자들은 성전 중심의 사역이 아니라 하나님 중심의 사역을 했습니다. 그래서 성전이 하나님을 떠나 있다면 가차 없이 성전을 질타했습니다. 이곳에 하나님이 계시지 않다고 책망했습니다. 성전이 밥벌이 수단인 제사장들은 이를 견딜 수 없었습니다. 참 예언자들은 하나님의 말씀을 기준으로 삼았습니다. 그 말씀을 기준으로 지금의 정치, 경제, 종교가 하나님의 뜻대로 작동되는지 판단했습니다. 만약 하나님의 말씀으로부터 멀리 떠나 있다면 지금의 정치, 경제, 종교를 날카롭게 질타하고 하나님께 돌아오라고 촉구했습니다. 이런 행동이 권력자들을 자극했습니다. 기득권자들을 짜증나게 했습니다. 듣기 싫은 것입니다. 그래서 그들은 예언자들을 견제하고 위해危害를 가했습니다.

예언자는 회개를 촉구합니다. 그런 점에서 예언은 묵시와는 차이가 있습니다. 에스겔의 일부, 다니엘의 일부, 요한계시록을 묵시라고 합니다. 예언은 청중의 반응에 따라 얼마든지 변경 가능합니다. 어떤 예언자가 지금 죄된 삶을 돌이키지 않으면 40일 후에 하나님의 심판이 임한다고 예언했다고 합시다. 하나님이 예언자를 보내셔서 이런 메시지를 선포하게 하시는 궁극적인 이유가 뭐겠습니까? 40일 후에 이런 심판이 기다리고 있다고 예고하는 게 정말 목적입니까? 아닙니다. 혹시 이 예언을 듣고 지금의 죄된 삶을 돌이키지 않을까 기대하시는 것입니다. 경고를 듣고 사람들이 돌이키길 기대하시는 것입니다. 만약 사람들이 회개하고 돌이키면 하나님의 심판은 철회됩니다. 예언자를 보내 선포하신 예언의 내용이 변경되는 것입니다. 따라서 심판을 경고하는 것 자체가 하나님 사랑의 증거입니다.

하나님의 가장 가혹한 심판은 바로 유기입니다. 내버려 두는 것입니다. 어떤 삶을 살든 내버려 두는 것입니다. 죄된 삶을 지속하다가 결국 낭떠러지를 만나 떨어지는 것이 유기입니다. 하나님은 우리가 죄된 길을 질주할 때도 결코 우리를 내버려 두지 않으십니다. 우리가 돌이키길 기대하시고, 예언자를 보내십니다. 또 예언자를 통해 심판을 경고하실 때도 하나님의 백성이 그 경고를 듣고 죄된 길을 청산하길 기대하십니다. 그런 점에서 예언자는 심판의 메신저인 동시에 구원의 메신저입니다. 예언자를 보내신 것 자체가 하나님 사랑의 증거입니다.

이처럼 예언에서는 청중의 반응이 변수입니다. 심판의 예언조차 청중이 어떻게 반응하느냐에 따라 예언이 성취될 수도 있고, 철회될 수도 있습니다. 그런데 묵시는 전혀 다릅니다. 묵시는 이미 결정되어 있는 것입니다. 청중의 반응이 변수가 되지 않습니다. 이미 결정된 시나리오입니다. 대다수 예언자들은 정상적인 계시의 통로가 작동되지 않을 때 등장했습니다. 정상적인 계시의 통로가 무엇입니까? 정치 영역에서는 왕, 종교 영역에서는 제사장이 하나님의 뜻을 드러내는 정상적인 계시의 통로입니다. 정상적인 계시의 통로인 사람들이 제 역할을 감당하지 못할 때 구원투수처럼 등장하는 이들이 예언자입니다. 예언자들은 위기 사역을 감당한 것입니다. 이스라엘이 하나님의 말씀을 떠나면 공동체에 위기 상황이 도래합니다. 이때 공동체가 살 수 있는 길은 딱 하나입니다. 하나님을 떠난 결과 위기가 도래한 것이므로 하나님께 돌아가는 것만이 위기를 타개할 수 있는 유일한 해결책입니다. 하나님께 돌아간다는 것은 더 열심히 예배하고 더 뜨겁게 기도하는 종교의식의 강화가 아닙니다. 일상의 삶에서 하나님의 말씀대로 순종하는 것입니다. 이것이 하나님께 돌아가는 핵심입니다.

시대별 예언자

예언서에는 시대마다 다양한 예언자들이 등장하는데, 매번 같은 이야기를 하는 것처럼 느껴집니다. 일단 이스라엘 백성의 죄를 책망하고 심판을 경고합니다. 그래서 이런 생각이 들 수도 있습니다. 어차피 똑같은 얘기를 할 거면서 왜 이렇게 같은 내용이 반복되는 걸까요? 예언자들이 외쳤던 메시지의 내용은 똑같지 않습니다. 시대마다 조금씩 달랐습니다. 먼저 예언자들이 살았던 시대 분류를 해 보겠습니다. 구약에서 예언자 역할을 제일 먼저 했던 사람은 아브라함입니다. 예언자의 전형은 모세입니다. 이스라엘 백성에게 예언자의 대표격은 엘리야입니다. 주전 9세기에 엘리야와 엘리사의 사역이 있었습니다. 주전 8세기에는 아모스, 호세아, 이사야, 미가의 사역이 있었습니다. 주전 7세기 말에서 6세기에는 예레미야, 에스겔의 사역이 있었습니다. 이들의 사역은 전부 달랐습니다.

주전 9세기	……	엘리야, 엘리사
주전 8세기	……	아모스, 호세아, 이사야, 미가
주전 7세기 말에서 6세기	……	예레미야, 에스겔

먼저 엘리야나 엘리사는 하나님만을 섬겨야 할 이스라엘 공동체 안에 큰 문제가 발생했다는 것을 처음 외쳤던 예언자입니다. 예언자라는 존재는 평화의 시대에는 잘 등장하지 않습니다. 예언자가 등장했다면 이미 이스라엘 공동체 안에 문제가 일어난 것입니다. 이스라엘의 가장 중요한 정체성은 하나님만을 섬기는 신앙 공동체입니다. 따라서 이스라엘에 가장 심각한 문제는 하나님만 섬기는 신앙 공동체 이스라엘이 하나님만 섬기지 못하고 하나님과 다른 것을 겸하여 섬기는 우상숭배가 나타나는 것입니다. 우상숭배가 극단화되면 아예 하나님을 저버리고 다른 신을 섬기게 됩니다. 이런 상황이 이스라엘이 직면하는 가장 큰 위기 상황이라고 할 수 있습니다.

엘리야가 이스라엘을 대표하는 예언자가 된 이유는 엘리야가 아합 시대를 살았기 때문입니다. 아합의 부인이 이세벨입니다. 아합과 이세벨은 하나님만을 섬겨야 될 북이스라엘 공동체를 꼬드겨, 바알 신앙을 국가 종교로 만들려 했던 사람들입니다. 하나님만 섬겨야 할 이스라엘 공동체가 하나님과 다른 신을 겸하여 섬기는 것도 위험한데 아예 하나님을 저버리고 다른 신을 섬기게 했던 것입니다. 아합과 이세벨이 이를 행하려 할 때 그러면 안 된다고 큰소리로 경고한 사람이 엘리야와 그의 후계자인 엘리사입니다. 안타깝게도 북이스라엘 백성은 이 말씀에 귀 기울이지 않았고 돌이키지도 않았습니다.

암세포는 시간이 흐르면 점점 커지게 되어 있습니다. 주전 8세기가 되자 이스라엘 공동체의 상태는 악화일로를 걷습니다. 암 3기쯤, 그러니까 마지막 수술이 가능한 시기에 이릅니다. 지금 수술해서 암세포를 도려내지 않으면 더 이상 희망이 없는 것입니다. 이때 사역한 사람이 아모스, 호세아, 이사야, 미가입니다. 아모스는 주전 760년, 호세아는 주전 750년에 사역했습니다. 아모스는 남유다 사람이지만 북이스라엘에서 사역했고 호세아는 북이스라엘 사람으로 북이스라엘에서 사역했습니다. 아모스와 호세아 모두 지금이 마지막 수술의 때라고 외쳤습니다. 하나님만 섬겨야 할 북이스라엘 공동체가 하나님을 저버리고 바알 우상숭배에 몰두해서는 안 된다고 경고했습니다. 안타깝게도 아모스와 호세아가 피를 토하며 선포해도 북이스라엘의 왕도, 관료도, 귀족도, 백성도 어느 누구도 경청하지 않았습니다. 그 결과 북이스라엘은 주전 722년 앗시리아에 의해서 멸망합니다.

북이스라엘이 망하자 남유다에서는 미가와 이사야 예언자가 똑같은 메시지를 선포합니다. 멸망한 북이스라엘과 아직 멸망하지 않은 남유다가 사실은 종이 한 장 차이라는 것입니다. 남유다가 사는 길도 하나님께 돌아가는 것뿐이라고 선포했습니다. 남유다 역시 북이스라엘처럼 하나님을 저버리고 바알을 숭배하고 있으니 이 죄를 속히 청산해야 된다고 주장했습니다. 아모스와 호세아의 예언을 북이스라엘이 듣지 않은 것처럼 이사야와 미가의 예언도 남유다에서 인기가 없었습니다. 그래도 여기 귀를 기울인 한 사람이 있었습니다. 바로 히스기야왕입니다. 이에 히스기야는 대대적인 종교개혁을 일으킵니다. 그 덕분에 남유다는 당장 멸망하지는 않았습니다. 안타깝게도 히스기야의 종교개혁은 지속되지 못했습니다. 그의 아들 므낫세 때는 더 안 좋은 방향으로 나아가게 됩니다. 암세포를 완전히 제거하지 못하고 일시적으로 긁어내기만 한 부작용이었습니다.

다시 100년이 지나고 주전 7세기 말 6세기 초에 예레미야와 에스겔이 하나님께 부르심을 받습니다. 이들이 사역할 때는 바빌로니아라는 나라가 급부상했습니다. 앗시리아 제국이 무너지기 시작했습니다. 예레미야와 에스겔은 더 이상 수술의 희망은 없다며 수술 무용론을 주장합니다. 수술할 기회는 지나갔고 암세포는 너무 커졌다는 것입니다. 이제는 하나님의 심판을 받아야 할 때가 온 것입니다. 비극입니다. 하지만 예레미야와 에스겔의 메시지는 여기서 끝나지 않았습니다. 그들은 죄악으로 충만한 남유다가 하나님의 심판을 받되 이 심판을 통해 정결케 되기를 바랐습니다. 그러면 다시 기회가 주어지리라 믿었습니다. 그런 점에서 예레미야와 에스겔은 지금은 죽음 같은 심판을 받아들이고 하나님이 새로운 기회를 주실 때 그 기회를 잘 잡기 위해 심판을 받는 동안 갱신하자고 외친 셈입니다.

하나님이 우리에게 매를 드시는 목적은 우리를 죽이는 데 있지 않고 심판을 통해서 우리의 죄를 깨끗하게 하시고 갱신시키는 데 있습니다. 정화된 자들에게는 새로운 기회가 주어질 것입니다. 예언자들은 하나님이 원하시는 새로운 존재가 되어 새로운 기회를 붙잡자고 외쳤던 것입니다.

예언서와 한국 교회

한국 교회에서 가장 설교하지 않는 본문 중 하나가 예언서입니다. 구약 전체 39권 가운데 이사야에서 말라기까지 17권이 예언서입니다. 상당히 많은 분량인데 한국 교회는 자주 설교하지 않습니다. 어찌 보면 가장 홀대받는 본문 같기도 합니다. 한국 교회는 왜 예언서를 잘 설교하지 않을까요? 예언서가 책망하는 사람들이 일상의 순종이 없는 신앙인들이기 때문입니다. 그들은 종교 행위에서는 빠지는 게 없습니다. 한국 교회가 좋은 신앙인이라고 부르는 전형적인 일들을 잘하는 사람들입니다. 예배 안 빠지고, 기도 열심히 하고, 교회 봉사 많이 하고, 성경 많이 아는 사람들입니다. 예언서는 그게 중요하지 않다고 말합니다. 진짜 하나님이 원하시는 것은 일상의 순종이라고 강조합니다. 예배는 자주 드리면서 일상에서 정의로운 삶을 살지 않으면 질타받아야 합니다. 하나님이 진짜 원하시는 일상의 순종을 드리라며 예언자를 통해 이스라엘 백성을 끊임없이 책망하시는 것이 예언서의 말씀입니다.

한국 교회가 애호하는 좋은 신앙인의 기준과 정반대이다 보니까, 한국 교회는 예언서를 좋아하지 않습니다. 한국 교회는 시간 날 때마다 교회 와서 예배드리는 것을 좋은 신앙이라고 말합니다. 시간 날 때마다 교회에서 헌신 봉사하고, 시간 날 때마다 성경 읽고, 기도하고, 전도하면 금상첨화인 것입니다. 그런데 예언서는 일상의 순종이 없는 예배는 하나님이 받지 않으신다고 강조합니다. 일상의 순종 없이 종교의식만 과장되는 것을 책망합니다. 그래서 한국 교회에서 나름 좋은 신앙인이라고 자부하는 사람들도 예언서를 읽으면 마음이 불편합니다. 한국 교회가 사랑하기 어려운 본문입니다.

예언서에서 책망받은 이스라엘 백성과 현재 한국 교회의 모습은 너무나 유사합니다. 종교의식은 넘치도록 행하면서 일상의 삶에서는 맘몬의 지배를 받고 권력의 지배를 받느라, 비신앙인들과 전혀 다를 바 없는 삶을 사는 게 한국 교회의 현실입니다. 성경이 말하는 거룩은 구별된 삶입니다. 주류 문화에 동화되거나 동참하지 않는 것입니다. 말씀에 근거한 삶을 살아내는 것입니다. 하나님께 책망받은 구약의 이스라엘 백성처럼 한국 교회 역시 종교의식은 과잉인데 일상의 순종은 너무나 부재합니다. 예언서가 가장 필요한 곳이 한국 교회라는 생각이 듭니다. 따라서 예언서를 공부하는 데 더 마음을 모을 수 있기를 바랍니다.

예언서에는 종교의식에 열심을 다한 결과 자기만족에 빠진 사람들을 언짢게 하는 말씀들이 많이 나옵니다. 하나님이 기대하고 원하시는 좋은 신앙인과 성전과 교회가 말하는 좋은 신앙인이 많이 다를 수 있다고 암시하는 것입니다. 그동안 한국 교회가 좋은 신앙인이라고 추켜세우고 자랑했던 것들은 코로나 시대를 거치면서 부메랑이 되어 우리를 공격하고 있습니다. 전 세계 교회와 비교했을 때 한국 교회는 정말 예배를 많이 드리는 교회입니다. 매일 새벽 기도부터 수요 예배, 금요 철야, 일요일 오전, 일요일 오후 예배가 기본입니다. 전 세계 대부분의 교회가 일주일에 한 번 예배를 드리는데 한국 교회는 일주일에 여러 차례 예배를 드립니다. 그런데 그렇게 많은 예배를 드려도 세계관이 바뀌는 것 같지 않습니다. 정말 하나님이 자기 인생의 주인이십니까? 맘몬의 물질을 소비하고 맘몬의 문화를 향유하는데 정말 맘몬이 자기 인생의 주인이 아닙니까? 자녀를 하나님을 우선 아는 사람으로 양육하고 있습니까? 하나님을 주인이라 고백하는 사람의 세계관이나 삶의 태도나 자녀를 양육하는 모습이 왜 그렇지 않은 사람과 다르지 않습니까? 그래서 세상이 우리에게 요구합니다. 예배를 통해서, 설교를 통해서, 신앙을 통해서 그리스도 안에서 새로운 피조물이 되었다는 증거를 보여 달라! 오늘날 세상이 우리에게 도전하고 있습니다. 많은 사람들이 자조적으로 이렇게 말합니다. "예배를 많이 드리면 뭐 하나. 삶이 바뀌지 않는데. 아무리 설교를 많이 들으면 뭐 하나. 인식이 바뀌지 않는데." 여기에서 나아가 예배 무용론, 설교 무용론까지 나오고 있습니다.

예언서가 던지는 네 가지 질문

예언서는 우리에게 크게 네 가지 질문을 던진다고 볼 수 있습니다. 첫째, 당신은 하나님을 믿는 사람입니까? 이론적으로는 신자지만 실천적으로는 무신론자가 아닙니까? 머리와 입으로는 하나님을 믿는다고 고백하지만 실제 삶에서는 하나님을 경외하는 삶이나 말씀에 대한 순종이 전혀 없는 실천적인 무신론자practical atheists가 아닙니까? 사도 바울은 로마서에서 '표면적인 유대인'과 '이면적인 유대인'을 비교합니다. 표면적인 유대인은 할례받고 안식일 준수하고 음식 정결법을 지키는 사람입니다. 그런데 일상의 삶에서는 하나님의 말씀대로 순종하지 않습니다. 하나님이 원하시는 사람은 일상에서 하나님의 백성다움을 드러내려고 노력하며, 하나님의 말씀에 순종하는 사람들입니다. 따라서 예언서를 읽으면 이런 질문들이 다가올 것입니다. 과연 하나님을 제대로 믿고 있습니까, 일상의 삶에서 하나님과 신실하게 동행하고 있습니까, 하나님의 백성다움을 증거하고 있습니까?

둘째, 당신은 하나님의 백성입니까? 이스라엘 백성은 하나님의 선택을 받았다는 자부심이 있었습니다. 시내산에서 하나님과 계약을 체결했다는 자부심이 있었습니다. 그래서 무슨 잘못을 저질러도 하나님이 선택하신 언약 백성을 결코 저버리시지 않는다고 확신했습니다. 선택과 언약을 남용해서는 안 됩니다. 선택과 언약이 심판의 상황에서 면책 특권을 보장하지 않습니다. 예언서는 선택과 언약이 남용되는 특권이 아니라, 보다 고상하고 윤리적인 삶을 통해 감당해야 할 책임이라고 강조합니다. 우리가 하나님의 백성, 하나님의 자녀라면, 하나님이 우리를 무조건 용서하신다고 자신만만할 게 아니라 하나님의 백성이자 하나님의 자녀다운 삶을 증명할 책임이 있습니다. 하나님의 백성은 하나님의 백성다워야 합니다. 하나님을 믿지 않는 이들보다 더 정직하고 진실하고 거룩한 삶을 살아야 합니다. 연약한 자들을 함부로 억압하거나 착취하거나 지배해서는 안 됩니다. 사람들을 이익을 위한 도구와 수단으로 이용해서는 안 됩니다. 모든 사람이 하나님의 형상대로 지음 받은 존귀한 존재임을 인정하고 그가 가진 재력, 학력, 건강의 유무와 상관없이 존중해야 합니다. 이것이 진짜 하나님의 백성이 드러내야 할 삶입니다. 하나님의 진정한 백성은 하나님과 언약을 남용해도 되는 특권으로 여기지 않습니다. 하나님과 언약은 하나님의 백성에게 고상한 삶을 살라는 책임을 일깨웁니다.

셋째, 당신은 하나님을 이해하고 있습니까? 예언서는 우리의 선이해에 대해 도전하는 내용을 담고 있습니다. 구약의 이스라엘 백성도 하나님에 대해 나름대로 이런저런 신학적인 생각을 많이 했습니다. 이스라엘이 선택받은 것은 맞습니다. 하지만 하나님의 선택을 배타적으로 이해했습니다. 그래서 배타적 선민사상에 빠집니다. 하나님의 선택을 받은 사람은, 하나님의 선택을 받지 못한 자에게는 심판과 저주가 따른다고 생각하기 쉽습니다. 하나님이 왜 이스라엘을 선택하셨습니까? 이스라엘만 사랑해 선택하셨습니까? 아닙니다. 이스라엘을 먼저 선민으로 부르시고 이스라엘이 하나님의 거룩한 백성으로 변화된다면, 그 변화로 이스라엘이 세계 만민을 하나님 앞으로 견인해 내기를 기대하셨습니다. 이스라엘은 만민을 위한 선민인 것입니다.

그런데 이스라엘은 하나님을 자기들만의 하나님으로 독점하고자 했습니다. 배타적 선민사상에 빠져 버렸습니다. 예언서에 "여호와의 날"이라는 표현이 많이 나옵니다. 여호와의 날은 하나님이 당신의 전능하심을 유감없이 발휘하는 날입니다. 그날이 되면 하나님의 백성은 구원을 받고 이스라엘을 대적하는 자들은 심판을 받는다고 생각했습니다. 이스라엘은 여호와의 날에 자신들이 자동적으로 구원을 받는다고 믿었습니다. 하지만 이스라엘도 여호와의 날에 하나님의 심판을 받을 하나님의 대적일 수 있습니다. 성도들 가운데 예수의 재림의 날 구원받을 것이라고 자신만만한 경우가 있습니다. 정말 구원받을 수 있습니까? 예언자들은 그런 확신에 도전합니다. 우리가 하나님에 대해 갖고 있는 이해들이 정말 온전한 것인가, 아니면 착각인지 끊임없이 질문들을 던집니다.

하나님을 이미 잘 알고 있다고 자신하는 이스라엘 백성에게 예언서는 낯선 하나님, 한 번도 생각해 보지 않은 하나님을 알려 주고 보여 줍니다. 우리는 하나님에 대해서 목마를 필요가 있습니다. 여전히 하나님에 대해서 제대로 알지 못하므로, 하나님을 더욱 잘 알고 싶다는 목마름이 필요합니다. 신앙생활의 연수가 늘어나면 이제는 하나님에 대해 알 만큼 안다고 자신하는 경우가 생기기도 합니다. 예언서는 그런 자신을 산산조각 냅니다. 자신이 알고 있는 하나님과 예언서가 증거하는 하나님이 어느 정도 일치하는지 확인해 볼 필요가 있습니다. 하나님에 대한 이해의 폭을 넓히고 깊게 하는 것이 예언서를 공부하면서 누릴 수 있는 유익입니다.

넷째, 당신은 이 땅의 타락에 책임이 있습니까? 예언서는 당대의 정치, 경제, 종교 권력자들의 불의와 부정에 대해서 집중적으로 공격합니다. 로마서에는 우리 모두가 죄인이고 하나님을 떠나 있는 존재라는 표현이 등장합니다. 그런데 예언서는 불특정 다수를 향해서 회개를 촉구하지 않습니다. 예언자들은 이스라엘 백성의 죄를 질타할 때도 구체적으로 왕, 제사장, 재판관, 부자, 장로들을 정확히 꼬집으며 책망했습니다. 이스라엘은 하나님 앞에 공동체로 존재하지만, 이스라엘의 범죄에 백성이 N분의 1 책임을 지지 않습니다. 한 나라가 엉망진창이라면 국가 구성원이 모두 N분의 1 책임을 져야 합니까? 그렇지 않습니다. 위정자를 비롯해 관료들이 우선 책임감을 가져야 합니다. 한 가정이 엉망진창이라면 가족 구성원 모두가 N분의 1 책임을 나눠 가져야 합니까? 아닙니다. 아빠와 엄마가 더 많은 책임감을 가져야 합니다. 이스라엘 공동체가 하나님의 백성답게 살아갈 수 있도록 하나님이 지상 대리자로 세운 자들이 왕과 제사장입니다. 이들이 자기에게 위임된 역할을 제대로 하는 것이 중요합니다. 주어진 권력으로 부귀영화와 사리사욕을 추구했다면 이들이 직무 유기를 한 것입니다. 하나님이 기대하신 지상 대리자의 역할을 제대로 감당하지 않은 것입니다. 예언자들은 이들의 죄를 집중적으로 책망했습니다. 그래서 예언서는 가진 것이 많은 사람일수록 읽기가 부담스럽습니다.

한국 교회 역사에서 1920년을 기점으로 신앙이 내세화되었다는 말을 합니다. 1920년을 기점으로 한국 교회가 가진 것이 많아졌기 때문입니다. 그때 대형 교회가 등장했습니다. 목사들의 사회·경제적 신분이 상승했습니다. 가진 것이 많아지면 가진 것을 지키는 데 관심을 쏟게 됩니다. 그런 상황에서 예언서를 읽으면 자기를 책망하는 것 같아 부담스럽습니다. 그래서 한국 교회가 예언서를 잘 읽지 않습니다. 하나님의 백성 모두가 말씀 앞에 온전히 서야 하지만, 가정에서는 부모들이, 교회에서는 중직자들이, 국가에서는 위정자들이 무한 책임을 갖는 게 필요합니다. 하나님이 우리에게 맡겨 주신 중요한 사명을 우리가 제대로 감당하고 있는지 예언서를 통해서 스스로 돌아보고, 각자의 다양한 영역에서 하나님의 사명을 신실하게 잘 수행할 수 있는 방법을 고민해 보면 좋겠습니다.

이사야

이사야는 신약에서 가장 많이 인용된 구약 예언서입니다. 400회 이상 인용되었습니다. 또 이사야는 예언서 가운데 가장 많은 분량의 장으로 되어 있기도 합니다. 이사야라는 인물에 대해서 성경은 자세히 말하지 않지만 왕족이나 귀족이었을 것으로 추정합니다. 탈무드는 웃시야왕의 사촌이나 조카로 짐작합니다. 왕실의 서기관이었을 가능성도 있습니다. 정경은 아니지만 '이사야 승천기'라고 하는 위경이 있는데, 거기에 따르면 이사야는 므낫세왕 때 통나무에 들어가서 톱으로 켜 죽임을 당했다고 합니다. 그래서 히브리서 11장에 등장하는 믿음의 인물들 가운데 "톱으로 켜 죽임을 당"한 사람이 이사야일 가능성이 큽니다.

누구를 의지할 것인가

이사야가 예언한 시대는 앗시리아 제국이 부상할 때입니다. 이사야의 메시지는 제국으로서 위상을 키우려는 앗시리아가 북이스라엘과 남유다를 집어삼키려 해도 앗시리아를 신으로 숭배해서는 안 된다는 것입니다. 외국과 동맹을 맺는 대신 위기의 순간 하나님만 믿는 신앙을 굳건히 하라고 촉구합니다. 전체 66장인 이사야에서 가장 중요한 주제 말씀을 뽑는다면 이 구절입니다.

> 이사야 2:22　너희는 인생을 의지하지 말라. 그의 호흡은 코에 있나니 셈할 가치가 어디 있느냐.

이사야서의 가장 중요한 주제는 '누구를 의지하는 것이 구원의 길인가'이기 때문입니다. 안타깝게도 하나님의 백성조차 중요한 순간에는 하나님을 망각합니다. 의지하지 말아야 할 '인생'에는 강대국, 돈, 권력, 군사력 모든 것이 포함됩니다. 하나님의 백성도 정말 중요한 순간에는 하나님을 의지하는 대신 힘 있는 강대국이나 그 군사력이나 돈과 권력을 의지하는 경우가 많습니다. 이것을 질타하는 것이 이사야 예언의 핵심입니다. 이사야를 비롯한 예언서를 읽을 때는 당시의 역사적 상황을 이해하는 것이 중요합니다.

이사야가 활동한 주전 8세기에 중요한 변화가 일어납니다. 최초의 세계 제국이라 할 수 있는 앗시리아의 등장입니다. 정확히 주전 745년 앗시리아의 디글랏빌레셀 3세가 왕으로 등극합니다. 그는 주변에 있는 작은 나라들을 삼키면서 빠르게 통치 영역을 확장합니다. 주전 8세기 이후 고대 근동에는 앗시리아, 바빌로니아, 페르시아, 헬라, 로마의 5대 제국이 연이어 세워집니다. 이 제국 시대의 서막이 앗시리아입니다. 앗시리아는 제국으로 부상하기 위해 작은 나라들을 정복하기 시작합니다. 디글랏빌레셀 3세는 주전 740년부터 738년 사이에 아람의 소왕국들을 모두 정복했습니다. 그 후 북이스라엘, 남유다, 이집트로 뻗어 나가려 했습니다. 그래서 이들 나라들은 앗시리아 제국이 언제 쳐들어오나 두려워 떨었습니다. 앗시리아의 공세로 인한 위기 앞에서 타개책이 있다면 약한 나라들끼리 연합하는 것입니다. 이 때문에 주전 734년부터 732년 사이 시리아-에브라임 전쟁이 벌어집니다. 영어 표현이다 보니 우리에게는 익숙하지 않습니다. 시리아-에브라임 전쟁이라고 하면 시리아와 에브라임 사이에 전쟁이 있었다고 생각하기 쉽습니다. 그게 아니라 시리아와 에브라임이 힘을 합쳐 남유다를 공격한 전쟁입니다. 이 전쟁에서 시리아는 성경에 나오는 아람이라는 나라입니다. 에브라임은 북이스라엘을 대표하는 지파입니다. 다시 말해 시리아는 아람, 에브라임은 북이스라엘을 지칭합니다.

그러면 아람과 북이스라엘이 힘을 합쳐 남유다를 공격한 이유는 무엇입니까? 주전 8세기 중반에 앗시리아 제국이 등장해서 작은 나라들을 하나둘씩 집어삼켰습니다. 잡아먹히지 않으려는 작은 나라들은 힘을 합쳤습니다. 일대일로 붙으면 앗시리아에게 상대가 안 되지만, 작은 나라들도 힘을 합하면 살길이 있을 수도 있기 때문입니다. 주전 734년 이런 목적으로 아람과 북이스라엘이 깃발을 들었습니다. 앗시리아와 싸울 나라를 모았습니다. 주변에 있는 에돔, 모압, 암몬 같은 나라들이 여기 동참했습니다. 한 나라가 빠졌습니다. 바로 남유다입니다. 당시 남유다의 왕은 아하스입니다. 아하스는 우상숭배에 몰두하긴 했지만 나름 국제 정치를 읽는 탁월한 시야가 있었습니다. 그래서 이미 앗시리아가 고대 근동 전체를 장악하는 제국이 될 것이라 직감했습니다. 그런 제국을 상대로 작은 나라끼리 힘을 합쳐 봐야 앗시리아와 싸우는 것은 자멸 행위라고 판단했습니다. 그래서 아람과 북이스라엘이 깃발을 들고 나선 연합군에 동참하지 않았습니다. 기껏 힘을 모아 보겠다고 나섰는데 유일하게 남유다가 동참하지 않으니까 아랍과 북이스라엘 입장에서는 괘씸하기 짝이 없습니다. 앗시리아와 전쟁을 할 수도 없습니다. 북이스라엘 군대가 앗시리아와 전쟁하려고 출병하면 북이스라엘이 무주공산이 되어 버립니다. 이때 남유다 군대가 북이스라엘을 공격할지 누가 알겠습니까? 남유다가 연합군에 동참하지 않으면 이래저래 골치가 아픕니다. 그래서 아람과 북이스라엘은 전략을 바꿉니다. 이 전쟁에 동참하지 않는 남유다부터 손을 보기로 한 것입니다. 남유다의 아하스왕을 폐위시키고 아람 왕자인 다브넬을 남유다 왕으로 세운 다음, 남유다 군대까지 동원해 앗시리아와 싸우기로 말을 맞춥니다. 그래서 시리아-에브라임 전쟁이 시작됐습니다. 이사야 7-9장의 배경이 되는 사건입니다.

당시 남유다는 북이스라엘과 일대일로 싸워도 승리할 수 없었습니다. 아람은 북이스라엘보다 강력합니다. 이 둘이 힘을 합쳐 남유다를 공격하면 결과는 보나 마나입니다. 남유다가 이길 가능성은 거의 없습니다. 아하스는 살아남기 위해 앗시리아 왕에게 편지를 보냅니다. 이 편지에서 아하스는 자신을 "앗시리아 대왕의 아들"이라고 표현합니다. 아버지 앗시리아에게 구조 요청을 한 것입니다. 그런데 이사야는 이것을 막으려고 합니다. 절체절명의 위기에 직면한 남유다가 살 수 있는 유일한 길은 하나님을 의지하는 것이라고 말합니다. 동맹을 맺으려면 앗시리아가 아니라 하나님과 맺어야 한다고 말합니다.

앗시리아에게 도움을 구하면 당장은 앗시리아가 남유다의 구원자처럼 보이겠지만 결국 앗시리아가 남유다의 정복자가 될 것입니다. 구원자처럼 다가와 남유다를 정복할 것입니다. 그러므로 앗시리아를 의지하지 말고 하나님을 의지하라는 것이 이사야 예언의 핵심입니다. 아하스는 이사야의 말을 듣지 않습니다. 끝내 앗시리아를 불러들입니다. 그 결과 앗시리아를 섬기는 봉신국이 됩니다.

이사야의 다양한 청중

이사야서는 전체 66장으로 긴 편입니다. 신학계에서는 1-39장의 저자를 제1이사야, 40-55장의 저자를 제2이사야, 56-66장의 저자를 제3이사야라고 표현합니다. 제1이사야는 이사야 본인을 가리키고, 제2이사야와 제3이사야는 이사야의 신학을 계승한 제자 진영을 가리키는 표현으로 이해합니다. 보수적인 신학자들은 이사야서 전체를 모두 주전 8세기 예언자 이사야가 썼다고 믿습니다. 신학자에 따라 주장하는 바가 달라서 혼란스럽긴 하지만, 한 인물이 썼든 세 인물이 썼든, 세 본문이 향하고 있는 청중은 다릅니다. 즉 1-39장은 주전 8세기 남유다 백성을 청중으로 한 말씀입니다. 따라서 회개를 촉구하는 말씀이 대부분입니다. 40-55장은 주전 6세기 바빌로니아에 포로로 끌려와 있는 사람들을 대상으로 선포된 말씀입니다.

이사야 40:1-2 너희의 하나님이 이르시되 너희는 위로하라. 내 백성을 위

로하라. 너희는 예루살렘의 마음에 닿도록 말하며 그것에
게 외치라. 그 노역의 때가 끝났고 그 죄악이 사함을 받았
느니라.

　1-39장은 준엄하게 회개를 촉구하는데, 40장 첫머리에서 갑자기
톤이 달라집니다. 여기에서 "노역의 때"는 바빌로니아에서의 포로 생
활을 말합니다. 이미 하나님께 심판의 매를 맞은 백성을 위로하는 본
문입니다. 이제 노역의 때가 끝났으니 이스라엘 백성의 죄가 사함을
받았다고 말합니다. 이 본문이 향하는 청중이 달라져 있음을 알 수 있
습니다. 이사야서의 저자가 한 명이든 여러 명이든 이와 무관하게 이
사야서 안에 분명히 서로 다른 시대적 배경이 있는 것입니다. 1-39장
은 주전 8세기를 배경으로 죄된 삶을 살고 있는 남유다 백성의 회개를
촉구하는 내용입니다. 40-55장은 이미 남유다가 멸망하고 바빌로니
아에 포로로 끌려간 많은 이들이 수치와 모멸과 조롱을 당하는 상황입
니다. 70년 동안의 포로 생활을 견딘 자들을 위로하며 이제 본토로 돌
아갈 수 있다는 희망을 말하는 것입니다. 이 본문의 청중은 고레스 칙
령이 선포되기 전후 바빌로니아에 잡혀 있던 포로들이었을 것입니다.
56-66장은 바빌로니아 땅에서 돌아오고 성전까지 재건한 이후의 상
황입니다. 모든 문제가 다 해결된 줄 알았지만 여전히 많은 문제가 산
적해 있습니다. 그래서 귀환자들이 돌아온 땅에서 어떻게 문제를 해결
할지를 다루고 있습니다.

주인을 알지 못하는 남유다

이사야는 당대 가장 심각했던 남유다의 문제점부터 지적합니다.

이사야 1:2-3   하늘이여 들으라. 땅이여 귀를 기울이라. 여호와께서 말씀
하시기를 내가 자식을 양육했거늘 그들이 나를 거역했도
다. 소는 그 임자를 알고 나귀는 그 주인의 구유를 알건마
는 이스라엘은 알지 못하고 나의 백성은 깨닫지 못하는도
다 하셨도다.

이스라엘의 가장 심각한 문제는 하나님을 거역하는 것입니다. 소도
임자를 알고 나귀도 주인의 구유를 아는데 이스라엘은 알지 못합니다.
'알지 못한다'는 것은 '경외하지 않는다'는 뜻입니다. 남유다는 하나님
을 경외하지 않았습니다. 게다가 이 사실을 깨닫지도 못했습니다. 이
사야 당시에 남유다의 가장 심각한 문제는 영적 인식 능력의 파탄입니
다. 하나님이 원하시는 것이 무엇인지, 하나님은 어떤 분인지, 우리는
어떻게 살아야 하는지에 대해 인식 능력이 붕괴됐습니다. 그 붕괴의
결과 일상의 삶에서 하나님에 대한 경외가 없고 하나님을 거역했습니
다. 이것이 이사야 당시 남유다의 가장 심각한 문제였습니다.

이사야 2:22   너희는 인생을 의지하지 말라. 그의 호흡은 코에 있나니 셈
할 가치가 어디 있느냐.

이 구절은 이사야의 주제이기도 합니다. 누구를 의지하는 것이 구원의 길입니까? 평상시에는 하나님의 백성이라고 하면서 중요한 순간에는 하나님을 망각하고, 하나님을 의지하는 대신 강대국과 돈과 권력과 군사력을 의지하는 것을 책망하는 말씀입니다. 정말 중요한 순간에 하나님을 기억하고 의지하는 사람이 진정한 신앙인입니다. 인생을 의지하는 것은 어리석은 일입니다.

이사야 5:7   무릇 만군의 여호와의 포도원은 이스라엘 족속이요 그가 기뻐하시는 나무는 유다 사람이라. 그들에게 정의를 바라셨더니 도리어 포학이요 그들에게 공의를 바라셨더니 도리어 부르짖음이었도다.

이사야 5장은 '포도원 노래'로 불립니다. 이스라엘이 하나님의 포도원입니다. 하나님은 그 포도원에서 아름다운 포도를 결실하기 위해 많은 수고를 하셨습니다. 그런데 안타깝게도 하나님의 포도원인 이스라엘 공동체 안에서 하나님이 원하시는 아름다운 열매가 맺히지 않았습니다. 하나님이 원하신 것과 이스라엘이 실제로 맺은 것은 달랐습니다.

하나님이 바라신 것은 정의, '미쉬파트mishpat'였지만, 이스라엘은 포학, '미쉬파흐mishpah'를 맺었습니다. '미쉬파트'와 '미쉬파흐'는 자음 한 자만 다릅니다. '미쉬파흐'는 폭력이 난무하는 무법천지를 뜻합니다. 하나님은 이스라엘 사회가 사법적 정의가 구현되는 공동체가 되기를 기대하셨지만, 이스라엘은 폭력이 난무하는 무법천지 공동체를 만들었습니다. 동물들이 살아가는 정글 같은 사회를 만들었습니다.

또 하나님은 이스라엘에게 공의, '체다카chekdaka'를 기대하셨지만, 이스라엘은 부르짖음, '체아카che'aka'를 맺었습니다. '체다카'와 '체아카'도 자음 한 자만 바뀐 것입니다. 하나님의 포도원인 이스라엘 공동체는 하나님이 원하시는 열매를 맺지 못했습니다.

이사야 7:14   그러므로 주께서 친히 징조를 너희에게 주실 것이라. 보라
             처녀가 잉태하여 아들을 낳을 것이요 그의 이름을 임마누
             엘이라 하리라.

위기의 순간에 앗시리아를 의지하려고 하는 아하스에게 하나님은 이사야를 보내십니다. 그리고 앗시리아와 같은 강대국을 의지하지 말고, 하나님을 의지하라고 당부하십니다. 이것이 시리아-에브라임 전쟁을 앞두고 있는 남유다에 주신 메시지입니다.

한국 교회는 이사야 7장을 읽을 때 당대의 시대적 배경에는 관심을 기울이지 않습니다. 오직 처녀가 잉태하여 아들을 낳는 임마누엘 예언이 예수를 통해 성취되었다는 점만 강조합니다. 처녀가 잉태하여 아들을 낳는 것도 중요하고 그 아들의 이름이 임마누엘인 것도 중요하지만, 보다 더 중요한 것은 그 아들이 선과 악을 판단하기 전에 남유다를 공격하려는 두 나라가 하나님의 심판을 받는다는 사실입니다. 이 예언은 700년 후 예수님에게서만 성취된 것이 아니라, 이 예언의 말씀이 선포된 당대에도 성취될 말씀입니다. 예언을 '미리 주어진 말씀'으로만 읽으면 몇백 년 후에 성취된 것에만 관심을 기울이게 됩니다. 예언

은 하나님이 맡기신 말씀을 있는 그대로 선포한 것이고, 따라서 예언이 선포된 당대에 우선적 의미를 갖습니다.

<blockquote>
이사야 29:13 주께서 이르시되 이 백성이 입으로는 나를 가까이하며 입술로는 나를 공경하나 그들의 마음은 내게서 멀리 떠났나니 그들이 나를 경외함은 사람의 계명으로 가르침을 받았을 뿐이라.
</blockquote>

남유다 백성의 또 다른 문제가 나옵니다. 입술로는 하나님을 사랑하고 공경하지만 일상의 삶에서는 하나님에 대한 경외가 전혀 없다는 것입니다. 이런 남유다의 문제가 오늘 우리의 문제라고 할 수 있습니다. 한국 교회가 얼마나 하나님을 찬양하고 뜨겁게 예배합니까? 그런데 일상의 삶에서도 정말 하나님에 대한 경외가 있습니까? 이사야 시대 남유다 백성처럼 입술로는 하나님을 공경하지만, 마음과 삶은 하나님을 멀리 떠나 있는 것은 아닌지 스스로 돌아봐야 합니다.

<blockquote>
이사야 34:16 너희는 여호와의 책에서 찾아 읽어 보라. 이것들 가운데서 빠진 것이 하나도 없고 제 짝이 없는 것이 없으리니 이는 여호와의 입이 이를 명령하셨고 그의 영이 이것들을 모으셨음이라.
</blockquote>

오늘날 대한민국을 어지럽히는 가장 강력한 이단이 신천지입니다. 신천지의 가장 중요한 교리 가운데 하나가 바로 '짝 교리'입니다. 신천

지에서는 하나님의 말씀에는 다 짝이 있다고 말합니다. 그러면서 말씀끼리 연결시키는 해석을 합니다. 짝 교리로 성경을 해석하게 되면 신통해 보이는 구석도 있습니다. 신천지가 말씀의 짝 교리 근거로 인용하는 것이 이 본문입니다. 우리말 번역도 여호와의 책에 "제 짝이 없는 것이 없다"고 옮겼습니다. 하나님의 말씀은 다 짝이 있구나 생각할 법도 한 표현입니다. 히브리어 원문에서 "이것들"은 여성형입니다. "여호와의 책"은 남성형입니다. 그러니까 "이것들"이 여호와의 책을 말하지 않습니다. 위에서 언급한 "짐승의 암수"를 말합니다. 하나님이 모든 짐승을 암컷과 수컷 짝으로 만드셨다는 의미이지, 여호와의 말씀이 상응하는 짝이 있다는 뜻이 아닙니다. 히브리어에 대한 기본 이해만 있어도 신천지의 잘못된 해석에 빠지지 않을 텐데 안타깝습니다.

메시아의 의미

이사야 40장부터 55장까지는 바빌로니아에 포로로 끌려온 사람들에게 선포된 말씀입니다. 이 본문의 말씀은 고레스 칙령 전후에 선포됐을 것입니다. 여기 충격적인 말씀이 선포됩니다. 페르시아 왕 고레스가 하나님의 목자라는 것입니다.

> 이사야 44:28   고레스에 대하여는 이르기를 내 목자라. 그가 나의 모든 기쁨을 성취하리라 하며 예루살렘에 대하여는 이르기를 중건되리라 하며 성전에 대하여는 네 기초가 놓여지리라 하는

자니라.

이사야서에서 고레스는 여러 번 언급되는데 여기서는 특히 하나님이 고레스를 "내 목자"라고 부르십니다. 고레스가 하나님이 사용하신 도구이기 때문입니다. 뒤에 가면 "여호와께서 그의 기름부음을 받은 고레스"라는 표현도 나옵니다. "기름부음을 받은"을 히브리어로 하면 '메시아'입니다. 그러니까 메시아가 고레스입니다. 메시아는 보통명사입니다. 예수만 메시아가 아니라 구약 시대의 왕들, 제사장들, 예언자들 모두 기름부음 받은 메시아입니다. '기름부음 받음'은 하나님 영의 임재를 나타내는 상징적인 행위입니다. 하나님에 의해 선택받아 하나님의 일을 하도록 부름받은 이들이 메시아입니다.

페르시아 왕 고레스도 하나님이 메시아라고 부르신, 선택받은 자입니다. 하나님이 고레스에게 칭호를 주셨습니다. "내 목자, 메시아"라는 칭호입니다. 고레스는 전혀 하나님을 알지 못했습니다. 전혀 하나님을 경외하지 않았습니다. 그런데 하나님은 고레스라는 이방 왕을 통해서 당신의 역사를 이루어 가십니다. 고레스는 그저 자신의 정치적 이익에 따라서 행동한 것이지만, 그로써 하나님의 뜻을 이루는 도구의 역할을 했습니다.

이사야 53:5   그가 찔림은 우리의 허물 때문이요 그가 상함은 우리의 죄악 때문이라. 그가 징계를 받으므로 우리는 평화를 누리고 그가 채찍에 맞으므로 우리는 나음을 받았도다.

한국 교회는 이사야 53장을 예수의 수난과 고난에 대한 예언의 말씀으로 해석합니다. 이 본문을 수천 년 동안 읽어 온 유대인들은 이 말씀을 메시아에 대한 예언으로 생각하지 않았습니다. 여기에서 결국 유대교와 기독교가 갈라서게 됩니다. 왜 유대교는 이 본문에서 메시아 예언을 떠올리지 못할까요? 유대인에게 메시아는 군사적, 정치적 승자입니다. 메시아는 승리하는 자입니다. 고난받고 죽임당하는 메시아는 유대인에게 있을 수 없는 개념입니다. 그래서 이 본문에 나오는 고난받는 어린양을 이스라엘 공동체의 죄를 짊어지고 바빌로니아에 포로로 끌려가는 인물로 해석했습니다.

훗날 초대교회는 예수 그리스도의 사건을 경험하고 나서 다시 구약을 읽었습니다. 구약 본문 안에 하나님이 보내신 메시아를 하나님의 백성이 알아보지 못하고 도리어 죽이고 거부했다는 사실을 깨닫게 됩니다. 그러면서 이사야 53장 본문이 메시아 예언으로 받아들여졌습니다. 이로써 초대교회는 유대교로부터 갈라서게 됩니다. 같은 성경 말씀을 보아도 해석이 다를 수 있습니다. 오늘날에도 유대교는 이사야 53장에서 고난받는 메시아를 떠올리지 않고, 기독교가 오독하고 있다고 믿습니다.

누가 참된 이스라엘인가

신명기 23장에는 여호와의 총회에 들어올 수 없는 자들이 기록돼 있습니다. 고환이 상한 자, 즉 고자들은 들어오지 못합니다. 하나님이 그의 백성에게 최초로 주신 명령이 생육하고 번성하라는 것입니다. 그런데 심낭이나 고환이 상한 자들은 생육하거나 번성할 수 없습니다. 하나님의 명령에 순종할 수 없는 것입니다. 그래서 여호와의 총회에 들어오지 못합니다.

이사야 56:4-5   여호와께서 이와 같이 말씀하시기를 나의 안식일을 지키며 내가 기뻐하는 일을 선택하며 나의 언약을 굳게 잡는 고자들에게는 내가 내 집에서, 내 성안에서 아들이나 딸보다 나은 기념물과 이름을 그들에게 주며 영원한 이름을 주어 끊어지지 아니하게 할 것이며.

바빌로니아 포로기를 거치면서 문제가 발생합니다. 하나님을 저버리지 않았고 그 누구보다 하나님에 대한 믿음을 온전히 드러냈지만 원하지 않게 고자가 된 사람들도 있기 때문입니다. 누구입니까? 다니엘과 세 친구입니다. 페르시아 궁정의 술 맡은 관원장 느헤미야입니다. 수산성의 문지기였던 모르드개입니다. 이들은 원치 않았지만 고자가 되었습니다. 신명기 23장 말씀대로라면 이들은 여호와의 총회에 들어오지 못합니다. 이제 하나님의 백성이 아니라고 이들을 내쫓아야 합니까? 아닙니다. 바빌로니아 포로기를 통과하며 신명기 23장 말씀의 해석이 달라집니다. 고자라 하더라도 하나님을 경외하고 하나님 말씀에 순종하면 그는 여전히 하나님의 자녀입니다. 심지어 이방인이더라도 여호와를 경외하고, 하나님의 안식일을 준수하고, 하나님 말씀에 순종한다면 하나님의 백성이 됩니다. 즉 바빌로니아 포로기를 거치면서 이스라엘의 개념이 새로워집니다. 누가 이스라엘입니까? 하나님께 순종하는 자가 이스라엘입니다. 고자나 이방인도 하나님께 순종한다면 바로 이스라엘입니다.

> 이사야 58:6-7 내가 기뻐하는 금식은 흉악의 결박을 풀어 주며 멍에의 줄을 끌러 주며 압제당하는 자를 자유하게 하며 모든 멍에를 꺾는 것이 아니겠느냐. 또 주린 자에게 네 양식을 나누어 주며 유리하는 빈민을 집에 들이며 헐벗은 자를 보면 입히며 또 네 골육을 피하여 스스로 숨지 아니하는 것이 아니겠느냐.

금식에 관련된 본문입니다. 한국 교회는 특히 사순절 기간에 금식합니다. 음식을 먹지 않는 것을 금식이라 생각하기 쉬운데, 하나님이 기뻐하시는 금식은 전혀 다릅니다. 하나님이 기뻐하시는 금식은 굶는 데 있지 않고 지금 굶고 있는 사람을 먹이는 것입니다. 헐벗은 자에게 옷을 입히는 것이 금식입니다. 하나님이 원하시는 종교 행위는 우리가 순종할 때 다른 누군가가 유익을 누리게 되어 있습니다. 이제 한국 교회도 참된 금식, 참된 경건을 고민할 때가 됐습니다. 하나님이 원하시는 바를 이뤄 드리는 삶의 실천이 많아지면 좋겠습니다. 예컨대 다음 사순절을 맞을 때는 개인적으로 굶는 금식이 아니라 굶주린 자를 먹이고 헐벗은 자를 입히는 금식 운동을 실천할 수 있기를 바랍니다.

예레미야

예언자들의 사역을 제대로 이해하려면 그들이 사역했던 시대에 대한 이해가 필수적입니다. 이사야는 주전 8세기를 배경으로 사역했고, 예레미야는 그로부터 100년 후에 사역한 예언자입니다. 예레미야는 누구입니까? 예레미야는 아비아달의 후손입니다. 아비아달은 다윗과 솔로몬을 떠올리게 하는 이름입니다. 다윗 시대에는 특이하게도 대제사장이 두 명이었습니다. 한 명이 아비아달이고 다른 한 명이 사독입니다. 아비아달은 다윗의 아들 가운데 아도니야를 차기 후계자로 밀었습니다. 사독은 솔로몬을 왕으로 지지했습니다. 다윗은 솔로몬을 선택합니다.

이렇게 왕이 된 솔로몬은 자신이 아닌 아도니야를 지지했던 사람들을 처형하거나 유배를 보냈습니다. 그때 하나님의 제사장 아비아달도 유배를 떠났습니다. 그곳이 아나돗입니다. 그 아나돗 땅에서 아비아달의 후손으로 태어난 사람이 예레미야입니다.

예레미야는 재야에서 활동한 예언자로 예루살렘과 대립 관계에 있었습니다. 하나님은 주전 627년 예레미야를 부르셔서 남유다가 멸망한 586년까지 40년 동안 사역하게 하십니다. 보통 예레미야는 '눈물의 예언자'라고 불립니다. 예레미야서 뒤에 예레미야 애가서가 붙어 있기 때문입니다. 예레미야는 예언자 중에서 가장 많은 고난을 당한 사람입니다. 예언자의 운명 자체가 죽음의 초대장이긴 합니다. 구약 시대 기름부음 받는 세 부류의 사람이 있었는데 왕, 제사장, 예언자입니다. 왕은 기름부음 받으면 정치권력을 쥐게 되고, 제사장은 종교권력을 쥐게 됩니다. 하지만 예언자는 기름부음을 받으면 죽음으로 초대 받습니다. 사람들이 듣고 싶어 하지 않고 힘과 권세 있는 자들을 부담 스럽게 만드는 메시지를 계속 선포하기 때문에 어느 누구에게도 환영 받지 못합니다.

그래서 어떻게 보면 예언자의 운명 자체가 비참하기도 한데, 그중에 서도 가장 힘겨운 세월을 보낸 예언자가 예레미야입니다. 예레미야를 '눈물의 예언자'라고 부르는 이유는, 단지 그가 예루살렘과 남유다의 멸망을 슬퍼해서만이 아니라 40년의 예언 사역 동안 끊임없이 투옥당 하고 미움받으며 예언자로서 처절한 고통을 당했기 때문입니다.

부름받는 예레미야

예레미야는 하나님의 심판의 때를 주장했습니다. 남유다의 상태가 수술도 소용없는 불치 환자의 증상과 같다고 보았습니다. 이제는 회개 할 때가 아니라 하나님께 심판의 매를 맞고 이를 통해 정화되기를 기 대할 때라는 것입니다. 또 하나님이 바빌로니아를 통해서 심판하시므 로, 바빌로니아에 항복하는 것이 살길이라고 외쳤습니다. 이런 주장은 남유다 백성에게 매국노의 메시지로 들렸습니다. 예레미야는 '미쉬파 트'와 '체다카'가 무너진 공동체는 하나님의 심판을 피할 수 없다고 말 한 것입니다. 게다가 남유다는 지금도 회개하고 돌이킬 마음이 없습니 다. 그래서 예레미야는 이런 공동체가 살길은 하나님께 심판의 매를 맞고 새롭게 정화되고 갱신되는 길밖에 없다고 외친 것입니다.

예레미야 7:4   너희는 이것이 여호와의 성전이라, 여호와의 성전이라, 여 호와의 성전이라 하는 거짓말을 믿지 말라.

예레미야 시대에 남유다 백성의 가장 심각한 문제는 자기들 멋대로 하나님 뜻과 상관없는 것을 믿는 것이었습니다. 예레미야는 성전을 출 입하는 사람들을 향해서 여기가 여호와의 성전이 아니라고 말합니다. 여기를 여호와의 성전이라고 주장하면 거짓말이라는 것입니다. 우리 가 일요일에 예배를 드리러 왔는데 교회 앞에서 누가 여기서 하는 거 짓말 믿지 말라고 하면 어떻겠습니까? 당시 예루살렘 성전에 제사를 지내러 온 사람들이 예레미야에게 얼마나 짜증 났겠습니까? 남유다 사람들은 성전을 하나님의 집이라고 생각했습니다. 그런데 예레미야 가 예루살렘 성전을 하나님의 집이 아니라 강도의 소굴이라고 막말을 한 것입니다. 하나님이 강도의 소굴에 계실 리가 있습니까? 예레미야 는 성전에 하나님이 안 계시다고 말한 것입니다. 당시 사람들에게 너 무나 충격적인 메시지였습니다.

예레미야 7:10   내 이름으로 일컬음을 받는 이 집에 들어와서 내 앞에 서서 말하기를 우리가 구원을 얻었나이다 하느냐. 이는 이 모든 가증한 일을 행하려 함이로다.

당시 남유다 백성이 얼마나 잘못된 신앙적 사고를 가졌는지 보여 줍니다. 여호와의 성전에 들어와서 여호와 앞에서 가증한 일을 벌인 것입니다. 하나님의 심판을 앞두고 있던 남유다가 자신만만했던 이유는 거짓 확신과 신념이 있었기 때문입니다. 하나님이 그들을 은혜로 구원하셨다는 확신입니다. 이 구절에서 구원을 이미 '얻었다' 완료형으로 표현하고 있습니다.

한국 교회의 상태도 비슷하지 않습니까? 하나님의 은혜로 이미 구원받았으니 됐다고 생각하는 것입니다. 한 번 구원은 영원한 구원이고, 세례받았으니까, 교회 출석하니까 이미 구원은 확보했다고 생각하지 않습니까? 구원받았다는 것은 하나님의 백성이 되었다는 뜻입니다. 하나님 나라 백성으로 초대받는 것입니다. 누가 구원받은 자입니까? 하나님의 통치 안에 거하는 자입니다. 한국 교회의 딜레마는 구원은 받고 싶어 하면서 하나님의 통치는 안 받고 싶어 하는 것입니다. 구원만 받고 싶고, 구원받은 다음에는 내 마음대로, 내 욕망과 뜻대로 하고 싶어 하는 신앙인들이 많습니다. 구원은 하나님의 나라 백성이 되는 것입니다. 하나님의 통치 안에 거하는 것입니다. 누가 진짜 하나님의 구원받은 자입니까? 하나님의 통치를 기뻐하는 자입니다. 하나님께 순종하는 것을 기뻐하는 자가 진짜 구원받은 자입니다.

예레미야 시대에 남유다 백성 역시 하나님께 순종하거나 하나님의 통치 안에 거하고 싶은 마음이 전혀 없었습니다. 자신들이 원하는 대로 살고 싶어 했습니다. 정직하고 진실하고 거룩한 삶과는 전혀 상관없는 삶을 살고 싶어 했습니다. 그러면서도 자신들이 구원받았다는 확신은 강했습니다. 이것을 예레미야는 질타했습니다. 그러니 당연히 남유다 백성이 예레미야를 좋아할 수가 없습니다.

예레미야 시대에 세계 제국으로 등극한 나라가 바빌로니아였습니다. 특히 바빌로니아의 느부갓네살이 등장했습니다. 바빌로니아가 앗시리아 제국을 제압하고 고대 근동의 새로운 제국으로 등장할 때 예레미야의 사역이 시작됐습니다. 결국 이 바빌로니아가 남유다를 집어삼킵니다. 이것이 예레미야 당시의 시대 상황입니다. 예레미야는 40년 사역 기간 내내 남유다 백성에게 미움을 받았고 예루살렘이 멸망하기 직전까지 상당 시간을 감옥에서 보냅니다.

미움받는 예레미야

예레미야가 이렇게 미움을 받은 데는 몇 가지 이유가 있습니다. 첫째, 예레미야가 성전을 공격했기 때문입니다. 당시 남유다 백성에게 예루살렘 성전은 신성불가침의 대상입니다. 어느 누구도 성전을 공격하고 무사할 수 없습니다. 성전은 하나님의 집이기 때문입니다. 하나님의 집인 성전을 공격한다면 하나님을 공격하는 것이나 마찬가지 아닙니까? 예레미야는 신성불가침의 대상인 성전을 공격했습니다. 성전이 더 이상 하나님의 집이 아니라 도둑의 소굴이라고 비난했습니다. 훗날 복음서에서 예수님도 성전에서 채찍을 휘두르며 사람들을 책망하십니다. 만민이 기도하는 집을 너희가 강도의 소굴로 만들었다고 말씀하십니다. 바로 예레미야의 말을 인용한 것입니다. 하나님의 집이 되어야 할 성전이 도둑과 강도의 소굴이 됐다고 보신 것입니다.

당시 사람들에게 신성불가침의 대상이었던 성전을 공격한 것은 당시 사람들의 세계관과 상식에 도전한 것입니다. 그래서 예레미야는 미움을 받습니다.

예레미야 43:10 그리고 너는 그들에게 말하기를 만군의 여호와 이스라엘의 하나님께서 이와 같이 말씀하시되 보라 내가 내 종 바벨론의 느부갓네살왕을 불러오리니 그가 그의 왕좌를 내가 감추게 한 이 돌들 위에 놓고 또 그 화려한 큰 장막을 그 위에 치리라.

둘째, 예레미야는 하나님이 바빌로니아의 왕 느부갓네살을 사용하신다고 보았습니다. 지금 느부갓네살이 남유다를 공격하는데, 하나님이 그를 "내 종"이라고 부르십니다. 느부갓네살이 남유다를 괴롭히는게 하나님의 뜻이었기 때문입니다. 그럼 느부갓네살에게 저항하는 것은 하나님의 뜻에 저항하는 것입니다. 그래서 예레미야는 바빌로니아에 저항하지 말고 항복해야 한다, 바빌로니아에 의한 남유다의 멸망을 하나님의 뜻으로 받아들여야 한다고 주장했습니다. 국가 위기 상황에서 모두 힘을 다해 바빌로니아와 결사 항전을 벌여야 할 때 항복하는 것이 하나님의 뜻이라고 주장하니까, 남유다 백성의 눈에 예레미야는 매국노로 보인 것입니다. 그래서 미움을 받습니다.

셋째, 결국 남유다는 예레미야의 말처럼 느부갓네살에게 포로로 끌려갑니다. 그때 많은 사람들이 포로로 끌려가는 것이 하나님 심판의 절정이라고 생각했습니다. 이제 심판을 받았으니까 곧 회복되겠지 기대한 것입니다. 그런데 예레미야는 이것이 예고편에 불과하다고 못 박습니다. 포로로 잡혀간 사람들은 금방 돌아오지 못하고, 최소 70년 동안 바빌로니아에 머물러야 한다고 주장합니다. 이것을 '장기 유배설'이라고 합니다. 예레미야는 포로로 잡혀가 낙담하는 사람들에게 금방 돌아온다는 희망을 접고 거기 정착해 시집 장가가고 집 짓고 농사짓고 터 잡고 살 궁리를 하라고 말합니다. 여기에 반대하는 '단기 유배설'이 있었습니다. 포로로 잡혀간 사람들이 2년 안에 돌아온다는 주장입니다. 남유다 백성이 포로로 끌려가도 2년 안에 돌아온다는 말과 70년은 있어야 한다는 말 중에 어느 쪽을 더 좋아했을까요? 당연히 단기 유배설입니다. 남유다 사람들은 여기에 열광했습니다. 그런데 하나님의 뜻은 2년이 아니라 70년이었습니다. 예레미야는 하나님이 맡겨 주신 예언을 곧이곧대로 선포하다 사람들에게 맹렬한 미움을 받았습니다.

예레미야의 사명

예언자에게는 두 가지 사명이 주어집니다

예레미야 1:10   보라, 내가 오늘 너를 여러 나라와 여러 왕국 위에 세워 네가 그것들을 뽑고 파괴하며 파멸하고 넘어뜨리며 건설하고 심게 하였느니라 하시니라.

첫째, 예언자의 사명은 뽑고 파괴하고 파멸하고 넘어뜨리는 것입니다. 죄악으로 구축된 것, 하나님의 뜻과 무관한 것은 끊임없이 뽑고 파괴하고 넘어뜨려야 합니다. 둘째, 넘어진 터 위에 하나님의 말씀에 근거한 것을 건설하고 심어야 합니다. 회개가 어려운 이유가 있습니다. 그동안 죄된 삶을 뽑아내고 넘어뜨리고 거기에 하나님의 말씀에 근거해서 하나님이 원하시는 삶을 새롭게 건설하고 심어야 하기 때문입니다. 이 두 가지 사역을 감당한 사람이 예언자입니다. 기존의 체제를 옹호하려는 사람들 입장에서는 뽑고 파괴하고 넘어뜨리는 것을 용납할수 없습니다. 그래서 예언자는 핍박을 받을 수밖에 없었습니다.

> 예레미야 2:13   내 백성이 두 가지 악을 행했나니 곧 그들이 생수의 근원되는 나를 버린 것과 스스로 웅덩이를 판 것인데 그것은 그물을 가두지 못할 터진 웅덩이들이니라.

이스라엘 공동체의 두 가지 죄악이 나옵니다. 이스라엘이 범한 가장 심각한 죄악입니다. 첫째, 생수의 근원이신 하나님을 버렸습니다. 둘째, 하나님을 버리고 자기 스스로 웅덩이를 팠습니다. 그런데 이 웅덩이는 물을 저장할 수 없습니다. 스스로 웅덩이를 팠다는 것은 강대국과 손을 잡았다는 뜻입니다. 강대국을 의지한 것입니다. 하나님을 믿는다고 평상시 자신하는 사람들이 중요한 순간에는 하나님을 망각합니다. 위기의 순간에 힘 있고 돈 있는 자들을 의지합니다. 이스라엘도 강대국을 의지했습니다. 이런 행위는 생수의 근원되는 하나님을 저버리고 스스로 웅덩이를 파는 일입니다. 게다가 이 웅덩이는 물을 저장할 수 없었습니다. 이스라엘이 스스로 패망할 수밖에 없는 행위를 자행하고 있다고 예레미야는 책망하는 것입니다.

> 예레미야 5:30-31   이 땅에 무섭고 놀라운 일이 있도다. 선지자들은 거짓을 예언하며 제사장들은 자기 권력으로 다스리며 내

백성은 그것을 좋게 여기니 마지막에는 너희가 어찌하려느냐.

당시 이스라엘이 얼마나 타락했는지 총체적으로 보여 줍니다. 선지자들은 거짓을 예언합니다. 맡겨진 말씀을 있는 그대로 선포해야 할 예언자들이 사람들이 듣고 싶어 하는 것들만 말하고 있습니다. 제사장들은 자기 권력을 키우고 있었습니다. 제사장은 하나님의 지상 대리자로서 하나님의 마음으로 백성을 잘 돌보라고 부름받은 사람들 아닙니까? 그런데 그 목적을 망각하고 권력을 이용해서 부귀영화와 사리사욕을 채우는 데 혈안이 되어 있었습니다. 문제는 백성조차 그것을 좋게 여기고 있었다는 것입니다. 예언자들이 하나님의 말씀과 무관한 거짓 예언을 선포하면 백성이 듣고 일어나야 합니다. 목사들이 이상한 말을 하면 성도가 일어나야 합니다. 그런데 평화를 말하며 자기들이 듣고 싶은 메시지만 선포하는 거짓 예언자를 백성이 좋게 여긴 것입니다. 한마디로 남유다 사회의 총체적인 타락입니다. 어디 하나 희망이 없습니다.

예레미야 8:19 딸 내 백성의 심히 먼 땅에서 부르짖는 소리로다. 여호와께서 시온에 계시지 아니한가, 그의 왕이 그 가운데 계시지 아니한가.

당시 남유다 백성이 고백했던 찬양의 근거가 있습니다. 그들은 자신만만했습니다. 하나님이 자신들과 함께하시기 때문입니다. 하나님이 시온에 계시기 때문입니다. 설마 하나님이 자신들을 버릴 리가 없다고, 하나님이 시온을 버릴 리가 없다고 생각한 것입니다. 예레미야 당시에 가장 심각한 문제는 하나님의 뜻과 아무 상관없이 자신들이 만든 거짓 신념, 거짓 신앙을 붙잡은 것입니다. 그들이 하나님의 백성이고 하나님은 그의 백성을 버리지 않는다고 되뇌면서 심판의 순간에도 자신만만했던 것입니다. 그래서 남유다 백성은 사태의 심각성을 전혀 인지하지 못하고 회개하지도 못했습니다.

> 예레미야 16:2 너는 이 땅에서 아내를 맞이하지 말며 자녀를 두지 말지니라.

하나님이 결혼하지 말라고 명령한 유일한 예언자가 예레미야입니다. 왜 결혼하지 말라고 하십니까? 남유다가 곧 심판을 받기 때문입니다. 심판이 임하면 온 가족이 전멸할 것입니다. 예언자가 결혼하지 않으면 사람들이 이유를 물어볼 것입니다. 그때 곧 하나님의 심판이 임할 것이라고 경고하라는 것입니다. 결혼하지 않는 행위를 통해서도 예레미야는 하나님의 심판이 임박했음을 선포할 수 있었습니다.

회개의 임계점을 넘은 유다

예레미야서에서 가장 중요한 해는 여호야김 4년째, 주전 605년입니다. 이 해는 바빌로니아에서 느부갓네살이 왕이 된 원년입니다.

예레미야 25:1   유다의 왕 요시야의 아들 여호야김 넷째 해 곧 바벨론의 왕 느부갓네살 원년에 유다의 모든 백성에 관한 말씀이 예레미야에게 임하니라.

이 해가 예레미야에게 중요했습니다. 주전 605년 이전만 해도 예레미야는 남유다 백성에게 회개를 촉구합니다. 그런데 주전 605년 이후에는 더 이상 회개를 촉구하지 않습니다. 하나님의 심판이 확정됐다고 보았기 때문입니다. 주전 605년은 어떻게 보면 회개의 임계점이었습니다. 회개할 수 있는 마지막 기회였습니다. 주전 605년이 넘어가면서 회개의 임계점조차 사라져 버렸습니다. 더 이상 회개해도 의미가 없습니다. 이제는 하나님의 심판을 맞이할 수밖에 없습니다. 심판의 매를 맞으면서 우리가 뭘 잘못했는지 각성해야 합니다. 그래서 갱신되고 정화되어야 합니다.

예레미야서에는 두 악인이 나옵니다. 하나가 여호야김이고 또 하나가 시드기야입니다. 둘 다 왕인데 성격이 조금 다릅니다. 여호야김은 대놓고 하나님께 적대적으로 대듭니다. 하나님 말씀의 두루마리를 칼로 잘라 내서 불태웁니다. 아예 하나님 말씀을 듣기 싫다고 전면적으로 저항한 왕이 여호야김입니다. 악인입니다. 여호야김만큼은 아니지만 또 한 부류의 악인이 있는데 남유다의 마지막 왕이었던 시드기야입니다. 시드기야는 감옥에 갇혀 있던 예레미야를 불러서 하나님께 마지막 기도를 부탁하고 하나님의 뜻이 무엇인지 알려 달라고도 합니다. 시드기야는 현상적으로만 보면 하나님에 대한 경외가 있는 것처럼 보입니다.

문제는 예레미야에게 자신을 위해 기도하고 하나님의 뜻을 알려 달라고도 요청하는데, 정작 하나님의 뜻을 알려 주면 하나님께 순종하지 않습니다. 여호야김이 적극적으로 하나님께 저항한 악인이라면, 시드기야는 하나님의 뜻에 대한 열망은 있지만 하나님의 뜻이 주어질 때 하나님의 뜻에 대해 순종하지 않는, 전형적인 무반응의 소유자입니다. 여호야김처럼 적극적으로 하나님께 대적하는 자는 아니지만 시드기야 역시 정작 하나님의 뜻이 주어졌을 때 하나님께 순종하려고 하지 않았습니다.

> 예레미야 31:33 그러나 그날 후에 내가 이스라엘 집과 맺을 언약은 이러하니 곧 내가 나의 법을 그들의 속에 두며 그들의 마음에 기록하여 나는 그들의 하나님이 되고 그들은 내 백성이 될 것이라. 여호와의 말씀이니라.

남유다 백성이 하나님의 심판을 받은 이후에 하나님께 은혜를 받을 텐데, 그 은혜 가운데 하나가 새 언약의 체결입니다. 새 언약은 시내산의 옛 언약과 비교해 보아야 합니다. 시내산 언약은 이스라엘 백성이 하나님과 제일 먼저 맺은 언약입니다. 시내산 언약 때 하나님은 자신의 뜻을 돌판에 기록해 주셨습니다. 돌판에 기록된 하나님 말씀은 누군가가 이 말씀을 제대로 가르쳐 줄 때만 알 수 있습니다. 옛 계약에서 일반 백성은 억울함을 토로할 수 있었습니다. 하나님의 말씀은 돌판에 쓰여 읽을 수 없고, 그 뜻이 무엇인지 제사장과 예언자들이 제대로 알려 주지 않아 알 수가 없었습니다. 그래서 하나님은 새 언약을 맺을 때는 돌판이 아닌 각각의 마음판에 자신의 뜻을 기록하겠다고 말씀하셨습니다.

새 언약의 가장 중요한 특징은 돌판이 아니라 우리 마음에 하나님의 뜻이 기록된다는 것입니다. 우리의 존재 안에 하나님의 뜻이 무엇인지 새겨진다는 것입니다. 우리 존재 안에서 말씀으로 충만해진 자들이 하나님께 자발적으로 순종하는 장면이 사도행전 2장에 나오는 새 언약 백성의 모습입니다. 사도행전에서 초대교회는 성령이 그들에게 임했을 때 누가 시키지 않아도 땅을 팔아서 가난한 자들을 위해서 공동체에 헌금합니다. 제각각 마음속에 있는 하나님의 말씀에 자발적인 순종을 드러내는 것이 바로 옛 언약과 다른 새 언약의 핵심입니다.

이집트로 끌려가는 예레미야

전설에 따르면, 이사야는 므낫세왕 때 통나무 안에 들어가서 톱으로 켜 죽임을 당했습니다. 예레미야는 40년의 예언 사역 끝에 이집트로 끌려갑니다.

> 예레미야 44:17 우리 입에서 낸 모든 말을 반드시 실행하여 우리가 본래 하던 것 곧 우리와 우리 선조와 우리 왕들과 우리 고관들이 유다 성읍들과 예루살렘 거리에서 하던 대로 하늘의 여왕에게 분향하고 그 앞에 전제를 드리리라. 그때에는 우리가 먹을 것이 풍부하며 복을 받고 재난을 당하지 아니하였더니.

예레미야는 이집트로 끌려가서 사람들에게 철퇴에 맞아 죽었다는 전설이 있습니다. 예레미야가 이집트로 끌려간 이야기에서 흥미로운 부분이 있습니다. 예레미야를 끌고 간 사람들이 조상들이 하던 대로 다시 하늘의 여왕에게 분향하고 그 앞에 전제를 드리겠다고 말하는 것입니다. 남유다 안에서 우상숭배가 얼마나 오랜 세월 존속되었는지 알 수 있습니다. 우리와 우리의 왕과 우리의 관료들과 다른 모든 사람이 하던 일이 무엇입니까? 하나님을 예배하는 것이 아니라 하늘 여왕에게 분향하고 전제를 드린 것입니다. 여기에서 하늘 여왕은 이쉬타르Ishtar를 가리킨다고 봅니다. 남유다는 하나님을 저버리고 오랜 세월 우상숭배를 했는데, 그때는 먹을 것도 풍부하고 재난도 당하지 않았다고 합니다. 우상숭배할 때 오히려 잘 먹고 잘살았다는 것입니다. 성경이 말하는 우상숭배는 하나님과 다른 신을 겸하여 섬기는 것입니다. 구약의 이스라엘은 왜 실패했습니까? 가난하게 살더라도 하나님만 섬기는 삶보다 우상을 숭배하더라도 부유하게 사는 삶을 선택했기 때문입니다. 하나님과 함께하는 것, 하나님과 동행하는 것, 하나님의 통치 안에 거하는 것이 진정한 복입니다. 그러나 이스라엘은 이런 복을 저버리고 잘 먹고 잘사는 것, 부귀영화를 누리는 것, 욕망을 성취하는 것, 이것들을 가능하게 해 준다고 믿는 이방 우상을 숭배한 것입니다.

이들이 뭐라고 얘기합니까? 요시야가 종교개혁을 일으키기 전에, 하늘 여왕에게 분향했을 때 잘살았는데, 요시야가 이방의 우상들을 박살 내고 하나님만 섬기자고 한 순간부터 삶이 어려워졌다는 것입니다. 하나님의 백성이라면서 하나님보다 세상의 맘몬과 욕망을 추구하고 있는 이스라엘의 현실을 잘 폭로해 주는 구절입니다.

이런 말씀을 통해서 우리 스스로를 돌아볼 수 있어야겠습니다. 하나님을 끊임없이 부르지만 진짜 하나님에 대한 간절함이 있습니까? 하나님의 뜻에 대한 목마름이 있습니까? 하나님의 백성이라 말하면서도 하나님의 백성답게 살아가려는 다짐과 결단은 미루지 않습니까? 하나님의 능력을 그저 자신이 원하는 바를 성취하는 도구로 여기고, 자기 욕망의 실현만이 신앙의 주된 관심사는 아닌지 성찰할 필요가 있습니다. 하나님과 맘몬, 하나님과 권력, 하나님과 욕망은 겸하여 섬길 수 없습니다. 하나님 말씀을 통해서 자신을 점검하고 반성하고 돌이키는 것이 예언서를 읽는 중요한 목적이자 큰 유익입니다. 예레미야는 남유다 백성의 거짓된 확신에 도전하다 오랜 세월 미움과 공격을 받았습니다. 결국 역사는 그가 하나님의 참된 예언자임을 증명해 주었습니다. 오늘날 우리 역시 부담스러운 메시지는 거부하게 되어 있습니다. 죄를 들춰 내는 것을 좋아할 사람은 아무도 없습니다. 하지만 그런 각성과 비판이 우리를 살리시는 하나님의 사랑과 자비와 긍휼의 기회입니다. 예언서 말씀에 근거해 우리의 삶이 조금씩 변화되고 날마다 하나님의 사람답게 성장할 수 있기를 바랍니다.

에스겔

에스겔은 대예언서의 마지막 책입니다. 에스겔은 예레미야와 비슷한 시기, 즉 남유다가 멸망할 즈음에 사역했는데 사역의 공간이 다릅니다. 예레미야는 남유다 땅에서 사역했고, 에스겔은 바빌로니아 땅에서 예언 사역을 했습니다. 구약의 예언자 가운데 이방 땅에서 하나님의 부르심을 받은 유일한 사람이 에스겔입니다. 에스겔의 직업은 제사장이었습니다. 고대 사회는 부모의 직업을 자녀가 그대로 물려받았습니다. 예레미야도 제사장이었고 에스겔도 제사장이었는데 예레미야는 아비아달의 후손이고, 에스겔은 사독의 후손입니다. 아비아달의 후손인 예레미야는 아나돗이라는 지방 성소의 제사장이었고, 에스겔은 예루살렘 성전의 제사장 아들로 태어났습니다. 한마디로 에스겔은 미래가 보장된 사람이었습니다. 당대의 제사장 자녀들은 25살에 인턴을 시작하고 30살에 본격적인 제사장 사역을 맡았습니다.

네 번에 걸쳐 포로로 끌려가는 유다 백성

에스겔은 25살이 되던 주전 597년 바빌로니아에 포로로 끌려갑니다. 느부갓네살이 바빌로니아의 왕이 된 이후, 남유다 백성은 여러 번에 걸쳐 포로로 끌려갑니다.

1차 포로는 주전 605년에 끌려갑니다. 갈그미스 전투가 있었던 해입니다. 바빌로니아와 이집트가 전쟁을 했는데, 여기서 바빌로니아가 승리합니다. 남유다는 주전 605년까지 이집트의 봉신국이었습니다. 그동안 이집트에만 충성했던 남유다는 갈그미스 전투를 계기로 바빌로니아의 봉신국으로 돌아섭니다. 우리나라도 병자호란 이후 청나라가 소현 세자를 인질로 잡아간 것처럼, 남유다는 바빌로니아의 봉신국이 된 주전 605년 바빌로니아에 인질을 보내야 했습니다. 이때 끌려간 사람 중에 다니엘과 세 친구도 있었습니다.

2차 포로는 주전 597년에 끌려갑니다. 이때는 여호야긴왕조차 사로잡혀 갔습니다. 왕이 잡혀갈 정도면 엄청난 사건입니다. 왕과 귀족과 제사장과 전문직 기술자를 망라한 약 만 명이 바빌로니아로 끌려갑니다. 이때 에스겔도 여호야긴왕과 함께 끌려갔습니다. 이때 에스겔의 나이는 25살이었습니다. 원래는 제사장의 아들로 태어났기 때문에 예루살렘 성전에서 본격적인 훈련을 받기 시작할 나이입니다. 제사장 가문이라면 누구에게나 인정받았을 테고, 제사장의 아들로서 미래 역시 보장되어 있었을 것입니다. 그런데 에스겔은 바빌로니아 포로로 끌려갔습니다. 사실 바빌로니아는 남유다에서 쓸 만한 사람들만 골라 포로로 데려갔습니다. 에스겔이 포로로 끌려갔다는 것은 그가 어느 정도 능력을 인정받은 인재였다는 뜻입니다. 하지만 꿈은 시들고 희망은 사라졌을 것입니다. 제사장이 성전을 떠나 무엇을 할 수 있습니까? 그런데 5년의 시간이 지나 에스겔이 30살이 되었을 때, 하나님이 그발 강가로 에스겔을 찾아오십니다. 에스겔을 예언자로 세우십니다. 어엿한 제사장이 되어 예루살렘 성전을 섬기지는 못했지만, 에스겔은 이방 땅에서 하나님의 예언을 선포하기 시작한 것입니다.

3차 포로는 주전 586년 남유다가 바빌로니아에 완전히 멸망하고 예루살렘 성벽도 성전도 무너졌을 때입니다. 4차 포로는 그달랴 총독이 암살된 이후에 바빌로니아 군대가 와서 남은 백성을 포로로 끌고 갔을 때입니다.

성전 멸망의 의미

주전 586년 남유다는 바빌로니아에 멸망합니다. 이때 남유다 백성의 충격을 상상해 보십시오. 지금까지 남유다 백성은 하나님을 신실하게 섬기지는 못했지만 하나님이 천지의 창조주이시고 역사를 주관하는 섭리자라고 고백했습니다. 아무리 그래도 하나님을 믿는 백성인데 어떻게 망할 수가 있습니까. 어떻게 하나님의 성전이 무너질 수가 있습니까.

고대 사회에서 전쟁은 단지 국가와 국가 간 군사력의 충돌만을 의미하지 않았습니다. 고대인들은 현대인들에 비해 훨씬 더 신앙이 굳건했습니다. 일상에서 일어나는 모든 사건을 신과 연관시켜 사유했습니다. 현대인은 과학적인 세계관을 중시해서, 검증 가능한 실험으로 입증할 수 있는 일만 믿으려는 경향이 있습니다. 고대인들은 비가 오지 않고 가뭄이 들면 신이 진노했다고 생각했습니다. 결혼했는데 자녀를 갖지 못하면 신이 축복하지 않았다고 믿었습니다. 일상에서 일어나는 모든 사건을 신과 연관시켜 사유했습니다. 모든 사건에 대해서 신앙적인 해석을 하는데, 국가와 국가 간 전쟁은 말할 것도 없습니다. 고대인들은 두 국가의 전쟁은 그 국가의 수호신들 간의 싸움이라고 여겼습니다. 예를 들어 남유다와 바빌로니아가 전쟁한다면 군사력의 비교나 전략과 전술의 차이나 리더십의 분석 같은 것으로 승리를 점치지 않았습니다. 두 나라의 주신 혹은 수호신 가운데 누가 더 강하고 능력 있는지를 고려했습니다. 이스라엘의 수호신은 야훼 하나님입니다. 바빌로니아의 수호신은 마르둑입니다. 이스라엘과 바빌로니아가 전쟁을 하면

이 전쟁은 야훼 하나님과 마르둑의 전쟁입니다. 따라서 두 신 가운데 더 강한 신, 더 위대한 신이 이길 것입니다. 결국 남유다가 바빌로니아에 패한 것은 남유다가 바빌로니아보다 군사력이 약하거나 전략과 전술이 부족해서가 아닙니다. 마르둑이 야훼 하나님보다 더 강하고 더 위대한 신이기 때문에 바빌로니아가 이긴 것입니다. 그래서 남유다는 바빌로니아에 패하고 엄청난 신학적 충격을 받았습니다. 야훼 하나님이 세계 최고의 신인 줄 알고 있는데 그 하나님이 마르둑에게 패했기 때문입니다. 남유다 백성은 이 사실을 납득하기 어려웠습니다.

신학적 충격 속에 빠져 있던 남유다는 시간이 지나면서 곰곰이 전쟁에 패배한 이유를 복기하기 시작했습니다. 남유다는 마침내 신학적 딜레마를 극복했습니다. 야훼가 마르둑보다 약해서 전쟁에 패한 것이 아니었습니다. 하나님이 바빌로니아라는 막대기를 사용해 남유다를 심판하신 것입니다. 남유다가 하나님의 언약으로부터 괴리돼 하나님이 원하시는 삶을 살지 못하니까 바빌로니아라는 막대기를 사용해 남유다 백성을 치셨습니다. 하나님은 바빌로니아 같은 이방 민족도 얼마든지 들어 사용할 수 있는 천지의 주재이십니다. 남유다는 예루살렘 멸망을 계기로 언약에 대해 새롭게 깨닫습니다.

새 신학의 패러다임

원래 이스라엘은 하나였지만 르호보암왕 때 남유다와 북이스라엘로 분열됐습니다. 그리고 북이스라엘이 주전 722년 먼저 망했습니다.

남유다는 주전 586년에 망했습니다. 그런데 이스라엘 전체가 하나님의 언약 백성입니다. 출애굽 후 시내산에서 이스라엘은 하나님과 언약을 체결했습니다. 언약은 피로 맺은 약속입니다. 생명을 담보로 한 약속이 언약입니다. 언약의 두 당사자가 언약을 체결할 때 두 당사자는 짐승을 반으로 쪼개서, 쪼개진 짐승을 양옆으로 두고 그 사이로 걸어갑니다. 그러면 언약이 체결됩니다. 이런 예식을 행하는 이유는 우리가 약속을 했는데 그 약속을 지키지 못하면 쪼개어 죽임당한 짐승처럼 우리를 죽여도 좋다는 뜻입니다. 그만큼 언약은 엄중했습니다. 목숨을 걸고 맺는 약속입니다.

시내산에서 하나님과 이스라엘은 어떤 약속을 했습니까? 하나님은 이스라엘을 돌보는 이스라엘 왕이 되겠다고 약속하시고 이스라엘은 하나님께만 순종하겠다고 약속했습니다. 하나님께만 순종하고 충성을 바치는 하나님의 백성이 되겠다는 언약을 지키지 못하면 죽는 것입니다. 남유다가 멸망하고 남유다 백성은 깨달았습니다. 자신들이 하나님과의 언약을 지키지 못했다는 것입니다. 그래서 하나님이 바빌로니아라는 막대기를 들어 남유다를 치신 것입니다. 자신들은 하나님을 떠나 하나님께 불순종해서 심판을 받았지만, 이를 통해 분명한 사실을 깨달을 수 있었습니다. 하나님과 자신들이 체결한 언약은 여전히 유효하다는 것입니다. 언약에 따르면 하나님께 충성하고 순종하면 하나님께 복을 받고, 그렇지 않으면 하나님께 심판을 받습니다. 주전 586년 남유다는 심판을 받아 무너졌습니다. 다윗 왕조가 무너지고 성전이 무너졌습니다. 언약에 신실하지 않았기 때문에 하나님의 심판을 받은 것입니다.

그러면 돌이켜서 언약을 지키면 어떻게 되겠습니까? 하나님과 언약은 여전히 유효하기 때문에 하나님이 남유다를 축복하실 것입니다. 남유다 백성, 특히 바빌로니아에 포로로 끌려갔던 사람들이 각성하기 시작했습니다. 지금은 심판의 매를 맞았는데 우리가 다시 회복되기 위해서는 무엇을 해야 하느냐 고민하기 시작합니다. 언약으로 돌아가야 합니다. 하나님께 순종하는 백성으로 거듭나야 합니다. 어떻게 보면 하나님의 심판을 경험하고 나서 남유다는 비로소 자신들의 정체성을 찾았습니다. 그들은 누구입니까? 바로 하나님의 언약 백성입니다. 하나님만 믿고 섬기겠다고 다짐하고 결단한 사람들이었습니다. 하지만 끊임없이 죄된 삶을 지속하다가 바빌로니아라는 막대기를 통해 하나님의 매를 맞았습니다. 바빌로니아에 포로로 끌려온 사람들은 소망을 품게 됩니다. 지금은 하나님의 심판의 매를 맞고 있지만 다시 언약으로 돌아가기만 하면 하나님이 자신들을 회복시켜 주실 것입니다. 그래서 언약으로 돌아가기 위해 하나님의 말씀을 연구하기 시작합니다. 그래서 바빌로니아 포로기 이후 창세기부터 신명기까지 모세오경이 집대성된 것입니다. 역설적으로 바빌로니아 포로기라는 고난의 세월을 통해서 남유다는 신학적으로 가장 풍성한 경험을 했습니다.

찾아오신 하나님

에스겔은 30살이 됐을 때, 그발 강가에서 불 전차를 타고 심방 오시는 하나님을 만납니다.

에스겔 1:1 서른째 해 넷째 달 초닷새에 내가 그발 강가 사로잡힌 자 중에 있을 때에 하늘이 열리며 하나님의 모습이 내게 보이니.

이것은 굉장히 놀라운 사건입니다. 왜냐하면 남유다 백성이 바빌로니아에 포로로 끌려오기 전까지 남유다 백성은 하나님이 세계의 창조자와 주관자라 고백은 했지만 하나님이 활동하시는 영역을 가나안 땅, 더 적게는 예루살렘 성전으로 제한했습니다. 오늘날 신앙인들 중에서도 하나님은 천지의 창조자이고 세계 역사의 주관자라고 고백은 하면서도 하나님을 믿는 자들과만 상관이 있고 교회라는 공간에서만 역사하신다고 생각할 수 있습니다. 이스라엘이 위대한 신앙고백과는 달리 하나님이 가나안 땅에서만 역사하시는 것처럼 제한적으로 생각하곤 했습니다.

요나서에서 하나님은 요나에게 니느웨에 가서 심판을 경고하라고 명하십니다. 그런데 요나는 가지 않습니다. 그냥 니느웨로 가지 않으면 될 텐데 굳이 배를 타고 다시스로 도망치려고 합니다. 이스라엘 땅에 머물러도 되는데 요나가 하나님의 낯을 피해서 다시스로 도망친 이유는, 하나님이 역사하고 다스리시는 이스라엘 땅에 머물러 있는 한 하나님의 간섭과 명령으로부터 벗어날 수 없다고 보았기 때문입니다. 그래서 하나님의 통치가 임하지 않는 이방 땅으로 도망치려 한 것입니다.

구약의 이스라엘 백성은 하나님이 세계 역사를 주관하신다고 위대한 고백은 할 수 있었지만, 실제로는 하나님이 가나안 땅만 다스리시는 신인 것처럼 하나님의 통치 영역을 축소했습니다. 바빌로니아에 포로로 끌려갈 때 가장 큰 서글픔과 고통과 안타까움으로 느낀 것도 바로 이 점이었습니다. 이스라엘 땅을 떠나는 상황을 하나님과 단절되는 것으로 이해했던 것입니다. 이제 더 이상 하나님의 통치를 받을 수 없고, 하나님과 만남을 가질 수 없을까 봐 포로로 끌려가는 이들은 슬펐던 것입니다. 그런데 놀라운 일이 벌어집니다. 이방 땅에서는 하나님과 만날 수 없다고 믿는 백성 앞에 하나님이 불 전차를 타고 나타나셨기 때문입니다. 충격적인 사건이었습니다. 이방 땅에서도 하나님과 만남이 가능함을 입증한 사건이었습니다. 하나님은 그의 백성이 어디에 있든 그의 백성을 직접 찾아오시는 분입니다. 바빌로니아 포로들은 이 사실을 깨닫고 포로로 끌려온 땅에 회당을 세우기 시작합니다.

훗날 페르시아 왕 고레스가 바빌로니아에 유배된 소수민족들에게 조상들의 땅으로 돌아가도 좋다고 칙령을 내립니다. 이때 상당수의 유대인들이 돌아오지 않았습니다. 왜 안 돌아왔을까요? 신학적인 사고가 바뀌었기 때문입니다. 하나님이 이스라엘 땅만 다스리시는 분이라면 당연히 이스라엘 땅으로 돌아가야 합니다. 하지만 바빌로니아 땅에 그대로 머문 사람들이 많았다는 것은, 이방 땅에서도 하나님을 만날 수 있다는 신학관이 형성됐기 때문입니다. 디아스포라 유대인을 조형한 것이 바로 이런 사상입니다. 바빌로니아 포로기를 맞아 이스라엘 백성은 새로운 신학적 사고를 통해 신앙적 성장을 맞게 됐습니다.

이방에서 부름받은 사역자

하나님은 에스겔을 이방 땅에서 예언자로 부르셨습니다.

에스겔 3:1-2　또 그가 내게 이르시되 인자야 너는 발견한 것을 먹으라. 너는 이 두루마리를 먹고 가서 이스라엘 족속에게 말하라 하시기로 내가 입을 벌리니 그가 그 두루마리를 내게 먹이시며.

　하나님은 본격적인 예언 사역에 앞서 에스겔에게 말씀의 두루마리를 먹게 하십니다. 세상은 미래의 일을 미리 말하는 것을 예언이라고 합니다. 그런데 성경이 말하는 예언은 하나님이 맡겨 주신 말씀을 있는 그대로 선포하는 것입니다. 예언자는 하나님의 말씀을 하나님을 대신하여 선포하는 사람입니다. 그래서 예언자는 '대언자'라고 불리기도 합니다. 예언자가 하나님을 대신하여 하나님이 맡겨 주신 말씀을 선포하는 사람이라면 이 사역을 잘 감당하기 위해 필요한 일은 무엇이겠습니까? 예언자 스스로 하나님의 말씀으로 충만해야 합니다. 그래서 에스겔이 본격적인 예언 사역을 하기 전에 하나님이 에스겔에게 하나님의 말씀을 먹이십니다. 하나님의 말씀을 먼저 먹고 하나님의 말씀을 선포하게 하십니다. 선섭취, 후사역입니다. 안타깝게도 하나님의 말씀으로 채워지지 않은 사람들이 하나님의 일을 하겠다고 열심을 내는 경우가 많습니다. 신앙에서 제일 위험한 것이 분별없는 열심입니다. 하나님의 뜻인지 아닌지 분별하지 못하는 가운데 스스로 이렇게 하면 하나님이 좋아하시겠지 짐작만으로 열심을 내는 것입니다. 그런 분별없는 열심이 하나님의 사역을 망칠 수 있습니다.

분별없는 열심의 대표적인 인물이 사도 바울입니다. 바울의 인생을 관통하는 한 단어가 '열정'입니다. 바울은 늘 열정적이었습니다. 늘 열심을 다하고 헌신적이었습니다. 자기가 그렇게 하는 것을 하나님이 기뻐하신다고 믿었습니다. 그런데 다메섹으로 가는 길에서 하나님은 "사울아, 사울아 왜 네가 나를 핍박하느냐" 물으십니다. 이것은 사도 바울에게도 청천벽력이었을 것입니다. 하나님을 위해서 수고하고 애쓴다고 생각했는데 하나님의 평가는 그의 행동이 하나님을 괴롭힌다는 게 아닙니까? 얼마나 안타깝습니까? 이런 것이 분별없는 열심입니다. 다행히 하나님과의 만남은 사도 바울을 본질적으로 변화시킵니다. 다메섹 도상 사건을 기점으로 바울의 인생은 전반부와 후반부로 나뉩니다. 전반부와 후반부 모두 열정적이었지만, 전반부가 분별없는 열심이었다면 후반부는 분별 있는 열심입니다.

하나님이 에스겔을 예언자로 부르시면서 제일 먼저 하나님의 말씀으로 충만케 하셨다는 점을 기억하십시오. 하나님의 말씀으로 충만한 자가 하나님 말씀을 선포할 수 있습니다. 선섭취, 후사역입니다. 한국 교인들은 대다수가 사역 강박증에 사로잡혀 있습니다. 뭔가 해야 된다고 여기고 불안해서 이런저런 사역들을 시작합니다. 우리가 뭔가 해야 할 일이 있다면, 그것은 하나님의 말씀으로 스스로를 채우는 것입니다. 말씀으로 충만해지면 자연스럽게 하나님이 원하시는 바를 살아 낼 가능성이 높아집니다.

에스겔의 행위 예언

에스겔은 행위 예언의 대표적 예언자입니다.

에스겔 4:3   이것이 이스라엘 족속에게 징조가 되리라.

예언자는 하나님 말씀을 드러내고 선포하는 존재인데, 예언자가 하나님 말씀을 선포하는 방식은 크게 두 가지입니다. 하나는 '말'로 하는 예언이고 또 하나는 '행위'로 하는 예언입니다. 예언자는 말만으로 하나님 말씀을 선포하는 게 아닙니다. 행위로도 하나님의 뜻을 드러낼 수 있습니다. 이런 행위를 '행위 예언'이라고 부릅니다. 에스겔은 행위 예언의 대가입니다. 이사야도 행위 예언을 했습니다. 3년 동안이나 벗은 몸과 벗은 발로 다녔습니다. 에스겔은 이스라엘의 죄를 대속하기 위해서 좌편으로 390일 동안 누웠고, 남유다의 죄를 대속하기 위해서 우편으로 40일 동안 누웠습니다. 또 머리털과 수염을 모조리 깎아 저울로 달아 나누기도 했습니다. 일부는 불사르고, 일부는 칼로 치고, 일부는 바람에 흩어서 그렇게 예루살렘이 멸망하게 된다는 것을 보여 주었습니다.

말로만 예언을 선포할 경우, 듣기 싫으면 귀를 막으면 끝입니다. 아무리 힘껏 선포해도 들어주는 이가 없으면 소용이 없지 않겠습니까. 행위 예언은 말로만이 아니라 어떤 행위를 오랜 세월 지속하는 것입니다. 그러면 사람들이 궁금해서 먼저 물어봅니다. 왜 그런 행위를 하는 겁니까? 이사야가 3년 동안 벗은 몸과 벗은 발로 다닐 때 사람들이 묻지 않았겠습니까? 점잖은 사람이 갑자기 알몸으로 다니는데 지금 뭐 하는 건지 궁금하지 않겠습니까. 이사야의 맨몸과 맨발은 포로로 끌려가는 사람들을 상징합니다. 이집트를 의존하는 사람들은 결국 포로로 끌려갈 것이라고 행위 예언을 한 것입니다. 그런 행위를 통해 예언의 의미를 더 극적으로 드러낼 수 있었고, 궁금해하는 사람들에게 먼저 질문하도록 만드는 하나의 촉진제가 되기도 했습니다.

성전을 떠나는 여호와의 영광

여호와의 영광이 예루살렘 성전을 떠납니다(겔 8-11장). 예루살렘 성전이 항상 하나님의 영광을 담지하는 것은 아닙니다. 하나님은 언제 예루살렘 성전에 계십니까? 성전이 성전다울 때입니다. 성전이 성전다움을 상실하면 하나님의 영광은 점점 타락한 성전을 떠나십니다. 이 것을 에스겔이 환상 가운데 봅니다.

성전이 항상 거룩한 하나님의 집은 아닙니다. 성전은 거룩한 하나님의 집과 강도의 소굴 그 경계선상에 있습니다. 서양 사상의 두 기둥은 헬레니즘과 헤브라이즘입니다. 헬레니즘은 그리스 철학에 기반을 둔 사고 체계를 말하는 것이고 헤브라이즘은 성경에 기반을 둔 세계관입니다. 헬레니즘의 가장 대표적인 것이 이원론적 사고입니다. 모든 것을 성과 속, 영과 육으로 나누어 사고하는 것입니다. 예를 들어, 어디가 거룩한 곳인가 물었을 때 헬레니즘 사고에서는 신전이 거룩한 곳입니다. 신전을 제외한 다른 곳은 속된 곳입니다. 신전은 신의 집이고, 거룩한 행동은 거룩한 집 신전에서 신이 기뻐하는 예배, 찬양, 기도를 행하는 것입니다. 이렇게 사고하는 것이 헬레니즘의 이원론입니다. 헬레니즘에서는 거룩한 신의 집에서 거룩한 행위를 집례하는 사람들은 무조건 거룩합니다. 제사장들, 사제들이 그런 경우입니다. 나머지는 세상일을 하는 세상 사람입니다. 이렇게 철저하게 모든 것을 두 개로 나누어 사고하는 것이 헬레니즘입니다.

그러나 성경에 근거한 헤브라이즘은 이렇게 말합니다. 성전은 거룩한 하나님의 집으로 하나님의 백성이 부름받은 곳입니다. 현실 세계의 성전은 부름받은 그대로 거룩한 하나님의 집으로 존재할 수도 있지만 하나님을 이용하여 자신들의 사리사욕을 챙기는 강도들이 모여 있는 강도의 소굴로 전락할 수도 있습니다. 헬레니즘에서 예배와 찬양과 기도는 신이 늘 기뻐하는 거룩한 행위이지만, 성경은 그렇지 않을 수도 있다고 말합니다. 우리가 예배만 드리면 하나님이 무조건 기뻐하십니까? 그렇지 않습니다. 우리의 예배와 찬양과 기도는 하나님께 기쁨이 되는 거룩한 행동이 될 수도 있지만, 하나님과 아무 상관없이 우리의 종교적 감정을 발산하는 종교적 유흥거리로 전락할 수도 있습니다. 이것이 헤브라이즘입니다.

안수받은 목사는 언제나 거룩하다고 말하는 것은 헬레니즘입니다. 헤브라이즘은 안수받은 목사는 거룩한 사람으로 부름받았지만, 교회 공동체를 이루는 모든 성도 역시 거룩한 하나님의 사람으로 부름받았다고 봅니다. 현실 속에서 목사나 성도는 부름받은 그대로 거룩한 하나님의 사람으로 살아갈 수도 있지만, 하나님과 아무 상관없는 세속적 사람으로도 살아갈 수 있습니다. 헤브라이즘은 모든 것이 경계 가운데 있다고 봅니다.

성전은 거룩한 하나님의 집과 강도의 소굴 경계에 있습니다. 성전이 하나님이 원하시는 대로 거룩한 하나님의 집이 되기 위해서는 깨어 있어야 합니다. 목사와 성도는 거룩한 하나님의 사람과 세속적 가치의 사람 경계에 있습니다. 하나님은 이 땅의 목사와 성도가 거룩한 하나님의 사람이 되기를 원하십니다. 그렇다면 목사와 성도는 하나님이 원하시는 거룩한 사람으로 살아가기 위해 애를 써야 합니다. 헬레니즘이 근원적으로 영역 자체를 두 개로 나누어 사고한다면 헤브라이즘은 모든 것은 경계 속에 있고, 그 경계선에서 하나님이 원하시는 삶을 선택해야 한다고 촉구합니다.

예루살렘 성전은 어떤 상황에서도 거룩한 하나님의 집이 아닙니다. 성전은 타락할 수 있습니다. 성전이 타락하면 하나님의 영광은 그 성전을 떠납니다. 에스겔 40-48장 사이에는 떠났던 하나님의 영광이 새 성전으로 돌아오고 성전에서 사역하는 사독 계열 제사장들이 회복되는 이야기가 나옵니다.

중보자의 사명

하나님의 심판이 실제로 집행된 이유는 하나님의 심판을 가로막으면서 이 공동체를 살려 달라고 중보하는 자가 없었기 때문입니다

에스겔 22:30-31 이 땅을 위하여 성을 쌓으며 성 무너진 데를 막아서서 나

로 하여금 멸하지 못하게 할 사람을 내가 그 가운데에서 찾다가 찾지 못했으므로 내가 내 분노를 그들 위에 쏟으며 내 진노의 불로 멸하여 그들 행위대로 그들 머리에 보응했느니라. 주 여호와의 말씀이니라.

타락한 세상이 하나님의 심판으로부터 보호받는 이유가 무엇 때문입니까? 이 땅을 살려 달라고, 이 황폐한 땅을 치유해 달라고 하나님께 중보하는 자들이 있기 때문입니다. 본문은 한 사람의 중보자가 얼마나 중요한지를 잘 말해 주고 있습니다.

하나님의 영과 더불어

하나님이 우리에게 당신의 영을 보내시는 목적은 무엇일까요?

에스겔 36:27 또 내 영을 너희 속에 두어 너희로 내 율례를 행하게 하리니 너희가 내 규례를 지켜 행할지라.

한국 교회 안에는 바로잡아야 할 신학적 오해가 많이 있지만, 그 가운데 성령에 대한 오해가 가장 큰 문제입니다. 여전히 많은 사람들이 성령님을 샤머니즘적으로 이해합니다. 부흥회나 찬양 집회에 가면 가끔 이런 말을 들을 수 있습니다. "오늘 뜨겁게 기도하고 열광적으로 찬양해서 주의 성령이 여기 임하기를 간구합시다." 그러면 많은 사람들이 "아멘"으로 화답합니다. 우리가 뜨겁게 기도하고 찬양하면 저 멀리 계신 성령께서 이곳으로 임재하시는 겁니까? 이것은 전형적인 샤머니즘적 이해입니다.

> 고린도전서 12:3 그러므로 내가 너희에게 알리노니 하나님의 영으로 말하는 자는 누구든지 예수를 저주할 자라 하지 아니하고 또 성령으로 아니하고는 누구든지 예수를 주시라 할 수 없느니라.

　주의 성령께서 도와주지 않으시면 예수님을 그리스도로 고백하는 자가 없습니다. 우리가 예수님을 그리스도로, 인생의 구원자로 고백할 수 있는 것은 성령님의 도우심 때문입니다. 예수님을 그리스도라고 고백한 사람은 하나님의 백성이 됩니다. 성령님이 그들 안에 좌정하십니다. 그들과 함께하십니다. 새삼스럽게 찬양 집회나 부흥회에서 우리 안에 계신 성령님을 저 멀리 보낼 필요가 없습니다. 아무리 열정적인 종교 행위도 저 멀리 계신 성령님을 이곳으로 모셔 올 수 없습니다. 그것은 샤머니즘입니다. 무당들이 왜 푸닥거리를 합니까? 신을 기쁘게 하기 위해서입니다. 시끄럽게 만들어 신을 불러내기 위해서입니다. 기독교의 제의는 절대 그런 것이 아닙니다. 우리 안에 좌정하신 성령님을 저 멀리 보내지 마십시오. 성령님은 이미 우리 안에 임재해 계십니다. 성령님의 소재를 따지는 것보다 이미 우리와 함께하시는 성령께 순종하는 것이 중요합니다. 성령님의 임재를 기대하는 이유가 능력을 받기 위해서, 방언을 하기 위해서, 병을 고치기 위해서, 남이 갖고 있지 않은 놀라운 능력을 얻어 내기 위해서인 경우가 많습니다. 성령님의 도우심을 왜 간구하는지 돌아보아야 합니다.

성령 하나님은 성부 하나님과 성자 하나님이 백성된 우리를 위해 보내 주신 선물입니다. 성부 하나님과 성자 하나님은 우리에게 왜 성령님을 보내 주셨을까요? 성령님을 보내 주신 목적은 두 가지로 나옵니다.

> 요한복음 14:26 보혜사 곧 아버지께서 내 이름으로 보내실 성령 그가 너희에게 모든 것을 가르치고 내가 너희에게 말한 모든 것을 생각나게 하리라.

성령께서는 우리로 하여금 말씀을 깨닫도록 도우십니다. 성령은 헬라어로 '파라클레이토스*paracleitos*'입니다. 옆에서 우리를 위해 대신 말해 준다, 도와준다는 뜻입니다. 쉽게 얘기해서 성령님은 하나님의 백성을 도와주는 하나님이십니다. 어떻게 도와주실까요? 신앙생활을 하다 보면 하나님의 뜻이 무엇인지 궁금할 때가 많습니다. 성경을 읽다 보면 하나님의 뜻이 어렵게 느껴질 때가 많습니다. 이를 알고 싶은 간절한 마음이 들 때 하나님의 뜻을 깨닫도록, 중요한 순간에 하나님의 말씀이 기억나도록 도와주시는 분이 성령 하나님입니다.

우리가 하나님의 뜻을 깨달으면 하나님의 뜻대로 살고자 하는 마음이 생깁니다. 그것이 정상적인 신앙인입니다. 하지만 하나님의 뜻대로 살고자 할수록 우리가 무능하고 연약하고 허약한 존재라는 것도 깨닫습니다. 순종하고 싶은데 내 힘으로 쉽지 않습니다. 그때 우리의 순종을 도와주시는 분이 성령 하나님입니다.

그렇다면 우리는 언제 성령님의 도우심을 경험할 가능성이 높겠습니까? 성령님은 말씀을 깨닫도록 도와주시는 분이기 때문에 우리가 하나님의 뜻을 알고자 할 때 성령님의 도우심을 경험할 가능성이 높습니다. 또 에스겔 36장 27절과 로마서 8장 4절에서 보듯이, 성령님은 우리의 순종을 도우시는 분이기 때문에 우리가 하나님께 순종하고자 할 때 성령님의 도우심을 경험할 가능성이 높습니다. 따라서 진정한 성령 충만은 하나님의 말씀으로 충만한 것이고, 하나님에 대한 순종으로 충만한 것입니다. 말씀 충만, 순종 충만이 진정한 성령 충만입니다. 진정한 성령 충만의 삶을 우리 모두 살아 낼 수 있기를 바랍니다.

다니엘

앞에서 이야기했던 것을 간략히 다시 정리해 보겠습니다. 우리말 성경의 장르 구분에 따르면 이사야부터 말라기까지 전부 예언서이고, 그래서 다니엘서 역시 예언서에 포함됩니다. 그런데 히브리 성경에 따르면 다니엘서는 성문서입니다. 성문서 가운데서도 묵시문학입니다. 히브리 성경은 성경을 토라, 예언서, 성문서로 나눕니다. 이 세 개의 장르 모두 하나님의 말씀이지만 토라가 가장 거룩하고, 그다음에 예언서가, 그다음에 성문서가 거룩하다고 이해합니다. 히브리 성경은 가장 거룩한 말씀인 토라를 앞부분에 배치한 것입니다. 권별로 보면, 히브리 성경의 첫 책은 창세기이고 마지막 책은 역대기입니다. 유대인은 역대기를 성문서로 이해했던 것입니다. 다니엘서도 성문서입니다.

예언과 묵시의 차이점

히브리 성경을 헬라어로 번역한 것이 70인경입니다. 히브리 성경을 다른 언어로 번역한 최초의 성경입니다. 번역 과정에서 두 가지 수정이 이뤄졌습니다. 첫째, 히브리 성경에 없는 본문의 제목이 붙었습니다. 둘째, 태초의 창조부터 주전 400년경의 말라기까지 시간적 순서에 따라 책들이 재배치됐습니다. 우리말 성경은 내용은 히브리 성경을 번역하면서, 책의 배치는 히브리 성경이 아닌 70인경 배치를 따랐습니다. 그래서 첫 책이 창세기이고 마지막 책이 말라기입니다. 또 성경 장르도 세 개가 아닌, 네 개로 나눴습니다. 창세기부터 신명기까지 모세오경, 여호수아부터 에스더까지 역사서, 욥기부터 아가까지 시가서, 이사야부터 말라기까지 예언서입니다. 다니엘서는 70인경부터 예언서에 포함됐습니다.

유대인들은 다니엘서를 성문서로 보았고, 특히 묵시문학으로 보았습니다. 묵시문학은 무엇입니까? 언제 등장합니까? 신앙인들을 세속의 탄압과 괴롭힘을 당하게 되어 있습니다. 이 세상에 너무나 강력하고 불의한 권력자가 들어서면 묵시문학이 등장합니다. 불의한 권력자가 이스라엘의 신앙을 억압하고 세속의 가치를 추종하도록 강요하기 때문입니다. 하나님만 믿고자 하는 신앙인들은 핍박과 박해를 당하는 가운데 순교합니다. 이런 어려움에 처해 있는 소수의 하나님 백성을 격려하고 위로하기 위해 등장하는 것이 묵시문학입니다. 다니엘과 요한계시록이 대표적인 묵시문학입니다.

예언과 묵시는 세 가지 측면에서 구별됩니다. 먼저, 예언은 심판을 경고하는 순간에도 청중의 반응 여하에 따라 그 결과가 변경 가능합니다. 예언은 인간 예언자를 통해서 전달됩니다. 이사야, 예레미야 같은 예언자들이 예언의 말씀을 전달했습니다. 예언의 내용은 현실 세계의 잘못된 정치, 경제, 종교, 사법, 언론을 질타하는 것입니다. 지금의 모습은 하나님이 원하시는 바가 아니므로 이 잘못을 빨리 변화시켜야 한다고 촉구하는 것입니다.

반면에 묵시는 청중의 반응과 상관이 없습니다. 청중의 반응에 따라 변화 가능하지 않습니다. 묵시는 이미 하나님에 의해서 결정됐기 때문입니다. 인간은 하나님이 결정하신 바대로 진행되는 것을 목격할 수는 있지만, 그 내용에 개입해 변화시킬 수는 없습니다. 또 예언이 인간 예언자를 통해 전달되는 것과 달리, 묵시는 천사와 같은 천상의 존재에 의해 전달됩니다. 예언의 목적은 이 땅의 잘못을 변화시키는 것입니다. 그 반면에 묵시는 이 땅의 잘못을 바꾼다고 해서 희망이 있다고 보지 않습니다. 이 땅 전체가 총체적으로 타락했기 때문에 부분적으로 뭔가 변화시켜도 희망이 없기 때문입니다. 결국 지금의 하늘과 땅이 없어지고 새로운 하늘과 땅이 도래하기를 소망하는 것이 묵시입니다. 다니엘서는 묵시문학에 속한다는 것을 기억할 필요가 있습니다.

묵시문학이 언제 등장했습니까? 하나님을 대적하는 강력한 권력자가 하나님을 믿는 주의 백성을 핍박할 때, 세속의 가치가 주의 백성을 강력하게 덮어쓰려고 할 때 등장했습니다. 다니엘서에 느부갓네살이 만든 금 신상이 나옵니다. 느부갓네살은 금 신상을 향해 모두 절해야 한다고 강요합니다. 만약 절하지 않는 사람이 발각되면 뜨거운 풀무불에 집어넣겠다고 협박했습니다. 죽을 수도 있는 핍박의 상황, 박해의 상황입니다. 이때 어떻게 해야 합니까? 하나님만 믿겠다면 순교할 수밖에 없는 상황에 처한 사람들을 위로하고 격려하기 위해 묵시문학이 등장합니다. 끝까지 하나님에 대한 믿음을 지키면 하나님이 도와주시고, 보호해 주시고 삶을 책임져 주신다고 하나님의 백성을 다독이는 것이 묵시문학입니다.

> 다니엘 3:17-18 왕이여 우리가 섬기는 하나님이 계시다면 우리를 맹렬히 타는 풀무불 가운데에서 능히 건져 내시겠고 왕의 손에서도 건져 내시리이다. 그렇게 하지 아니하실지라도 왕이여 우리가 왕의 신들을 섬기지도 아니하고 왕이 세우신 금 신상에게 절하지도 아니할 줄을 아옵소서.

다니엘의 세 친구는 느부갓네살의 금 신상에 절하지 않은 걸 들킵니다. 이들도 예외 없이 뜨거운 풀무불에 던져질 참입니다. 회유하는 느부갓네살에게 이들은 말합니다. 하나님은 우리를 풀무불에서도 능히 건져 주실 수 있는 분입니다. 하지만 그렇게 하지 않으셔도 왕의 금 신상에게 절할 일은 없습니다. 얼마나 당찬 기백입니까? 느부갓네살의 금 신상은 하나님께만 바쳐야 할 충성심을 가로채는 우상입니다. 하나님께만 순종하기로 맹세했다면 하나님께만 무릎 꿇어야 합니다. 느부갓네살이 금 신상을 만들어 하나님 노릇을 시킨다고 거기 절할 수는 없는 노릇입니다. 여기 절하지 않으면 죽게 됩니까? 그러면 죽겠다는 것입니다. 우리에게 필요한 것이 이런 신앙인의 기백입니다. 성도의 결기입니다. 하나님 외에는 무릎 꿇지 않기로 했다면 아무리 고난과 핍박을 당해도 그 태도를 견지하는 것입니다. 하나님이 원하시면 우리를 보호해 주실 것이고, 그렇지 않다 해도 우리의 기백과 결기를 포기해서는 안 됩니다.

그리 아니하실지라도의 신앙

다니엘의 세 친구는 금 신상에 절하지 않았다는 이유로, 뜨거운 풀무불에 던져집니다. 그런데 놀라운 일이 벌어집니다. 하나님이 그들을 보호하고 살려 주셨습니다. 이 일은 한 번 더 반복되는데, 그것이 6장입니다. 이번에는 다니엘이 하나님께 기도했다는 이유로 사자 굴에 던져집니다. 사자 굴에 던져진 다니엘을 하나님이 살려 주십니다. 하나님이 보호하고 구원해 주셨습니다.

여기서 조심해야 할 것이 있습니다. 다니엘의 세 친구처럼 금 신상에 절하지 않아도 하나님이 구원해 주시고, 다니엘처럼 하나님께 기도하다가 사자 굴에 던져져도 하나님이 살려 주신다는 공식을 만들면 안됩니다. 금 신상에 절하지 않거나 하나님께 기도했다는 이유로 풀무불이나 사자 굴에 던져진 사람은 대부분 순교의 제물이 됐습니다. 구원받은 다니엘이나 세 친구와 달리, 구원받지 못한 경우가 훨씬 많았습니다. 하나님이 지금 당장 우리를 구원해 주지 않으셔도 하나님을 향한 신뢰를 저버릴 수 없기 때문에 그들은 순교한 것입니다. 즉각적인 하나님의 구원을 경험하지는 못했지만 하나님을 향한 신의를 중시했습니다. 기독교 역사에서, 하나님이 의로운 백성을 즉시 구원해 주시지 않은 경우가 허다합니다. 신앙인은 '그리 아니하실지라도'의 태도로 살아야 합니다. 하나님이 내 뜻대로 행하지 않으셔도 하나님께 믿음을 지키는 게 중요합니다. 무엇을 고백하고 기억해야 합니까? 하나님은 위기에 처한 우리를 구원하실 수도 있고 구원하지 않으실 수도 있습니다. 왜입니까? 때로는 우리가 순교의 제물이 되는 것이 하나님의 뜻이기 때문입니다. 지금 이 상황에서 즉각적인 하나님의 건져 주심과 보호하심을 원한다 할지라도 하나님의 뜻이 우선돼야 합니다. 예수님도 겟세마네에서 같은 경험을 하셨습니다. 예수님도 이 잔이 지나가기를 간절히 기도했지만 그것 때문에 하나님의 뜻이 어그러지는 것은 원치 않으셨습니다. 예수님의 마지막 기도가 어떻게 마무리됩니까?

> 마가복음 14:36 이르시되 아빠 아버지여 아버지께는 모든 것이 가능하오니 이 잔을 내게서 옮기시옵소서. 그러나 나의 원대로 마시옵고 아버지의 원대로 하옵소서 하시고.

예수님은 하나님의 뜻이 자신과 다를 수 있음을 받아들이셨습니다. 내 뜻대로 하나님이 행하지 않으셔도 그런 하나님의 뜻을 받아들이는 것이 신앙인의 자세입니다. 오늘날 세속의 가치가 범람하는 대한민국에서 신앙의 길을 신실하게 걸어가려면 이런 신앙의 결기, 기백이 필요합니다. 내가 원하는 대로 해 줄 때만 "하나님 사랑해요" 하는 것은 어린아이의 신앙입니다. 내가 원하지 않는 결과 앞에서도 하나님의 깊으신 뜻이 있음을 기억하면서 그 하나님의 뜻을 "아멘"으로 받아들이는 단계의 신앙인으로 성장하는 것이 중요합니다.

새 왕 벨사살

다니엘서 5장에 벨사살이라는 왕이 등장합니다.

> 다니엘 5:1 　벨사살왕이 그의 귀족 천 명을 위하여 큰 잔치를 베풀고 그 천 명 앞에서 술을 마시니라.

세계사를 잘 아시는 분들은 성경을 읽다 이상한 의문에 사로잡힐 수 있습니다. 다니엘서에 바빌로니아가 멸망할 때 마지막 왕의 이름이 나오는데 벨사살Belshazzar입니다. 세계사에서 바빌로니아의 마지막 왕은 나보니두스(Nabonidus, BC 556-539년 재위)로 알려져 있습니다. 당장 충돌이 일어납니다. 세계사에서 바빌로니아의 마지막 왕은 나보니두스인데 왜 성경은 벨사살이라고 말할까요? 성경은 믿을 수 없기 때문일까요? 설명이 필요합니다. 바빌로니아의 마지막 왕은 나보니두스가 맞습니다. 벨사살은 나보니두스의 아들입니다. 나보니두스의 어머니는 달의 신을 숭배했던 여제사장이었습니다. 그래서 나보니두스도 어렸을 때부터 어머니 영향으로 달 신을 섬겼습니다. 바빌로니아 사람들은 전통적으로 마르둑이라는 신을 섬겼습니다. 당연히 마르둑을 섬겼던 제사장들은 달 신을 숭배하는 나보니두스를 좋아하지 않았습니다. 나보니두스 때문에 자신들의 입지가 축소되는 것을 견딜 수 없었습니다. 나보니두스는 마르둑이 아니라 달 신을 바빌로니아의 국가 종교로 만들고 싶어 했습니다. 그래서 나보니두스와 마르둑 제사장들 사이에는 끊임없는 충돌과 갈등이 빚어졌습니다. 그 과정에서 나보니두스가 자신의 본궁을 떠나 별궁으로 이동하게 됩니다. 그리고 본궁은 자기의 아들 벨사살로 하여금 다스리게 합니다. 그래서 다니엘서에는 벨사살이 바빌로니아의 마지막 왕처럼 묘사된 것입니다.

> 다니엘 5:16 내가 네게 대하여 들은즉 너는 해석을 잘하고 의문을 푼다 하도다. 그런즉 이제 네가 이 글을 읽고 그 해석을 내게 알려 주면 네게 자주색 옷을 입히고 금 사슬을 네 목에 걸어 주어 너를 나라의 셋째 통치자로 삼으리라 하니.

벨사살은 별궁으로 이거한 아버지를 대신해 대리 통치를 했던 나보니두스의 아들입니다. 그래서 만약 다니엘이 "메네메네 데겔 우바르신MENE, MENE, TEKEL, UPHARSIN"(단 5:25)을 해석하면 상을 주겠다고 말합니다. 다니엘을 나라의 셋째 통치자로 삼겠다는 것입니다. 왜 셋째 통치자일까요? 지금 바빌로니아 제국의 첫째 통치자는 왕인 나보니두스이고, 둘째가 아버지를 대신해 본궁을 다스리는 벨사살입니다. 그래서 다니엘은 셋째 통치자가 되는 것입니다.

다니엘서는 6장까지 왕의 꿈을 해석해 주는 다니엘에 관한 이야기입니다. 그런데 7장부터 꿈을 꾸거나 환상을 보는 사람은 다니엘이고, 그것을 해석해 주는 존재는 천사입니다. 예언은 인간 예언자를 통해서 선포되지만 묵시는 천상의 존재, 천사를 통해서 전달되기 때문입니다.

부활 심판 사상

다니엘 12:2   땅의 티끌 가운데에서 자는 자 중에서 많은 사람이 깨어나 영생을 받는 자도 있겠고 수치를 당하여서 영원히 부끄러움을 당할 자도 있을 것이며.

구약에는 부활이나 내세의 심판 사상이 잘 나타나지 않습니다. 구약의 이스라엘 백성에게 부활과 내세와 심판은 주된 관심사가 아니었습니다. 이 땅에서 하나님의 백성으로 어떻게 살아갈 것인가에 관심이 있었습니다. 유대인의 종교권력을 오랜 세월 장악했던 사람들이 사두개인들입니다. 사두개인들은 부활, 내세, 심판을 믿지 않았습니다. 주전 2세기 중반 이후부터 이런 사상이 강조되는데, 바리새인이 등장하기 때문입니다. 왜 이때 부활 사상이 각광받았을까요? 그 배경을 이해해야 합니다. 원래 구약 시대에 부활, 내세, 심판 사상이 존재하기는 했습니다. 주된 관심사가 아니었을 뿐입니다. 그런데 앗시리아, 바빌로니아, 페르시아, 헬라 등 이방의 제국들이 하나님의 백성을 핍박하고 괴롭히면서, 하나님만 믿었던 주의 백성은 순교의 제물이 됐습니다. 그때 이런 질문이 등장했습니다. 하나님만 믿고 살다가 억울하게 죽임을 당했는데, 이것이 이들의 삶의 마지막일까? 이런 질문에 대해 그렇지 않다고 응답한 것이 부활 사상입니다. 순교자들의 인생은 허무하게 끝나지 않고, 하나님이 이들의 삶을 복권시켜 주시리라는 믿음이 영원한 하나님 나라에서 하나님과 더불어 영생을 누리는 사상으로 발전했습니다. 현세가 전부가 아니라 영원한 내세가 있다는 사상이 힘을 얻고 강조되기 시작합니다.

오랜 세월 이스라엘 백성은 이 땅에서 하나님의 백성답게 사는 데만 관심을 집중했습니다. 그러다가 이방의 불의한 권력자에 의해서 순교를 당한 주의 백성에 대한 신학적인 질문을 하게 됐고, 이에 부활, 내세, 심판 사상이 강조된 것입니다. 주전 2세기 중반에 기록된 다니엘서가 이 사실을 잘 보여 줍니다.

호세아

이사야, 예레미야, 에스겔은 '대예언서'라 하고, 호세아부터 말라기까지 12권은 '열두 예언서', 혹은 '소예언서'라고 합니다. 개신교가 외경으로 이해하는 '벤시락의 지혜서'라는 문서가 있는데, 그 책에 "열두 예언자들"(지혜서 49:10)이라는 표현이 나옵니다. 히브리 성경은 호세아부터 말라기까지 열두 명의 선지자들이 쓴 기록을 한 권으로 이해하고 있습니다. 소예언서라는 용어를 가장 먼저 사용한 인물은 아우구스티누스입니다. 이사야서가 대예언서니까 자연스럽게 이사야는 대예언자가 되고 호세아서는 소예언서니까 호세아는 소예언자가 되지만, 대와 소의 구분은 본문의 중요성이나 인물의 능력에 따른 구별이 아닙니다. 분량에 따른 구분에 지나지 않습니다. 이사야서는 66장, 예레미야서는 52장, 에스겔서는 48장으로 분량이 다 많습니다. 그래서 대예언서입니다. 소예언서는 분량이 가장 많은 스가랴서도 14장밖에 되지 않습니다. 분량이 적다는 뜻에서 소예언서라 부른 것입니다.

이스라엘아 돌아오라

호세아는 주전 750년경 북이스라엘 사람입니다. 여로보암 2세가 통치하고 있던 때입니다. 호세아는 당대 북이스라엘 백성의 사회적인 타락, 종교적인 배교 등을 질타하면서 회개를 촉구했습니다. 호세아서는 하나님과 이스라엘의 관계를 부부 관계로 봅니다. 하나님은 신랑이고 이스라엘은 신부입니다. 하나님은 남편, 이스라엘은 아내입니다. 남녀가 결혼하면서 무엇을 약속합니까? 죽을 때까지 이 배우자만 사랑하겠다고 맹세합니다. 이스라엘은 하나님의 아내로서 하나님만 사랑하고 하나님만 섬기겠다고 약속했습니다. 이것을 '언약'이라고 부릅니다.

그런데 안타깝게도 이스라엘은 하나님 한 분에게만 신실하지 못했습니다. 하나님만 사랑하고 하나님만 섬기겠다고 약속했지만 그 언약을 신실하게 지키지 못했습니다. 그러면서도 이스라엘은 착각에 빠졌는데, 하나님이 우리와 언약을 체결하셨으니까 우리가 아무리 죄를 범해도 하나님이 언약 백성을 버릴 리 없다고 믿었습니다.

호세아가 강조하는 것은 무엇입니까? 언약을 체결한 것보다 언약을 신실하게 준수하는 것이 중요하다고 말합니다. 하나님만 믿겠다고 했는데 하나님을 배신했다면, 즉 언약을 체결했지만 언약을 신실하게 지키지 못하면 그 언약은 파기된다는 것입니다. 하나님만 사랑하겠다고 맹세해 놓고 정작 현실에서 이방의 우상들을 겸하여 섬기고 있다면 그것은 배우자를 두고 바람을 피우는 것입니다. 바람 피우는 배우자를 두고 볼 이유가 있습니까? 이스라엘이 절대 버림받을 리 없다고 자신하는 착각을 호세아는 강하게 질타했습니다.

> **호세아 1:1** 웃시야와 요담과 아하스와 히스기야가 이어 유다 왕이 된 시대에 곧 요아스의 아들 여로보암이 이스라엘 왕이 된 시대에 브에리의 아들 호세아에게 임한 여호와의 말씀이라.

호세아는 북이스라엘 사람으로 북이스라엘에서 사역했습니다. 그런데 호세아가 사역한 시점을 설명하면서 남유다의 왕들을 먼저 열거합니다. 왜 그럴까요? 호세아는 북이스라엘에서 사역했지만 호세아서가 기록되고 호세아서를 주로 읽은 청중은 남유다 사람들입니다. 호세아는 북이스라엘 멸망을 예언했는데, 북이스라엘은 그 예언을 듣지 않았습니다. 북이스라엘이 멸망하고 난 다음, 호세아는 남유다로 내려와서 예언서를 썼습니다. 그래서 호세아서를 읽은 사람은 주로 남유다 백성이었습니다. 왜 남유다 백성은 호세아서를 읽었을까요? 북이스라엘은 이미 멸망했지만 남유다는 아직 멸망하지 않았습니다. 남유다의 현실은 멸망한 북이스라엘과 별반 다르지 않았습니다. 그래도 남유다는 아직 기회가 있습니다. 회개하면 북이스라엘과 달리 멸망하지 않는다고 경고하는 것입니다. 남유다 백성이 주요 독자들이기 때문에 호세아서에 남유다 왕들의 이름이 먼저 열거됐습니다.

호세아서에는 신앙인들이 가장 좋아하는 말씀이 들어 있습니다.

호세아 6:1-3   오라. 우리가 여호와께로 돌아가자. 여호와께서 우리를 찢으셨으나 도로 낫게 하실 것이요 우리를 치셨으나 싸매어 주실 것임이라. 여호와께서 이틀 후에 우리를 살리시며 셋째 날에 우리를 일으키시리니 우리가 그의 앞에서 살리라. 그러므로 우리가 여호와를 알자. 힘써 여호와를 알자. 그의 나타나심은 새벽 빛같이 어김없나니 비와 같이 땅을 적시는 늦은 비와 같이 우리에게 임하시리라 하니라.

너무나 멋진 회개의 고백입니다. 그런데 이런 고백 이후에도 북이스라엘의 죄된 삶은 현재 진행형이었습니다. 회개의 고백은 멋드러지게 했지만 그들의 삶은 바뀌지 않았던 것입니다. 이 구절의 화자가 누구인가, 누가 말하고 있는가와 관련해 세 가지 해석이 있습니다. 이스라엘 공동체, 호세아, 성전의 제사장들입니다.

먼저, 이 구절의 화자가 이스라엘 공동체라면 이것은 형식적인 회개에 불과합니다. 말로는 하나님께 돌아가자 얘기하고 나서 여전히 죄된 삶을 포기하지 않았습니다. 회개의 고백과 삶 자체가 괴리가 있었던 것입니다.

다음으로 이 구절의 화자를 호세아라고 하면 북이스라엘 백성의 회개를 강하게 촉구하는 의미입니다. 예언자의 촉구에도 불구하고 북이스라엘 백성은 여전히 완악한 삶을 지속했습니다. 죄된 삶을 포기하지 않았습니다. 예언자의 말을 무시했습니다.

마지막으로 이 구절의 화자를 제사장이라고 하면 이 제사장들은 회개할 마음도 없는 사람들에게 수사학적으로 멋들어진 회개의 기도문을 읊어 주는 것입니다. 정작 이스라엘 백성은 회개하지 않습니다.

이 본문에서 우리가 알 수 있는 것이 무엇입니까? 회개 기도를 많이 하는 게 중요하지 않다는 것입니다. 진짜 중요한 것은 회개하는 기도 내용과 우리의 삶이 일치하는가 여부입니다. 회개를 아무리 많이 한들 그 내용이 실제 삶과 괴리가 심하다면 무슨 의미가 있겠습니까? 하나님의 백성답게 살겠다고 결단하고 나서 전혀 하나님을 경외하지 않는다면 그렇게 기도하는 게 무슨 의미가 있습니까? 기도를 얼마나 많이 했느냐가 중요하지 않습니다. 기도의 고백에 걸맞은 삶을 살고 있느냐가 중요합니다. 호세아서는 멋진 회개의 고백을 하는 이스라엘 백성이 삶의 내용은 여전하다는 것을 꼬집고 있습니다. 이의 연장선상에서 살펴볼 구절이 있습니다.

호세아 6:6   나는 인애를 원하고 제사를 원하지 아니하며 번제보다 하나님을 아는 것을 원하노라.

하나님을 안다는 것은 하나님과 하나되는 것입니다. 하나님과 동행하는 것입니다. 호세아서는 진짜 하나님이 원하시는 것이 무엇인지 강조합니다. 자신들이 원하는 것이 아니라 하나님이 원하는 것을 하라고 촉구합니다. 하나님은 인애를 원하십니다. 이때 인애가 히브리어로 '헤세드*besed*'입니다. 하나님은 우리가 이웃에게 변함없는 사랑을 베풀기를 원하십니다. 자비롭게 대하기를 원하십니다. 호세아서는 헤세드가 하나님께 제사드리는 것보다 훨씬 중요하다고 말합니다. 아마도 이게 우리의 생각과 다른 부분일 것입니다. 아무리 죄를 많이 지어도 하나님께 예배 한 번 잘 드리면 하나님이 기뻐하신다고 믿는 사람들이 있습니다. 절대 그렇지 않습니다. 하나님은 종교의식으로서 예배보다는 일상의 순종으로서 예배를 더 기뻐하십니다.

대다수 예언자들이 이스라엘의 왕정 제도를 비판했는데, 그중에서도 가장 크게 비판한 예언자가 호세아입니다. 이것이 잘 나타난 구절이 있습니다.

> 호세아 13:11　내가 분노하므로 네게 왕을 주고 진노하므로 폐하였노라.

하나님이 이스라엘에 왕정 제도를 허락하신 것은 하나님의 진노에서 기인했다는 말씀입니다. 왕정 제도 자체가 하나님의 뜻이 아니었다는 의미입니다. 이스라엘이 왕을 세워 달라고 고집스럽게 매달리니까 왕정 제도가 얼마나 백성의 삶을 피폐하게 만드는지 경험해 보라고 허용하셨습니다. 하나님이 결국 왕정 제도에 진노해 그 왕들을 폐하셨다는 게 호세아서의 결론입니다.

성경에 나오는 예언자들의 사역 시기는 본문을 통해 짐작할 수 있습니다. 유일하게 사역 시점을 정확히 알기 어려운 예언자가 요엘입니다. 히브리 성경에서 요엘서는 모두 네 장인데, 우리말 성경을 비롯한 대부분의 번역 성경에서는 요엘서가 세 장입니다. 우리말 성경 2장 28-32절이 히브리 성경에서는 3장이고, 우리말 성경 3장이 히브리 성경에서는 4장입니다.

요엘 2:13 　　너희는 옷을 찢지 말고 마음을 찢고 너희 하나님 여호와께로 돌아올지어다.

요엘서는 형식적인 회개를 멈추고 진짜 회개하라고 촉구합니다. 요엘서에서 가장 중요한 말씀이 바로 이 구절이며, 주제는 '여호와의 날'입니다.

요엘 1:15 　　슬프다 그날이여, 여호와의 날이 가까웠나니 곧 멸망같이 전능자에게로부터 이르리로다.

'여호와의 날'은 당시 이스라엘 백성에게 종말의 날과 같은 의미였습니다. 하나님이 지금은 능력의 오른팔을 움츠리고 계시기 때문에 이스라엘이 이방에게 핍박을 받는다고 생각했습니다. 만약 하나님이 능력의 오른팔을 펼치면 그때는 이스라엘을 괴롭힌 나라들이 하나님의 심판을 받고 이스라엘은 세계 만방에 우뚝 서게 되는데, 그날이 '여호와의 날'입니다.

'여호와의 날'이 되면 하나님이 역사의 전면으로 드러나시고, 이스라엘은 구원을 받는다고 생각했는데, 요엘은 정반대의 말을 합니다. '여호와의 날'이 구원의 날이 아니라 심판의 날이 된다는 것입니다. 이유는 이스라엘이 이스라엘답지 않기 때문입니다. 이스라엘이 이스라엘답다는 것은 하나님의 백성답다는 뜻입니다. 하나님만 믿고 순종하는 것이 하나님 백성다움입니다.

요엘이 살았던 당시에 이스라엘은 하나님을 제대로 믿지도 않았고 순종하지도 않았습니다. 이방의 온갖 우상에게 무릎 꿇었습니다. 이스라엘이 이스라엘됨을 저버린 것입니다. 이런 상황에서 하나님이 이 땅에 전면으로 자신을 드러내신다면, 하나님을 저버린 이스라엘부터 하나님께 심판을 받는다는 게 요엘의 예언입니다. 이스라엘 백성은 여호와의 날에 자동적으로 구원받으리라 착각하지 말고, 진짜 하나님의 구원을 받을 수 있는 이스라엘다운 삶을 살도록 돌아보라고 촉구하는 책이 요엘서입니다.

요엘 2:28-29   그 후에 내가 내 영을 만민에게 부어 주리니 너희 자녀들이 장래 일을 말할 것이며 너희 늙은이는 꿈을 꾸며 너희 젊은이는 이상을 볼 것이며 그때에 내가 또 내 영을 남종과 여종에게 부어 줄 것이며.

홋날 베드로가 인용하면서 요엘서에서 가장 잘 알려진 구절입니다.

만민에게 성령을 부어 주시리라는 약속입니다. 구약 시대에 어떤 사람들이 하나님의 영을 받았습니까? 왕, 제사장, 예언자들입니다. 이들의 기름부음은 하나님께 선택받았음을 상징합니다. 구약 시대에는 하나님의 기름부음, 즉 하나님의 영을 받는 것이 제한적이었습니다. 마지막 때 놀라운 일이 벌어지는데 젊은이든 늙은이든, 남자 종이든 여자 종이든, 하나님의 백성 누구에게나 하나님의 영을 허락해 주신다는 것입니다. 이것을 신학적인 용어로는 '영의 민주화'라고 합니다.

소수의 사람만이 독점하던 하나님의 영이 이제 만민에게 보편적으로 허락됐습니다. 요엘서의 말씀은 사도행전의 오순절 성령 강림 사건으로 성취됩니다. 초대교회의 남성과 여성, 젊은이와 노인 모두 하나님으로부터 영을 선물로 받았습니다.

아모스

아모스는 주전 760년경 북이스라엘에서 사역한 예언자입니다. 호세아와 비슷한 시기에 사역했습니다. 아모스는 원래 남유다 사람입니다. 남유다 사람이 북이스라엘에 가서 예언 사역을 한 것입니다. 또 아모스는 자기의 이름으로 예언서를 쓴 최초의 문서 예언자입니다. 아모스 이전의 예언자 엘리야나 엘리사는 자기 이름으로 예언서를 쓰지 않았습니다. 그런데 아모스 이후부터 아모스, 호세아, 이사야, 미가 등이 자기 이름으로 예언서를 남긴 것입니다. 이렇게 책이 남아 있는 예언자들을 '문서 예언자'라고 합니다.

아모스가 최초의 문서 예언자가 된 이유는 무엇일까요? 주전 8세기 중반 이후 자기 이름으로 예언서를 남긴 사람이 왜 이렇게 많이 등장할까요? 그 이유는 주전 8세기에 고대 히브리어가 이스라엘 공동체 안에서 통용 문자로 정착됐기 때문입니다. 고대 히브리어가 이스라엘 공동체 안에서 어느 정도 유통된 시대였다는 뜻입니다. 그래서 주전 8세기 중반부터 자기 이름의 예언서를 고대 히브리어로 기록하는 일이 가능해졌기 때문입니다.

아모스는 하나님이 원하시는 것이 무엇인지 따져 보라고 도전합니다. 진짜 하나님이 원하시는 것은 뭡니까? 일상의 삶에서 우리가 공의롭고 정의롭게 사는 것입니다. 그런데 이스라엘 백성은 하나님이 진정 원하시는 것에는 관심을 두지 않았습니다. 이스라엘 백성은 종교적 제의에 열심을 다했습니다. 하나님께 찬양을 드리는 데 비상한 관심을 쏟았습니다.

> 아모스 5:21-22 내가 너희 절기들을 미워하여 멸시하며 너희 성회들을 기뻐하지 아니하나니 너희가 내게 번제나 소제를 드릴지라도 내가 받지 아니할 것이요 너희의 살진 희생의 화목제도 내가 돌아보지 아니하리라.

하지만 아모스의 평가는 냉정했습니다. 이스라엘 백성의 제사를 하나님은 열납하지 않으신다고 말합니다. 왜 그럴까요? 일상의 삶에서 이웃에게 폭력을 행사하고, 진실하고 거룩하게 살지 않는 자의 예배와 찬양을 하나님은 열납하지 않으시기 때문입니다. 진짜 하나님이 원하시는 것은 하나님의 백성이 일상의 삶 속에서 진실함과 정직함과 거룩함을 드러내고, 정의를 구현하고 연약한 자를 돌보는 것입니다. 그런 삶을 사는 것이 진짜 하나님이 원하시는 바라고 강조하는 책이 아모스서입니다.

열방의 심판

아모스서는 이방 나라들에 대한 심판으로 시작됩니다. 이사야, 예레미야, 에스겔 대예언서와 비슷한 구조입니다. 하나님이 이방 나라를 심판하실 때 하나님을 안 믿었다는 이유로 심판하는 경우는 없습니다.

> 아모스 2:4-5 여호와께서 이와 같이 말씀하시되 유다의 서너 가지 죄로 말미암아 내가 그 벌을 돌이키지 아니하리니 이는 그들이 여호와의 율법을 멸시하며 그 율례를 지키지 아니하고 그의 조상들이 따라가던 거짓 것에 미혹되었음이라. 내가 유다에 불을 보내리니 예루살렘의 궁궐들을 사르리라.

이것은 하나님이 유다에 내리신 벌입니다. 유다는 여호와의 율법을 멸시하고 율례를 지키지 않고 거짓에 미혹되었기 때문에 심판을 받았습니다. 이방 나라가 심판을 받을 때는 이런 이유가 아닙니다. 이방이 심판을 받은 것은 일반 은총에 근거해서입니다. 일반 은총의 대표적인 것이 이성과 양심입니다. 이성과 양심은 하나님의 형상대로 지음받은 모든 사람에게 주어진 특징입니다. 일반 은총, 보편 은총으로서 이성과 양심은 신앙인들만 갖고 있는 게 아니라 하나님의 형상대로 지음받은 모든 사람에게 주어진 보편적인 선물입니다. 따라서 이방 나라가 심판을 받을 때는 이성과 양심에 근거해 받습니다. 폭력을 행사하고 자기 이익 때문에 타인을 핍박하고 잔인하게 군 것으로 심판을 받습니다. 오직 하나님의 백성만 여호와의 율법에 순종하는지 여부로 심판받는 것입니다.

하나님의 심판에서 중요한 특징이 공의로움입니다. 하나님의 심판을 받는 사람은 모두 하나님의 심판에 수긍할 수밖에 없을 것입니다. 하나님의 심판이 누구에게나 공의롭기 때문입니다. 만약 하나님이라는 존재를 들어볼 기회도 갖지 못한 사람들에게 하나님 안 믿었다고 지옥행을 선포할 수 있습니까? 그러면 심판받는 사람이 그 심판 내용에 수긍할 수 있겠습니까? 그럴 수 없습니다. 따라서 구약에서 이방은 단 한 번도 종교적인 이유로 하나님께 심판받지 않았습니다. 대다수가 이성과 양심이라는 일반 은총에 근거해 하나님의 형상답지 않은 일을 벌였기 때문에 심판받았습니다. 이웃에게 자비롭게 행동하지 않았기 때문에 심판받았습니다.

하나님의 백성인 남유다와 북이스라엘은 하나님의 율법에 근거한 심판을 받습니다. 하나님의 뜻이 무엇인지 율법을 통해 알려 주셨기 때문에, 그 율법에 순종하지 않고 그 율법대로 살지 않았다면 심판받는 것입니다. 하나님이 어떻게 살아야 하는지 알려 주셨는데 그대로 살지 않았다면 그것이 불순종입니다. 하나님의 백성은 불순종에 대한 심판을 받습니다. 하나님의 백성과 이방의 심판 기준이 다른 것이야말로 하나님의 심판이 공의롭다는 근거입니다. 대예언서나 아모스서는 바로 이 점을 두드러지게 강조하고 있습니다.

> 아모스 4:4-5 너희는 벧엘에 가서 범죄하며 길갈에 가서 죄를 더하며 아침마다 너희 희생을, 삼일마다 너희 십일조를 드리며 누룩 넣은 것을 불살라 수은제로 드리며 낙헌제를 소리 내어 선포하려무나. 이스라엘 자손들아 이것이 너희가 기뻐하는 바니라. 주 여호와의 말씀이니라.

벧엘, 길갈, 브엘세바는 유명한 가나안의 성소들입니다. 요즘 식으로 말하자면 종교적인 명당 자리입니다. 이스라엘 백성은 이런 장소에 시간 날 때마다 가서 예배를 드리고 제사를 드렸습니다. 그런데 하나님이 뭐라고 말씀하십니까? 이것은 너희가 기뻐하는 일이라고 하십니다. 그럼 하나님이 기뻐하시는 일은 무엇입니까?

> 아모스 5:6 너희는 여호와를 찾으라. 그리하면 살리라.

이스라엘이 살 수 있는 길은 여호와를 찾는 것뿐입니다. 여호와를 찾는다는 것은 벧엘이나 길갈이나 브엘세바 같은 성소에 가서 하나님께 제사를 드리는 것이 아닙니다. 북이스라엘은 착각했습니다. 여호와를 찾는다는 것은 하나님의 뜻대로 일상을 살아 내는 것입니다. 종교적인 의식에는 열성을 다하면서, 하나님이 진짜 원하시는 공의로운 삶, 자비가 넘치는 삶을 살지 못한다면 문제입니다. 종교적인 의식은 삶을 바꾸지 않고도 얼마든지 흉내 낼 수 있기 때문입니다. 일 년 내내 거짓말하고, 사기 치고, 남에게 폭력을 행사하면서도 일요일마다 예배 드릴 수 있습니다. 남을 속인 입으로 하나님을 찬양할 수 있습니다. 죄악된 삶을 살면서도 얼마든지 위장할 수 있는 것이 종교의식입니다. 그래서 하나님은 종교적 제의에 열심을 다하는 것보다 일상의 삶에서 하나님과 동행하는 것, 하나님의 뜻대로 순종하며 살아가는 것을 중요하게 보십니다. 이것이 진짜 여호와를 찾는 길입니다.

> 아모스 9:7　여호와의 말씀이니라. 이스라엘 자손들아 너희는 내게 구스 족속 같지 아니하냐. 내가 이스라엘을 애굽 땅에서, 블레셋 사람을 갑돌에서, 아람 사람을 기르에서 올라오게 하지 아니하였느냐.

　구약 시대 이스라엘 백성에게 이 말씀은 정말 충격적이지 않았을까요? 여호와가 이스라엘과 블레셋과 아람을 올라오게 하셨다고 합니다. 즉 '구원하셨다'는 뜻입니다. 이스라엘을 이집트 땅에서 구원하신 것은 출애굽 사건입니다. 하나님의 백성은 이것을 알고 있습니다. 그런데 하나님은 이스라엘을 이집트에서 구원해 주셨을 뿐만 아니라, 블레셋 사람은 갑돌에서 구원하셨고 아람 사람은 기르에서도 구원하셨다고 합니다.

> 열왕기하 5:1　아람 왕의 군대 장관 나아만은 그의 주인 앞에서 크고 존귀

한 자니 이는 여호와께서 전에 그에게 아람을 구원하게 하
셨음이라. 그는 큰 용사이나 나병 환자더라.

아람이 위기에 처했을 때 여호와께서 나아만이라는 군대 장관을 통
해 아람을 구원하셨다고 분명히 기록돼 있습니다. 그래도 이스라엘은
아모스의 예언에 충격을 받았을 것입니다. 이스라엘만 하나님의 백성
이고, 이스라엘만 하나님의 은혜를 받는다고 믿고 싶기 때문입니다.
이스라엘을 제외한 모든 이방은 하나님께 심판의 대상일 뿐이라고 생
각하기 때문입니다.

하나님이 아모스를 통해서 하신 말씀이 무슨 뜻입니까? 이집트에서
고난 가운데 있는 이스라엘을 구원하신 것처럼, 블레셋과 아람이 고통
가운데 있을 때 하나님은 그들도 구원하셨습니다. 이 사실이 마찬가지
로 충격으로 다가오는 신앙인들은 이 점을 기억해야 합니다. 이 땅에
있는 모든 사람은 예수님을 믿든 안 믿든, 하나님을 믿든 안 믿든 하나
님과 본질적인 관계를 갖고 있습니다. 모든 인간은 하나님과 본질적
관계, 언약의 관계를 맺고 있습니다. 하나님은 이 땅의 뭇 생명과 본질
적 관계를 이미 맺으셨습니다. 하나님이 이 모든 피조물의 창조자이시
기 때문입니다. 설사 피조물들이 인정하지 않는다 하더라도 이 땅의
인간은 모두 하나님의 형상대로 하나님에 의해 지음받은 하나님의 소
유입니다. 하나님과 본질적 관계를 맺고 있습니다. 신앙인들은 여기에
또 하나의 관계를 갖고 있습니다. 바로 언약적 관계입니다. 하나님과
신앙인은 단지 창조자와 피조물의 관계뿐만 아니라 아버지와 자녀라
는 언약 관계를 맺고 있는 것입니다.

따라서 하나님을 믿지 않는 자들조차 하나님과 상관없는 자들이 아닙니다. 그들이 깨닫지 못하고 인정하지 못할 뿐, 그들도 하나님의 피조물입니다. 그런 피조물이 불행한 상황에서 고통받고 있다면 하나님은 그들을 도와주십니다. 이것이 일반 은총의 선물입니다. 그것을 이스라엘 백성에게 깨우치는 것이 아모스서입니다.

오바댜

오바댜는 구약에서 유일한 한 장짜리 본문입니다. 에돔에 대한 심판을 경고하고 있습니다. 에돔이 심판을 받는 이유는 남유다가 바빌로니아에 멸망할 때 에돔이 나쁜 짓을 했기 때문입니다. 에돔이 바빌로니아의 길잡이 역할을 했습니다. 그 역할을 하면서 남유다가 멸망하는 것을 보고 기뻐했습니다. 남유다 백성이 도망칠 때는 이들을 사로잡아서 다른 나라에 팔아넘겼습니다. 원래 이스라엘과 에돔은 한 형제였습니다. 각각 야곱과 에서의 후손들입니다. 형제가 고난받고 있을 때 고난받는 형제를 도와줘야 되는데, 도리어 고난받는 형제의 아픔을 이용해서 자기 이익을 챙기고 형제의 고난을 보면서 즐거워하고 기뻐합니다. 이런 죄를 질타하는 것이 오바댜입니다.

> 오바댜 1:10   네가 네 형제 야곱에게 행한 포악으로 말미암아 부끄러움을 당하고 영원히 멸절되리라.

우리는 세계 유일의 분단국가입니다. 오늘날 우리는 형제의 고난에 대해서 어떤 자세를 취해야 합니까. 남한에 살고 있는 우리에게 북한에 있는 북한 사람들은 형제입니다. 북한의 경제적 위기, 삶의 위기가 점점 심화되고 있습니다. 우리는 저들을 이겼다, 그러므로 우리가 위대하다, 이렇게 남한과 북한의 관계를 경쟁으로만 볼 일이 아닙니다. 고난 중인 형제를 어떻게 도울 수 있는지 고민하게 만드는 것이 오바댜의 말씀입니다.

요나

요나서는 참 특이합니다. 예언서는 예언자가 외치는 메시지가 중요합니다. 그런데 예언자 요나가 외쳤던 메시지는 하나밖에 없습니다. 40일 후에 니느웨에 하나님의 심판이 임한다는 것입니다. 예언의 선포는 딱 그 한 번입니다. 오히려 요나가 어떤 사람인가가 하나님이 이스라엘 백성에게 전달하려고 하시는 핵심 내용입니다. 그 점에서 다른 예언서와 차이가 있습니다.

요나라는 예언자의 모습이 핵심이기 때문에, 요나가 이방 나라에 보이는 반응, 요나가 갖고 있는 신학적인 사고, 요나와 주변 사람들에게 보이는 태도 등 요나라고 하는 한 사람의 삶이 이 예언서의 전체 메시지입니다. 요나는 바로 이스라엘 백성을 표상하기 때문입니다. 이스라엘의 배타적 선민사상을 책망하는 예언서가 요나서입니다. 이런 주제를 전달하는 데 왜 요나가 적격이었을까요?

요나는 아모스, 호세아와 동시대 인물입니다. 이들이 사역할 때 여로보암 2세가 왕이었습니다. 북이스라엘이 마지막 전성기를 구가할 때입니다. 경제적으로 엄청난 번영을 누리면서 우상숭배에 몰두하고 사회적, 도덕적, 종교적 타락이 극에 달했습니다. 이를 책망하고 이스라엘 백성에게 회개를 요청했던 사람이 아모스와 호세아입니다. 그런데 요나는 회개를 촉구하지 않았습니다.

> 열왕기하 14:25 이스라엘의 하나님 여호와께서 그의 종 가드헤벨 아밋대의 아들 선지자 요나를 통하여 하신 말씀과 같이 여로보암이 이스라엘 영토를 회복하되 하맛 어귀에서부터 아라바 바다까지 하였으니.

요나는 오히려 여로보암 2세 때 북이스라엘 영토가 확장되리라고 예언했습니다. 한마디로 북이스라엘 민족주의 예언자입니다. 요나는 백성이 듣기 좋아하는 메시지를 선포해 준 예언자였습니다. 북이스라엘이 가장 타락해 있을 때, 이스라엘 종교가 우상숭배에 몰두해 하나님을 떠나 있을 때, 요나는 이스라엘 백성의 죄를 질타하거나 회개를 경고하지 않았습니다. 도리어 영토가 확장될 것이라고 민족 중흥의 메시지를 던져 준 사람입니다. 그래서 요나는 이스라엘 백성에게 사랑받았습니다.

요나서는 그런 요나를 주인공으로 이스라엘 백성이 갖고 있던 잘못된 신학을 질타합니다. 이스라엘 백성의 잘못된 신학이 무엇입니까?

배타적 선민사상입니다. 이스라엘은 하나님을 독점했습니다. 요나서에서 요나는 니느웨 사람들이 구원받을까 봐 걱정합니다. 하나님을 나만의 하나님, 우리만의 하나님으로 독점해야 하는데, 니느웨 사람들과 나눠 가져야 할까 봐 싫은 것입니다. 원래 하나님은 이스라엘을 만민을 위한 선민으로 부르셨습니다. 이스라엘이 먼저 거룩한 백성이 되면, 이방의 모든 나라가 그것을 보고 하나님 앞으로 견인돼 오리라 기대하셨습니다. 그런데 이스라엘은 전도하지 않았습니다. 왜 전도하지 않습니까? 이방인이 구원받는 것을 기뻐하지 않기 때문입니다. 하나님을 우리끼리만 독점하고 싶기 때문입니다. 그런 이스라엘을 상징하고 대표하는 인물이 요나였습니다.

> 요나 1:13　　그러나 그 사람들이 힘써 노를 저어서 배를 육지로 돌리고자 하다가 바다가 그들을 향하여 점점 더 흉용하므로 능히 못한지라.

　요나 때문에 요나가 탄 배가 풍랑을 만나서 파선의 위기에 처했습니다. 요나의 책임이라는 게 밝혀집니다. 그런데 배에 있던 이방 선원들은 요나를 선뜻 바다에 던지지 않습니다. 어떻게든 요나를 살려 보려고 애를 씁니다. 왜 이렇게까지 합니까? 요나서에는 우리의 일반적인 상식을 뒤집는 대목이 몇 군데 있습니다.
　첫째, 요나는 예언자 아닙니까? 하나님이 뭔가 지시하고 명령하시면 무조건 순종해야 하지 않겠습니까? 그런데 요나는 하나님의 명령에 순종하지 않습니다. 반대로 니느웨 사람들은 이방인입니다. 하나님의 명령과 경고를 경청하는 사람들이 아닙니다. 무시하는 게 일반적입니다. 그런데 니느웨 사람들은 심판을 경고받고 왕부터 가축에 이르기까지 모두가 금식에 돌입합니다. 회개합니다. 요나서가 우리의 기대를 뒤집는 것은 하나님의 말씀에 순종할 것 같은 요나는 불순종하고, 하나님의 말씀을 우습게 여길 것 같던 니느웨 사람들은 그 말씀에 무릎을 꿇었다는 것입니다.

둘째, 요나는 하나님의 사람 아닙니까? 하나님의 사람이라면 하나님을 닮아야 합니다. 뭇 생명에 대한 하나님의 자비하심을 닮아서 뭇 생명에 대해 측은지심을 가질 만합니다. 그런데 요나는 생명을 귀하게 여기지 않습니다. 니느웨 사람들이 구원받는 것을 별로 기뻐하지 않습니다. 반대로 이방인들은 폭력적이고 무도하니까 생명을 업신여길 것 같습니다. 그런데 요나 때문에 죽을 위기에 처한 이방인 선원들은 도리어 요나의 생명을 지키려고 애를 씁니다. 하나님의 백성은 하나님의 백성답지 못하고 이방인들이 도리어 하나님의 백성다운 모습을 보이면서 자기반성과 성찰을 촉구하는 것입니다.

요나 4:1-2   요나가 매우 싫어하고 성내며 여호와께 기도하여 이르되 여호와여 내가 고국에 있을 때에 이러하겠다고 말씀하지 아니했나이까. 그러므로 내가 빨리 다시스로 도망했사오니 주께서는 은혜로우시며 자비로우시며 노하기를 더디 하시며 인애가 크시사 뜻을 돌이켜 재앙을 내리지 아니하시는 하나님이신 줄을 내가 알았음이니이다.

니느웨 사람들이 회개한 결과 하나님은 니느웨를 심판하지 않습니다. 그들 모두 구원을 받았습니다. 예언의 가장 중요한 특징이 심판을 경고하지만 청중의 반응에 따라 변경 가능하다는 점입니다. 그래서 요나는 니느웨에 가서 예언해야 한다는 사실 자체에 짜증을 낸 것입니다. 그냥 니느웨를 심판하시면 그만인데 굳이 자신을 보내 심판을 경고하게 하심으로써 하나님이 희망을 버리시지 않았다는 걸 눈치챈 것입니다. 하나님은 요나의 경고를 듣고 니느웨 사람들이 돌이켜서 이들을 향한 심판이 임하지 않기를 바라셨습니다. 요나는 그런 하나님의 마음을 간파했습니다. 그게 싫었던 것입니다.

선민사상의 대표적 예언자

요나는 니느웨 사람들이 심판받기를 바랐습니다. 그럴 만하기 때문입니다. 얼마나 잔인하고 무도한 자들입니까? 심판받아 마땅한 사람들입니다. 이것이 이스라엘 백성의 마음입니다. 이방인이 모조리 심판받아 멸망했으면 좋겠다는 입장입니다. 요나는 하나님이 자신을 니느웨로 파송하는 순간, 니느웨 사람들을 구원하고 싶어 하는 하나님의 자비하심에 짜증이 났습니다. 요나와 이스라엘 백성이 갖고 있는 배타적 선민사상을 책망하기 위해 쓰인 책이 요나서입니다. 하나님을 독점하기 위해 오히려 하나님의 자비하심에 분노하는, 이스라엘 백성의 속 좁은 마음을 책망하고 있습니다.

오늘날 우리 신앙인들도 하나님을 독점하려 합니다. 좋으신 하나님을 세상 만민과 함께 찬양하고 예배하는 대신, 우리만 알고 싶어 합니다. 하나님의 백성이라면 하나님의 자비하심과 오래 참으심과 거룩하심을 닮아야 될 텐데 전혀 하나님을 닮지 못한 하나님의 백성을 돌아보고 성찰하게 만드는 책이 요나서입니다.

구약에서 하나님은 이스라엘을 선민으로 선택하십니다. 이스라엘이 선민으로 부름받은 것은 명백한 사실입니다. 왜 선민으로 부르셨습니까? 이스라엘만 선민으로 불러 구원하시고 이스라엘을 제외한 다른 민족은 모두 심판하시기 위해서입니까? 그들을 버리셨습니까? 아닙니다. 하나님이 이스라엘을 선택하신 목적은 이스라엘이 먼저 거룩한 하나님의 백성이 됨으로써 세계 만민을 하나님 앞으로 견인해 오기를 기대하셨기 때문입니다. 이스라엘은 만민을 위한 선민으로 부름받았습니다. 만민을 배제한 선민이 아니라 만민을 위한 선민입니다. 이스라엘이 먼저 거룩한 하나님의 백성이 되면 세계 만민도 하나님의 백성이 되리라 기대하셨습니다. 그런데 이스라엘은 만민을 위한 선민으로 부름받은 목적을 망각했습니다. 그 결과 배타적 선민사상에 빠져 버립니다. 선민으로 부름받은 자신들에게는 하나님의 은혜와 구원이 임하고 선민으로 부름받지 못한 이방 백성에게는 하나님의 심판과 저주가 임한다고 생각합니다. 요나서는 이스라엘이 갖고 있는 배타적 선민사상에 문제 제기를 합니다. 하나님이 이방의 구원에도 관심이 있다는 것을 보여 줍니다. 이방이 회개하면 그들도 용서하신다는 것을 입증합니다.

하나님이 오늘날 우리를 구원하신 목적도 동일합니다. 하나님은 우리가 살아가는 이 땅에서 하나님의 백성다운 정직과 진실과 거룩을 드러내길 원하십니다. 하나님의 뜻이 하늘에서처럼 이 땅 모두에서 아름답게 현실로 구현되기를 원하십니다. 하나님의 뜻이 이 땅에서 현실이 되기 위해서는 하나님께 온전히 순종하는 당신의 백성이 필요합니다. 그렇게 부름받은 자들이 바로 하나님의 백성입니다. 순종을 통해 하나님의 뜻을 이뤄 드려야 할 사람들입니다. 안타깝게도 이스라엘은 부르심의 목적을 망각하고 배타적 선민사상에 빠져 버렸습니다. 오늘 우리도 마찬가지입니다.

많은 신앙인들이 하나님이 "왜 우리를 구원하셨는가" 질문을 받으면 대개 "나를 사랑하셔서"라고 대답합니다. 그렇다면 하나님은 왜 당신을 사랑하십니까? "나를 구원하기 위해서"라고 답변하는 사람들이 많이 있습니다. 구원에 대한 확신은 넘쳐나지만 그 구원의 목적이 나라는 존재를 벗어나지 못합니다. 이것이 요나와 이스라엘 백성의 태도입니다.

미가

미가는 모레셋이라는 지방의 장로였습니다. 지방 관점에서 당대 수도 예루살렘을 비판한 것입니다. 지방의 장로 미가의 눈으로 볼 때, 하나님의 도성 예루살렘은 이 땅에 있는 다른 어떤 도시보다 거룩해야 하지만 오히려 죄악의 본부였습니다.

미가 1:5　　이는 다 야곱의 허물로 말미암음이요 이스라엘 족속의 죄
　　　　　로 말미암음이라. 야곱의 허물이 무엇이냐. 사마리아가 아
　　　　　니냐. 유다의 산당이 무엇이냐. 예루살렘이 아니냐.

거룩한 하나님의 도성 예루살렘이 도리어 죄악의 본부가 됐기 때문
에 예루살렘은 하나님의 심판을 받을 수밖에 없습니다.

미가 3:12　　이러므로 너희로 말미암아 시온은 갈아엎은 밭이 되고 예
　　　　　루살렘은 무더기가 되고 성전의 산은 수풀의 높은 곳이 되
　　　　　리라.

최초로 예루살렘의 멸망을 예언한 사람이 미가입니다. 미가보다
100년 늦게 예레미야가 나타나 미가의 예언을 계승한 것입니다. 당대
종교권력의 중심을 비판하면 미움을 받게 되어 있습니다. 예레미야만
큼이나 미가도 핍박을 받으며 고달프게 살았을 것입니다.

미가 2:6　　그들이 말하기를 너희는 예언하지 말라. 이것은 예언할 것
　　　　　이 아니거늘 욕하는 말을 그치지 아니한다 하는도다.

미가의 책망에 대한 사람들의 반응이 나옵니다. 그 입 다물라는 것
입니다. 미가는 당시 정치, 경제, 사회, 문화 영역에서 악행을 저지른
사람들을 책망했습니다. 하나님의 이름으로 잘못된 권력을 책망했습
니다. 그러면 책망을 받은 당사자들은 그것은 예언할 문제가 아니라

고 버텼습니다. 정치, 경제, 사회, 문화가 하나님의 일과 무슨 상관이냐
는 것입니다. 다시 말해 악행을 저지르는 사람들은 신앙을 지극히 종
교 제의적인 것으로 한정시키고 있었습니다. 하나님을 믿고 하나님의
백성으로 살아가는 것을 뭐라고 생각한 겁니까? 성전에 가서 제사 지
내고, 찬양하고, 기도하는 정도를 종교라고 여긴 것입니다. 정치는 정
치고 경제는 경제지, 종교가 정치 경제에 대해서 왈가왈부할 일이 아
니라고 보았습니다. 그래서 예언자가 아무리 그들의 죄를 질타하고 하
나님께 돌아오라고 촉구해도 그들의 삶은 바뀌지 않았습니다. 그들에
게 정치는 정치고, 경제는 경제고, 종교는 종교로 제한돼 있었기 때문
입니다.

오늘날도 이런 일이 반복되고 있습니다. 정치, 경제, 사법의 죄악들
은 종교적 삶과는 아무런 상관이 없다고 오해합니다. 그래서 하나님의
말씀을 쉽게 무시합니다. 이것은 하나님 영역이 아니라고 선 긋기를
해 버립니다. 아무리 하나님께 돌아오라 외쳐도 남의 일처럼 듣고 넘
깁니다.

미가 6:6-8　　내가 무엇을 가지고 여호와 앞에 나아가며 높으신 하나님
　　　　　　께 경배할까. 내가 번제물로 1년 된 송아지를 가지고 그 앞
　　　　　　에 나아갈까. 여호와께서 천천의 숫양이나 만만의 강물 같
　　　　　　은 기름을 기뻐하실까. 내 허물을 위하여 내 맏아들을, 내
　　　　　　영혼의 죄로 말미암아 내 몸의 열매를 드릴까. 사람아 주께
　　　　　　서 선한 것이 무엇임을 네게 보이셨나니 여호와께서 네게
　　　　　　구하시는 것은 오직 정의를 행하며 인자를 사랑하며 겸손

하게 네 하나님과 함께 행하는 것이 아니냐.

미가서에서 가중 중요한 구절인데, 특히 8절이 중요합니다. 이스라엘 백성의 가장 심각한 문제점은 자기들 멋대로 하나님이 원하시는 것을 정해 놓은 것입니다. 진짜 하나님이 원하시는 것은 뭔지도 모릅니다. 이스라엘 백성이 이렇게 하는 까닭은 자기들이 편하기 때문입니다. 하나님이 원하시는 것을 위해 자신은 최선을 다했다고 여기면 그만입니다. 미가는 말합니다. 그것은 너희가 원하는 것이고, 하나님이 진정 원하시는 것이 아니라고 합니다.

주전 8세기 예언자 아모스, 호세아, 이사야, 미가 가운데 미가가 마지막 인물입니다. 그래서 주전 8세기 예언자들의 핵심 메시지를 하나씩 뽑아 나열해 놓았습니다.

미가 6:8   여호와께서 네게 구하시는 것은 오직 정의를 행하며 인자를
           사랑하며 겸손하게 네 하나님과 함께 행하는 것이 아니냐.

여호와께서 원하시는 오직 정의(미쉬파트)를 행하는 것은 아모스가 강조한 내용입니다(암 5:24). 인자(헤세드)를 사랑하는 것은 호세아가 강조한 내용입니다(호 6:6). 겸손하게 네 하나님과 함께 행하는 것은 이사야가 강조한 내용입니다(사 7:9). 주전 8세기 마지막 예언자였던 미가는 동료 예언자들이 강조했던 사항들을 하나로 묶습니다. 아모스의 정의, 호세아의 헤세드, 이사야가 주장한 하나님과의 겸손한 동행을 묶어서 이것이 정말 하나님이 원하시는 것이라고 선포합니다.

나훔

    나훔, 하박국, 스바냐는 예레미야, 에스겔과 더불어 남유다 패망 직전에 사역한 예언자들입니다. 특히 나훔은 니느웨의 몰락에 대해서 예언하고 있습니다. 열두 예언서 가운데 오바댜는 에돔의 멸망을, 나훔은 니느웨의 멸망을 예언합니다. 남의 나라 멸망을 왜 하나님의 예언자가 대언해야 합니까? 이방의 몰락이 이스라엘에게는 위로가 되기 때문입니다. 니느웨는 어쩌다가 하나님의 심판을 받게 되었을까요?

    앗시리아 왕 가운데 산헤립이 있었습니다. 산헤립이 왕이 된 때가 주전 705년입니다. 그때 앗시리아 제국의 수도가 니느웨입니다. 나훔서는 유다를 거의 멸망으로 몰아갔던 산헤립의 수도, 바로 그 니느웨의 몰락을 말합니다.

> **나훔 3:1**   화 있을진저 피의 성이여 그 안에는 거짓이 가득하고 포악이 가득하며 탈취가 떠나지 아니하는도다.

    이방이 심판을 받는 것은 하나님을 믿지 않아서가 아닙니다. 하나님이 주셨던 일반 은총에 근거해서 이성에 반하고 양심에 반하는 행동 때문에 심판을 받았습니다. 대표적인 것이 폭력을 행사하고 자기이익 때문에 남을 핍박하는 것입니다. 니느웨 역시 피로 세운 성이기 때문에 하나님의 심판을 받았습니다. 주변 나라에 폭력을 행사하고 그들의 것을 빼앗은 죄 때문에 하나님은 니느웨를 심판하실 수밖에 없었습니다.

하박국

하박국서는 하박국이 하나님께 두 가지 질문을 던지고 거기에 대해 하나님이 두 번에 걸쳐 응답을 하시는 구조입니다. 하박국은 먼저 남유다에 악인들이 판을 치고 있는데 정의로운 하나님이 왜 이 악인들을 심판하지 않냐고 질문합니다. 거기에 대한 하나님의 응답이 뭡니까? 바빌로니아라는 막대기를 들어서 남유다에 있는 악인들을 심판하겠다는 것입니다. 이 응답에 대해 하박국의 두 번째 질문이 이어집니다.

> 하박국 1:13　주께서는 눈이 정결하시므로 악을 차마 보지 못하시며 패역을 차마 보지 못하시거늘 어찌하여 거짓된 자들을 방관하시며 악인이 자기보다 의로운 사람을 삼키는데도 잠잠하시나이까.

남유다 백성은 그래도 하나님의 언약 백성 아닙니까. 그런데 어떻게 언약 백성을 심판하기 위해서 하나님을 믿지도 않는 악한 바빌로니아 사람을 도구로 사용할 수 있느냐는 것입니다. 그에 대한 하나님의 응답이 그 유명한 구절입니다.

> 하박국 2:4　의인은 그의 믿음으로 말미암아 살리라.

지금은 바빌로니아를 통해서 남유다의 악인이 심판받지만 궁극적으로 바빌로니아의 교만한 자들과 악인들도 심판받게 되어 있습니다.

악인들은 반드시 하나님의 심판을 받고 의인은 그 믿음 때문에 산다는 것이 하나님의 응답입니다. 하나님의 뜻을 알 수 없는 순간에도 하나님에 대한 신뢰를 포기하지 않아야 합니다. 인생이 순탄할 때도, 힘들고 어려울 때도 하나님에 대한 신뢰를 포기하지 않는 것이 살아남는 길이기 때문입니다. 하박국은 하나님과 함께하기를 포기하지 않고, 믿음으로 살아야 한다고 말해 주는 책입니다. 하나님의 뜻을 알 수 없을 때, 정말 중요한 점은 하나님을 신뢰하는 것입니다. 하나님에 대한 믿음을 붙잡는 것입니다.

믿음으로 말미암아 살리라

하박국은 우리가 어떤 상황에 있든지 하나님을 향한 신뢰와 믿음을 갖는 것이 중요하다고 말합니다. 믿음은 히브리어로 '에무나'입니다. 의인은 그의 믿음으로 말미암아 살 것입니다. 이 구절은 신학계에서 논쟁이 많은 구절 중 하나입니다. 이 문장에서 "그의 믿음"이 누구의 믿음인지 불분명하기 때문입니다. 두 가지 의견이 있습니다. 하나는 하나님으로 보는 것입니다. 그러면 이 구절은 의인은 '하나님의 믿음'으로 산다는 뜻입니다. '하나님의 믿음'이란 변함없이 일관적인 하나님의 신실함을 가리킵니다. 의인은 자기 힘으로가 아니라 하나님의 신실함 때문에 살아갈 수 있다는 뜻입니다. 다른 하나는 의인 자신으로 보는 것입니다. 의인은 '자신이 가진 믿음'으로 산다는 뜻입니다. 위기의 순간에도 의인은 하나님을 붙잡고 있는 믿음 때문에 살 수 있다는 뜻입니다. 이와 비슷한 구절을 신약에서도 찾을 수 있습니다.

이신칭의와 관련된 중요한 말씀입니다. 이신칭의란 율법의 행위가 아니라 그리스도를 믿음으로 의롭게 되는 것입니다. 갈라디아서 구절도 두 가지로 해석할 수 있습니다. 우리말 번역은 "그리스도를 믿음", 즉 목적격으로 해석했습니다. 그런데 소유격으로도 해석할 수 있습니다. "예수의 믿음으로 말미암아 의롭다 함을 얻는다." 즉 예수님의 신실함, 죽기까지 하나님께 순종하셨던 그리스도의 그 신실함 때문에 우리도 의롭게 된다는 의미로 해석할 수 있습니다.

작은 인칭 대명사 때문에 신학적 논의가 일어나는 까닭은 만약 의인이 그 자신의 믿음으로 말미암아 산다고 말하면 자칫 공로주의로 비칠 가능성이 있기 때문입니다. 사도 바울은 로마서에서 죄인이었고 하나님과 원수였고 악인이었던 우리가 하나님과 평화의 관계를 회복한 것은 그리스도 예수 때문이라고 강조합니다. 예수 그리스도가 우리를 위해 대속의 제물이 되어 주셨기 때문입니다. 우리가 스스로 한 일은 아무것도 없습니다. 하나님의 선행적인 은총으로 말미암아 하나님의 백성이 됐음을 강조하기 위해, 의인은 '하나님의 믿음', 즉 그분의 신실함 때문에 산다고 이해하는 것입니다. 의인도 넘어질 수 있는 존재지만 하나님의 신실함, 하나님의 은혜에 힘입어 살 수 있습니다. 어떤 해석이든 하나님의 신실함, 하나님의 사랑을 우리는 붙들어야 합니다.

하박국 3:17-19 비록 무화과나무가 무성하지 못하며 포도나무에 열매가 없으며 감람나무에 소출이 없으며 밭에 먹을 것이 없으며 우리에 양이 없으며 외양간에 소가 없을지라도 나는 여호와로 말미암아 즐거워하며 나의 구원의 하나님으로 말미암아 기뻐하리로다. 주 여호와는 나의 힘이시라. 나의 발을 사슴과 같게 하사 나를 나의 높은 곳으로 다니게 하시리로다. 이 노래는 지휘하는 사람을 위하여 내 수금에 맞춘 것이니라.

찬양으로도 유명한 구절입니다. 무화과나무가 무성하지 못하고 포도나무에 열매가 없다는 것은, 있어야 할 것이 그 자리에 없다는 뜻입니다. 모든 것이 파멸됐습니다. 그런데 여호와 때문에 즐거워하고 기뻐한다고 합니다. 하박국은 모든 것이 사라진 순간에도 누구를 주목하고 있습니까? 여전히 살아 계신 하나님을 주목하고 있습니다. 그 하나님은 무에서 유를 만들어 내신 창조자이십니다. 우리를 구원하시는 구원자, 우리를 위로하시는 위로자이십니다. 아무것도 없는 순간에도 좌절하거나 낙담하지 않을 수 있는 이유는, 무에서 유를 만들어 낼 수 있는 창조주 하나님이 여전히 우리와 함께하시기 때문입니다. 그래서 하박국은 나라가 망하기 직전에도 새로운 삶에 대한 소망과 기대를 가질 수 있었습니다. 고통스러운 현실 가운데 하나님을 주목하는 인생이라면 하박국처럼 찬양할 수 있을 것입니다.

스바냐

스바냐는 요엘서와 비슷합니다. 요엘서의 주제가 '여호와의 날'인데, 스바냐서도 '여호와의 날'이라는 주제로 연결되어 있습니다.

> 스바냐 1:14-16 여호와의 큰 날이 가깝도다. 가깝고도 빠르도다. 여호와의 날의 소리로다. 용사가 거기서 심히 슬피 우는도다. 그날은 분노의 날이요 환난과 고통의 날이요 황폐와 패망의 날이요 캄캄하고 어두운 날이요 구름과 흑암의 날이요 나팔을 불어 경고하며 견고한 성읍들을 치며 높은 망대를 치는 날이로다.

예언서 전체에서 '여호와의 날'은 여러 번 강조돼 있습니다. 왜 여러 번 강조하느냐 하면 그만큼 이스라엘 백성이 '여호와의 날'을 오해하고 있기 것입니다. '여호와의 날'은 하나님이 전적으로 자신을 드러내시는 날입니다. 그날은 우리에게 무조건 은혜가 될까요? 그날은 우리에게 구원이 될까요? 요엘서나 스바냐서는 '여호와의 날'에 하나님의 백성만이 구원받는다고 말합니다.

하지만 안타깝게도 당시 이스라엘은 하나님의 백성됨을 상실했습니다. 그래서 막연히 '여호와의 날'은 구원의 날이 되리라 생각하지 말고 진정 하나님의 백성다운 삶을 살고 있는지 돌아보라고 촉구합니다. 이것이 요엘서나 스바냐서가 강조하는 내용입니다. 어떤 점에서는 오늘날 재림 신학에 정면으로 도전하고 있습니다. 많은 기독교인은 주님이 재림하시면 당연히 교회 열심히 다니는 자신은 구원받을 거라고 생각합니다. 이스라엘 백성이 갖고 있었던 '여호와의 날'에 대한 이해와 너무 똑같지 않습니까? 하나님이 이 땅에 오시면 이스라엘은 전부 구원받고 이방은 지옥의 불쏘시개가 된다는 생각입니다. 하나님은 그런 착각하지 말라고 예언자를 통해서 경고하십니다.

오늘 주님이 재림하시면 교회 다니니까, 세례받았으니까 당연히 구원받는 게 아닙니다. 하나님의 백성만이 구원을 받습니다. 그러므로 자신이 진정 하나님의 백성답게 살아가고 있는지, 그 정체성을 지키고 있는지 스스로 성찰해 보아야 합니다.

학개

학개와 스가랴의 예언서는 연결해서 볼 필요가 있습니다. 학개, 스가랴, 말라기는 바빌로니아 포로기 이후에 등장한 예언자들입니다. 모두 페르시아 시대 때 사역했습니다. 특히 학개, 스가랴는 바빌로니아에서 돌아온 다음에 유다 백성들에게 성전 재건을 독려했습니다. 주전 538년부터 포로 생활을 하던 바빌로니아에서 돌아온 사람들이 다시 성전을 짓기 시작합니다. 이를 독려한 예언자가 바로 학개입니다. 마침내 주전 516년 이 성전이 재건됩니다. 스룹바벨 성전, 제2성전이라고 부릅니다. 이 성전은 제1성전인 솔로몬 성전에 비해 소박했습니다. 그래서 솔로몬 성전을 기억하는 사람들은 스룹바벨 성전을 보면서 낙담했습니다. 그때 하나님이 학개를 통해 말씀을 주십니다.

학개 2:9   이 성전의 나중 영광이 이전 영광보다 크리라. 만군의 여호
             와의 말이니라.

성전을 성전되게 만드는 것은 크기도 아니고 화려함도 아닙니다. 스룹바벨 성전은 덜 화려하지만 전에 있었던 솔로몬의 성전보다 더 영광스러운 성전이 될 것입니다. 왜냐하면 성전을 성전되게 만드는 것은 거룩함이기 때문입니다. 하나님이 성전에 기대하시는 것도 이것뿐입니다. 나중의 성전이 이전의 성전보다 더 영화롭게 되는 길은 하나밖에 없습니다. 솔로몬 성전보다 더 거룩해야 합니다. 크기는 작다고 하더라도 화려하지 않더라도 더 거룩할 수 있다면 여호와의 영광이 스룹바벨 성전을 떠나지 않는 것입니다.

오늘날 교회도 마찬가지입니다. 하나님이 오늘 우리 교회에 기대하시는 것은 큰 교회가 아닙니다. 거대한 교회가 아닙니다. 교회에 필요한 유일한 자질은 거룩함입니다.

스가랴

스가랴는 소예언서 가운데 본문이 가장 긴 책입니다. 14장까지 있습니다. 또 가장 메시아적인 예언서로 여겨지기도 합니다. 스가랴는

학개와 같은 시대에 사역했지만, 학개의 예언이 성전 건축이라는 현실적인 이슈를 다루는 반면, 스가랴는 장차 오시게 될 메시아에 집중함으로써 이스라엘 백성에게 소망과 기대를 갖게 만듭니다. 그래서 스가랴서에는 오랜 세월 이스라엘을 괴롭혔던 이방 나라의 멸망에 대한 예언이 들어 있습니다.

> 스가랴 1:1 　　다리오왕 제2년 여덟째 달에 여호와의 말씀이 잇도의 손자 베레갸의 아들 선지자 스가랴에게 임하니라.

스가랴라는 이름은 '여호와께서 기억하신다'는 뜻입니다. 신약으로 가면 사가랴가 되는 이름입니다.

> 스가랴 1:3-4 　　그러므로 너는 그들에게 말하기를 만군의 여호와께서 이처럼 이르시되 너희는 내게로 돌아오라. 만군의 여호와의 말이니라. 그리하면 내가 너희에게로 돌아가리라. 만군의 여호와의 말이니라. 너희 조상들을 본받지 말라. 옛적 선지자들이 그들에게 외쳐 이르되 만군의 여호와께서 이같이 말씀하시기를 너희가 악한 길, 악한 행위를 떠나서 돌아오라 하셨다 하나 그들이 듣지 아니하고 내게 귀를 기울이지 아니하였느니라 여호와의 말이니라.

스가랴서의 중심 단어는 '돌아오라'입니다. 히브리어로 '슈브'입니다. '슈브'는 '회개하라'는 뜻이기도 합니다. 그동안 이 방향으로 걸어갔다면 이제는 방향을 거꾸로 돌이키라는 뜻입니다. 이제까지와 전혀 다른 삶을 살라는 것입니다. 하나님의 뜻대로 살라는 것입니다. 하나님의 뜻대로 일상을 살아 내라는 것입니다. 이사야부터 말라기까지 예언서의 일관된 메시지가 이 '돌아오라', '회개하라'입니다.

예언서는 신앙생활을 열심히 하는 신앙인들조차 불편하게 만듭니다. 이스라엘이 하나님께 책망받는 이유는 예배가 부족해서가 아닙니다. 찬양 소리가 작다고 기도 시간이 줄었다고 책망받지 않습니다. 오히려 이스라엘이 종교 과잉 상태에 있을 때 책망을 받았습니다. 예배를 자주 드리고, 뜨겁게 찬양했고, 하나님께 예물도 많이 바쳤는데, 책망을 받는 것입니다. 뜨거운 예배만큼 일상의 삶에서는 하나님이 원하시는 순종의 삶을 살고 있지 못하기 때문입니다.

하나님은 그런 예배를 열납하지 않으십니다. 그래서 예언서가 계속 반복하는 내용은 너희가 기뻐하는 바가 아니라 하나님이 진정 원하시는 것을 하라는 것입니다.

스가랴서는 조상을 본받지 말라고 지적합니다. 조상들은 왜 실패했습니까? 죄를 질타하고 죄를 경고했지만 끝까지 하나님께 돌아오지 않았기 때문입니다. 스가랴 당시에 이스라엘 백성도 마찬가지였습니다. 하나님께 돌아오지 않으면 하나님의 심판을 피할 수 없습니다. 하나님께 돌아온다는 말은 무슨 뜻입니까? 일상의 삶에서 하나님이 원하시는 바대로 살아가는 것입니다. 하나님께 돌아가는 것만이 우리가 살 수 있는 유일한 길이라고 말하는 것입니다.

    포로 생활을 하던 바빌로니아에서 돌아온 이스라엘 백성은 다시 성전을 재건하고 일상의 삶을 살아갑니다. 하지만 시간이 좀 지나자 다시 형식적인 신앙생활에 빠져들었습니다. 말라기서는 그것을 질타하는 책입니다. 사람들은 하나님께 예배를 드리기는 하지만 전심을 다해 예배드리지 않았습니다. 예배에 목숨을 걸지 않았습니다. 그냥 건성건성, 형식적으로 진부함을 반복하고 있었습니다. 형식적인 예배에 대한 질타와 함께 십일조 문제가 드러납니다. 점차 십일조를 드리지 않는 사람들이 늘어난 것입니다.

    십일조는 이 시대에 헌금이라기보다 세금이었습니다. 어떤 성격의 세금입니까? 이스라엘이 가나안 땅에 들어갔을 때 가문별로, 가정별로 땅을 분배받았습니다. 그런데 땅이 없는 사람들이 있었습니다. 레위인들입니다. 땅이 처음에는 있었지만 나중에 땅을 빼앗기는 사람들도 있었습니다. 고아와 과부들입니다. 나그네는 처음부터 아무것도 없었습니다. 고대 사회는 자기 땅을 경작해서 거기서 나오는 소출을 자기가 먹는 구조였습니다. 자급자족이 유일한 생존 방식이었습니다. 그런데 땅이 없다면 어떻게 되겠습니까? 스스로 내 삶을 일궈 나갈 수 없는 것입니다. 누가 도와주지 않으면 살 수 없는 것입니다. 그래서 하나님은 땅이 없는 자들, 레위인과 고아나 과부와 나그네들의 삶을 돕기 위해 사회보장 기금 형식의 세금을 내게 하셨습니다. 그게 십일조입니다.

    십일조를 내면 그것으로 땅이 없어 스스로 살아갈 수 없는 사람들의 삶을 돕는 것입니다. 그런데 바빌로니아 포로기 이후, 특히 말라기 시대에 이르면 이스라엘 백성은 십일조를 내지 않았습니다. 십일조를 내지 않으면 자기 땅이 없어서 남의 도움으로 살아가야 하는 사람들이 위기에 처합니다. 그것을 하나님은 책망하십니다. 이웃은 굶고 있는데, 지금 그들의 삶은 벼랑 끝에 있는데, 그 삶에 관심을 갖지 않고 그들을 도우려 하지 않는다고 책망하십니다.

> 말라기 3:10　만군의 여호와가 이르노라. 너희의 온전한 십일조를 창고에 들여 나의 집에 양식이 있게 하고 그것으로 나를 시험하여 내가 하늘 문을 열고 너희에게 복을 쌓을 곳이 없도록 붓지 아니하나 보라.

십일조를 드려서 가난한 자들을 도우라고 말씀하십니다. 힘이 없는 이웃들을 도우라고 촉구하십니다. 가난하고 연약한 자들을 도우면 하나님이 공동체의 삶을 책임져 주시겠다고 약속하십니다. '체다카'를 시행하면 하늘 문이 열리고 복이 쏟아져 내린다는 것입니다. 형식적인 신앙생활, 자기만 생각하고 이웃을 돌보지 않는 모습은 십일조를 내지 않는 것으로 드러납니다. 하나님은 이스라엘 백성이 십일조를 드림으로써 연약한 이웃을 돌보기 바라셨습니다. 그러면 그들의 삶을 하나님이 직접 책임져 주겠다 말씀하십니다.

> 말라기 4:5　보라, 여호와의 크고 두려운 날이 이르기 전에 내가 선지자 엘리야를 너희에게 보내리니.

마지막 때 하나님이 보내시는 엘리야는 신약에 등장하는 세례 요한으로 연결됩니다. 이렇게 예언서의 마지막 말라기서는 엘리야라는 인물을 통해 신약성경으로 연결됩니다.

구약성경, 책별로 만나다

양진일 지음

2023년 1월 2일 초판 1쇄 발행

펴낸이 김도완
등록번호 제2021-000048호
    (2017년 2월 1일)
전화 02-929-1732
전자우편 viator@homoviator.co.kr

펴낸곳 비아토르
주소 서울시 종로구 삼일대로 428, 500-26호
    (우편번호 03140)
팩스 02-928-4229

편집 오주영, 최은하
제작 제이오

디자인 임현주
인쇄 민언프린텍
제본 다온바인텍

ISBN 979-11-91851-63-2 03230
저작권자 ⓒ 양진일, 2023